本书系国家社会科学基金(13CMZ033)、国家自然科学基金(71964030,72374172)研究成果

适应与变迁

旅游场域中的民族传统社区文化

李文勇 著

图书在版编目(CIP)数据

适应与变迁：旅游场域中的民族传统社区文化 / 李文勇著. --北京：商务印书馆，2024. — ISBN 978-7-100-24172-4

Ⅰ.F592.7

中国国家版本馆CIP数据核字第20244TU505号

权利保留，侵权必究。

适应与变迁——旅游场域中的民族传统社区文化

李文勇　著

商　务　印　书　馆　出　版
(北京王府井大街36号　邮政编码 100710)
商　务　印　书　馆　发　行
北京虎彩文化传播有限公司印刷
ISBN 978 - 7 - 100 - 24172 - 4

2024年8月第1版	开本 710×1000 1/16
2024年8月第1次印刷	印张 12 1/2

定价：76.00元

前　言

文化是人类历史发展的产物，是人们在长期的生产生活过程中以意义符号形式凝结的对自然、社会、自我的认识和改造的成果。千百年来，少数民族传统社区居民代际传承，用智慧和勤劳创造了辉煌灿烂的民族文化，汇聚成多元一体中华民族的历史文化。文明永续发展，既要薪火相传、代代守护，更需要顺时应势、推陈出新。文化是一个动态变化的流体，随着时代的进步和环境的改变，文化也会发生变化，一些不合时宜的文化元素会消失，一些新的文化元素被吸纳，一些旧的文化元素被改造，通过新陈代谢，文化获得更强的张力和生命力，使中华民族凝聚力和中华文化影响力不断增强，从而实现中华民族永续发展。

大众旅游的兴起，打破了西部少数民族传统社区原有的宁静，使其迎来了新的发展契机。在全球化、现代化背景下，大众旅游、民族旅游的蓬勃发展，使得少数民族传统社区面临前所未有的环境变化，对社区文化产生了深刻影响。尽管学界从客观主义、建构主义、存在主义、后现代主义等维度探讨了文化的原真性问题，但是无论从哪个视角，在历史和现实中都不可能存在一成不变的文化，故步自封、自我封闭的文化最终只会走向衰落。本书通过对地处西南腹地的甘孜藏族自治州、阿坝藏族羌族自治州等少数民族传统社区的田野调查发现，随着旅游业的发展，少数民族传统社区居民的衣食住行、消费方式及教育方式等均发生了不同程度的改变。

任何文化都是意义符号和象征构成的体系，从文化意义符号层面，可以将少数民族传统社区文化主客二维原真性与舞台化的关系，分为象征性、指示性、意指性和隐喻性四类文化符号的表现形态，不同文化符号的组合反映出少数民族传统社区在旅游场域中的文化状态。田野调查发现，少数民族传统社区参与旅游对文化会产生三种影响状态，即弱—弱介入对文化的离散型影响、强—强介入对文化的聚集型影响、强—弱介入对文化的螺旋型影响。在此基础上，本书归纳出以甲居社区为代表的螺旋适应型文化变迁，以及以甘堡社区为代表的直线渐变型文化变迁，文化的动态演变过程反映出少数民族传统社区文化是一个开放、动态的有机体系。

西部少数民族传统社区既有寻求现代化发展的迫切需要，也有对传统文化本真性保护的要求，在旅游开发背景下，二者之间如何有效协同，实现"鱼与熊掌"的兼得，建立良性循环的共生协调关系具有十分重要的意义。事实上，文化保护与旅游发展并非矛盾冲突关系，具有独特魅力的少数民族传统社区文化资源是旅游发展的依托，而旅游发展为文化资源的保护和传播提供了平台支持。譬如，文旅融合发展的指导方向就是以文塑旅、以旅彰文，利用特色文化为旅游注入灵魂，进而丰富旅游内涵，促进旅游发展；同时，充分发挥旅游的载体作用，传播弘扬先进文化，促进文化繁荣发展，二者相得益彰。

田野调查发现，少数民族传统社区文化具有耗散结构特质，在遭遇内外环境变化时，即使初期由于传统和习俗的惯性而产生条件反射式的抗拒，但随着文化系统自组织调适机制的运行，少数民族传统社区会演变出新的生产生活方式和利益格局，吸纳新的文化特质，以适应内外环境的变化。少数民族传统社区文化自组织调适效果与源文化的包容力和新文化的异质性密切相关。因此，可以在旅游开发的少数民族传统社区建立时间维度上的文化自组织调适缓冲区和空间维度的文化符号意义保护区。前者利用旅游淡季所带来的旅游接待"休渔期"，控制社区文化场域接触外来文化刺激的时间长度，使得文化系统具有充分的自我调适时间，让社区居民能够暂时脱离旅游场域，回归传统的生活场景，得到休养生息及自我调适的机会。后者利用物理和心理层面上的"隔离区"，划定文化核心区，明确区分文化展示的"前台"和"后台"区域，控制暴露在旅游商业场域中的空间范围，减少外来文化刺激的强度，建立缓冲区域，使得社区居民的传统生活空间与游客涉足的消费体验空间相互隔离，让社区居民能够分清二元文化角色，明确"自我"和"他我"的身份塑造与角色区别，适应旅游从业人员与社区文化成员之间的角色转化，坚定本民族文化选择权利，树立文化自觉与文化自信，正确处理社区文化与外来文化的关系，以平等、包容、尊重、创新的态度，在保持本土文化主体性的基础上，取长补短为我所用，实现少数民族传统社区文化环境适应性保护与发展，从而铸牢中华民族共同体意识。

面对旅游产业发展等现代化因素带来的内外环境变化，还可采取基于多重增权的文化保护发展路径，树立社区与居民对文化保护发展的主体意识，强化政府与企业对文化保护发展的责任行为，激发游客与第三方对文化保护发展的参与动能，建立耗散视角的少数民族传统社区综合管理理念等。尤其是要确定少数民族传统社区居民作为文化创造者、传播者的主体地位，以人为中心，充分调动其主观能动性和参与积极性，实现各利益相关者之间的角色协调和均衡发展。

目 录

绪 论 ... 001
  第一节　研究背景及意义 ... 001
    一、研究背景 ... 001
    二、研究意义 ... 005
  第二节　研究内容与方法 ... 006
    一、研究内容 ... 006
    二、研究方法 ... 007
  第三节　相关概念与理论 ... 008
    一、基本概念 ... 008
    二、相关理论 ... 016
  本章小结 ... 020

第一章　变与不变：少数民族传统社区文化环境适应性 ... 021
  第一节　少数民族传统社区文化原真性反思 ... 021
    一、何谓民族传统社区文化原真性 ... 021
    二、符号视野的文化原真性与舞台化 ... 024
  第二节　少数民族传统社区文化的再生产 ... 032
    一、实践与文化再生产 ... 032
    二、空间与文化再生产 ... 033
    三、媒介与文化再生产 ... 035
  本章小结 ... 036

第二章　因时适变：旅游背景下少数民族传统社区文化变迁　　038
第一节　少数民族传统社区文化变迁现象的描述分析　　038
　　一、少数民族传统社区文化的常规变化　　041
　　二、少数民族传统社区文化的内在变迁　　046
　　三、少数民族传统社区文化的外在变迁　　051
第二节　少数民族传统社区文化环境适应性保护与发展实证　　055
　　一、文化适应性保护与发展研究假设　　055
　　二、文化适应性保护与发展研究设计　　058
　　三、文化适应性保护与发展数据分析　　061
　　四、文化适应性保护与发展研究发现　　063
　　本章小结　　064

第三章　潜濡默被：少数民族传统社区参与旅游对文化的影响　　065
第一节　少数民族传统社区参与旅游的路径分析　　065
　　一、少数民族传统社区参与旅游的本质与模式　　065
　　二、少数民族传统社区参与旅游的效应与影响　　068
第二节　少数民族传统社区参与旅游时空形态及增权效应对文化的影响　　071
　　一、时空形态及对文化的影响　　071
　　二、增权效应及对文化的影响　　080
第三节　少数民族传统社区居民旅游影响感知实证分析　　089
　　一、居民旅游影响感知的研究背景及假设　　089
　　二、居民旅游影响感知研究设计与数据收集　　095
　　三、居民旅游影响感知研究实证分析与结论　　098
　　本章小结　　104

第四章　休戚与共：少数民族传统社区文化保护与经济社会协同发展　　105
第一节　少数民族传统社区文化保护与经济社会发展的关系　　105
　　一、冲突范式的影响观　　106
　　二、辩证视角的促进观　　110

三、可持续视角的协同观　　113
　第二节　少数民族传统社区文化与旅游经济发展个案镜像　　118
　　一、旅游对甲居社区带来的文化冲击　　119
　　二、旅游对甲居社区产生的增权效应　　121
　　三、甲居社区文化与旅游的协同发展　　123
　本章小结　　125

第五章　吐故纳新：少数民族传统社区文化环境适应性保护与发展路径　　127
　第一节　基于时空视角的少数民族传统社区文化保护发展路径　　127
　　一、螺旋适应型与直线渐变型文化　　127
　　二、时空维度的适应性保护与发展　　130
　第二节　基于多重增权的少数民族传统社区文化保护发展路径　　137
　　一、树立社区与居民对文化保护发展的主体意识　　137
　　二、强化政府与企业对文化保护发展的责任行为　　140
　　三、激发游客与第三方参与文化保护发展能动性　　142
　　四、建立耗散性少数民族传统社区综合管理理念　　145
　本章小结　　149

结论与展望　　151
　第一节　研究结论　　151
　　一、少数民族传统社区文化是一个动态流体　　151
　　二、文旅融合是传统社区可持续发展之路　　152
　　三、文化环境适应性保护需要时空缓冲区　　153
　　四、多重增权是文化保护发展的动力保障　　155
　第二节　未来展望　　156
　　一、调查对象范围力求丰富　　156
　　二、研究影响因素有待拓展　　157
　　三、研究内容亟须深化完善　　157

附录1　少数民族传统社区居民旅游影响感知及意愿调查问卷　　159

附录2　旅游开发对少数民族传统社区的文化影响调查问卷　　170

参考文献　　173

绪 论

第一节 研究背景及意义

一、研究背景

文化是一个国家、一个民族的灵魂。文化兴则国运兴，文化强则民族强。中华民族的伟大复兴离不开文化的高度自信和文化的繁荣昌盛。中华民族在上下五千年的历史长河中，创造了举世瞩目的灿烂文明，屹立于世界民族之林。自1978年党的十一届三中全会提出改革开放以来，中国的社会经济发生了巨大变化。经过四十余年的高速发展，中国特色社会主义进入新时代，这是我国发展新的历史方位。从高速度发展向高质量发展的转变，既是根据国际国内形势，因时制宜对整体发展思路的调整，也是审时度势对发展内涵的丰富。我们不仅要追求发展速度，更要看重发展的质量；不仅关注经济指标发展，还要注重社会全面发展。古语云："仓廪实而知礼节，衣食足而知荣辱。"文化是民族的血脉，是人民的精神家园。经济发展为人的生存生活提供了物质保障，文化发展则为人的价值实现提供了精神指引。党的十八大提出要加强社会主义核心价值观体系建设。社会主义核心价值体系是兴国之魂，决定着中国特色社会主义发展方向。要积极倡导富强、民主、文明、和谐，倡导自由、平等、公正、法治，倡导爱国、敬业、诚信、友善，积极培育社会主义核心价值观。党的十九大提出要加强思想道德建设。人民有信仰，国家有力量，民族有希望。要提高人民思想觉悟、道德水准、文明素养，提高全社会文明程度。党的二十大提出坚持创造性转化、创新性发展，以社会主义核心价值观为引领，发展社会主义先进文化，弘扬革命文化，传承中华优秀传统文化，满足人民日益增长的精神文化需求。增强中华文明传播力影响力，坚守中华文化立场，讲好中国故事、传播好中国声音，展现可信、可爱、可敬的中国形象，推动中华文化更好地走向世界。

2022年，我国GDP总量达18万亿美元，稳居世界第二。人均GDP从1978年的155美元增加到12741美元，增长了82倍，创造了世界瞩目的经济增长奇迹。但是，从人均水平来看，我国发展中国家特征没有根本改变，2022年我国人均GDP仍未达到世界平均水平。并且，面对复杂的国际国内形势，尤其是欧美等西方国家的战略遏制，我国将长期面临越来越严峻的国际环境。在此背景下，我们不仅要坚持建设社会主义经济强国，更要建设社会主义文化强国，坚持中国特色社会主义文化发展道路，在传承和弘扬中国民族优秀传统文化的同时，激发全民族文化创新创造活力，用先进的社会主义文化引领新时代的新发展。

中国西部地区有四川、云南、西藏、重庆、贵州、陕西、甘肃等12个省区市，人口3.8亿，面积约686万平方千米，地域广阔，约占全国总面积的72%，区域内有青藏高原、云贵高原、四川盆地等多种地势地貌，48%的土地为沙漠、戈壁和高寒山区，自然地理条件与中东部地区差异较大。除汉族外，这里世居藏族、白族、彝族、土家族、苗族、傣族、维吾尔族、壮族等多个民族，是中国少数民族分布最多最广的区域。

2000年，西部大开发战略的实施全面启动，向西部欠发达地区转移东部发达地区的经济发展能力，以带动西部地区的经济社会发展，促进产业转型升级，培育新的经济增长极，强化基础设施建设，建立健全教育医疗卫生等公共服务，进一步提高人民生活水平。经过二十余年的不懈努力，西部地区发生了翻天覆地的变化。以四川省为例，2000年GDP总量为3928亿元，2022年GDP总值为56749亿元，相较2000年翻了14.4倍。在全面建成小康社会的目标指引下，西部各省、自治区、直辖市大力实施乡村振兴战略，消除贫困、改善民生成效显著，并且，经济结构不断转型升级，区域协调发展、城乡统筹发展效果突出，文化教育事业快速发展，生态环境日益改善，社会事业不断进步，人民享受到更多的发展红利。

  少数民族地区大众旅游业的蓬勃兴起，为民族地区带来了显著的经济效益，改善了道路交通、通讯、医疗等基础设施，极大提高了当地居民的生活水平，成为拉动民族地区快速发展的重要马车。政府和涉旅企业充分利用民族地区的自然旅游资源优势，因地制宜发展旅游业，同时，发掘民族文化特色，开发旅游产品，通过民族文化舞台化吸引更多游客。

  与此同时，许多中东部地区的旅游者，也将目光转向西部广袤的少数民族地区，试图短暂逃离城市的喧嚣与繁华，从想象中的"神圣旅游"得到内心所期盼的宁静，满足自身对异文化的好奇。拥有约25个民族的云南省是我国少数民族最多的省份，以新冠肺炎疫情发生前的2019年为例，云南省接待国内外游客8.146亿人次，实现旅游总收入11035.2亿元，同比分别增长了22.68%和22.73%。毗邻的西藏自治区接待国内外游客4012.1万人次，同比增长19.1%，实现旅游总收入559.2亿元，同比增长14.1%。古蜀之地四川省接待国内外游客7.55亿人次，实现旅游总收入11594亿元，同比分别增长7%和14.7%。其中，阿坝藏族羌族自治州接待游客3157.1万人次，实现旅游收入227.5亿元，同比分别增长33.2%和36.5%。凉山彝族自治州接待游客4883.7万人次，同比增长5%，旅游收入达到530.2亿元，增长21.4%。甘孜藏族自治州共接待游客3316.6万人次，实现旅游收入366.9亿元，同比增长48.7%和64.9%。快速增长的旅游人次和旅游收入数据充分反映出民族地区对旅游市场的强大吸引力。

  在方兴未艾的民族旅游活动中，最具吸引力的是各具特色的少数民族传统文化，如民风民俗、节庆活动、手工技艺、非物质文化遗产等作为文化旅游资源，被精心舞台化包装为旅游吸引物。一方面，民族传统文化的商品化过程，促进了民族地区经济社会发展，为居民创造了更多的就业岗位，有利于增加收益脱贫致富，并且，借助旅游场景中的主客互动，外来游客体验到丰富多彩的少数民族文化，通过消费购买、传播分享等多种形式表现出对民族文化价值的认可与肯定。市场化的价值体现，成为唤起少数民族传统社区居民文化自信、文化认同的有效途径。另一方面，大众旅游的主要目的是通过旅游吸引物获得身心体验，无论它们是真实的还是人造的，即使旅游吸引物是真实的，旅游服务者也试图对它们进行改造，增加新的文化元素，去除不易于商品化的因素，使其更加迎合大众旅游者的消费需求，尤其是节庆活动，在舞台化的改造中，已不再是民族情感的自发表达，成为专为旅游活动精心设计的消费场景。①以资源市场化为中心的旅游活动，不断创造或引入新的文化特质，直接或间接地影响着少数民族传统社区文化环境，文化变迁也随之悄然进行着。

据世界旅游组织预测，当一国的人均GDP达到5000美元，旅游就会从一种奢侈品消费转变为常态化消费，即进入大众旅游时代，旅游的需求弹性高于居民收入弹性，休闲旅游成为居民的基本生活需要。大众旅游时代带来的不仅是新的业态和产品，还创造了新的社会生活方式。流动性既是社会物质文化交换的必然要求，也是旅游活动的基本要素。游牧社会的流动性体现在逐水草而居满足基本生存的需要，农业社会的流动性是基于不动性的土地生产的补充，工业社会的流动性陡然增大，生产性流动和生活性流动并驾齐驱，到后工业社会，以生活体验为目的的旅游流动成为常态。少数民族传统社区既是一个生活社区，又是一个旅游社区，而大众旅游就像一个神奇的魔术师，将地处偏远的少数民族传统社区由封闭或半封闭的地域空间转化为完全开放的流动空间，社区空间的流动性不仅包括游客、商家、原住民、政府管理者等利益相关者在物理范畴中流动的增强，影响更为深远的是不同文化背景的主体相互交流碰撞而产生的文化交融与涵化。②

西方各学派对文化和社会结构变迁的研究层出不穷，从早期的古典进化论、功能—结构论，再到符号象征理论，均认为文化既有静态的深层结构，同时也是动态发展的变化过程。进化论提出文化的变迁有进化与退化之分，传播理论提出人类文化的变迁过程本质上是一种传播过程，即在传播中发生了文化的变迁，譬如林顿认为民族文化的成分中仅有10%是自身创造的，其余大部分是在文化传播中获得。功能论把文化过程直接解释为文化变迁的过程，历史学派强调在特定时空范围内不同文化的互相作用与影响，为文化变迁建构理论体系。马林诺夫斯基（Malinowski）指出，文化变迁发生的原因可能是社区的内在因素或力量导致的自发变化，也可能是由于不同文化之间的交流接触而引发。③随着时代发展与社会进步，少数民族传统文化中的某些因子可能会失去生存土壤，逐步失去生命力，而

---

① Malinowski B., Fund L. S. M., Kaberry P. M., *The Dynamics of Culture Change, An Inquiry into Race Relations in Africa*. New Haven: Yale University Press, 1945, p. 68.
② 尤小菊：《民族文化村落的空间研究——以贵州省黎平县地扪村为例》，北京：知识产权出版社，2013年，第2页。
③ 桂榕、吕宛青：《民族文化旅游空间生产刍论》，《人文地理》2013年第3期，第154—160页。

社会环境发生的新变化给文化符号体系贡献了新的特质和因子，通过对这些新元素的符号化，传统文化与变化的社会环境相互适应。正如萨义德所言，对于异质文化要持开放包容的态度，自我封闭只会导致文化的衰落。因此，民族文化的发展必须从异质文化中吸取营养，通过吸纳新的文化元素，保持文化的旺盛生命力。[1]少数民族传统社区文化在现代文明的冲击下，是否还能维持延续千百年的核心传统与价值，继续维系在历史进化中不断博弈而形成的人、自然、社会三者之间的平衡，尤其在旅游等新兴产业快速发展背景下，对少数民族传统社区文化产生了什么影响，民族文化是否发生了变迁，变迁的表现方式及程度如何？如何开展少数民族传统社区文化的环境适应性保护与发展，才能看得见山，望得见水，记得住乡愁，这些都是传承优秀民族文化，促进少数民族传统社区可持续发展迫切需要解决的基本问题。

二、研究意义

（一）理论意义

少数民族传统社区文化不仅是国家认同和民族认同的核心价值，也是指引民族地区经济社会发展的精神凝聚。在现代化进程中，西部少数民族地区面临百年未有之大变局，原生态的文化环境也受到极大挑战，尽管对此的研究已三十余年，但对于文化影响的因素、途径等，依然没有形成统一的观点。本书着重从西部少数民族传统社区普遍存在的旅游影响出发，运用文化再生产理论、文化进化理论、文化涵化理论和文化符号理论等探讨了文化环境变迁、文化保护与发展等问题，试图为传统社区文化建设提供理论支持，有助于从民族文化视角丰富和完善社会主义核心价值体系，丰富少数民族精神文化生活，进而增强民族文化软实力。

（二）实践意义

实现中华民族的伟大复兴是全民族的伟大梦想，这就必须提高国家文化软实力，促进社会主义文化的大发展和大繁荣。麻雀虽小五脏俱全，小社区亦可带动大文化，少数民族传统社区文化建设的作用不可小觑。以党的文化建设方针为指导，通过对西部少数民族传统社区文化环境适应性保护与发展研究，有助于引导

---

[1]〔美〕爱德华·W. 萨义德著，王宇根译：《东方学》，北京：生活·读书·新知三联书店，1999年，第426页。

少数民族传统社区在复杂环境中坚持社会主义先进文化的发展道路，牢固树立文化自信和文化自觉，积极参与少数民族传统社区文化保护与延续，推动乡村文化振兴，用充满活力的中华民族优秀文化引导社区居民的思想和行为，正确面对外来文化的冲击，铸牢中华民族共同体意识，对少数民族地区实现全面可持续发展具有积极的实践意义。

第二节 研究内容与方法

一、研究内容

本书主要探讨了在现代化进程中西部少数民族传统社区文化环境适应性变迁与保护问题，尤其是大众旅游发展对少数民族传统社区文化带来的影响，主要内容分为七个部分。

绪论部分。首先介绍了研究的背景及意义，提出研究问题。其次简要说明了研究内容及方法，再次从不同视角梳理了民族文化保护的研究现状，为本研究的展开提供前期成果和理论支撑。

第一章，少数民族传统社区文化环境适应性。从理论视角对少数民族传统社区文化环境适应性进行了分析，深入探讨了传统社区的文化原真性问题，运用符号理论，阐释了文化原真性与舞台化的关系，并从实践、空间、媒介三方面分析了少数民族传统社区文化再生产的形式。

第二章，旅游背景下少数民族传统社区文化变迁。从现实视角描述分析少数民族传统社区文化环境在旅游发展过程中产生的变化，通过实地调研四川省甘孜藏族自治州丹巴县甲居藏寨社区、阿坝藏族羌族自治州理县甘堡藏寨社区、黑水县色尔古藏寨社区等少数民族传统社区，总结归纳出文化的内外部变迁状况。通过问卷调查，对少数民族传统社区文化环境适应性保护与发展进行实证分析。

第三章，少数民族传统社区参与旅游对文化的影响。大众旅游的快速发展，使得少数民族传统社区成为主客频繁互动的场域，本章总结了社区参与旅游的本质与模式、效应与影响，系统分析了社区参与的时空状态与增权效应对社区文化环境产生的影响。通过问卷调查，对少数民族传统社区居民旅游影响感知进行了实证分析。

第四章，少数民族传统社区文化保护与经济社会协同发展。重点探讨了少数民族传统社区文化保护与经济社会发展的关系，包括冲突范式的影响观、辩证视角的促进观和可持续视角的协同观，并以四川省甘孜藏族自治州甲居藏寨为调查对象，开展了少数民族传统社区文化与经济社会发展的案例分析。

第五章，少数民族传统社区文化环境适应性保护与发展路径。以少数民族传统社区换工习俗的演变归纳出螺旋适应型与直线渐变型两种文化变迁类型，进而提出通过建立时空维度的少数民族传统社区文化自组织调适缓冲区和文化符号意义保护区，发挥文化自组织调适功能，促使少数民族传统社区有效应对外来文化冲击，吸收优秀文化因子，增强民族文化生命力。本章提出了基于多重增权的少数民族传统社区文化保护发展路径，树立社区与居民对文化保护发展的主体意识，强化政府与企业对文化保护发展的责任行为，激发游客与第三方文化保护发展的参与动能，建立耗散视角的少数民族传统社区综合管理理念等。

结论与展望。研究认为少数民族传统社区文化是一个动态的流体，文旅融合是传统社区可持续发展之路，文化环境适应性保护需要时空缓冲区，多重增权是文化保护发展的动力保障。此外，本书还存在调查范围局限、研究影响因素需拓展、研究内容需要深化等不足，在未来研究中需要进一步完善与发展。

二、研究方法

本书采用了社会学、民族学、管理学等学科常用的调查研究方法，包括文献法、观察法、访谈法、问卷法等。

文献法，从研究问题出发，广泛收集并整理相关文献资料，作为研究理论架构的文献支撑。一是通过 CNKI 中国知网、Web of Science、EBSCO-Academic Search Complete，以及谷歌学术、百度学术等科研文献数据库收集国内外相关研究文献，同时，广泛研读已出版论著，以便尽可能全面地梳理并把握少数民族文化保护领域的研究脉络。二是在实地调研中，向当地宣传部、文化和旅游局、乡镇政府、村委会等单位收集相关文献材料。

观察法，根据研究目的和实际情况，分别采取参与式观察法或非参与式观察法。选择具有代表性的西部少数民族传统社区，在一定的时间段内或直接进入社区生活中，体验原住民的生活方式，感知文化氛围，或置身于社区生活之外，以旁观者的身份记录观察到的文化事实，作为研究的一手数据材料。

访谈法，通过与西部少数民族传统社区居民面对面的谈话，获取被调查对象对于文化变迁与保护的直观认识。访谈对象既可以是某个人、某个家庭，也可以是某个小群体，形式包括结构式访谈、半结构式访谈和非结构访谈。[①]结构式访谈是根据研究目的，拟定访谈提纲，并严格按照提纲开展访谈，问题明确有的放矢。非结构式与半结构式访谈，不必设计专门的访谈提纲，只需围绕研究主题或开放性提纲与对象即兴访谈，适时控制谈话方向，以最大范围地获取有效信息。

定量研究法，通过对西部少数民族传统社区居民的抽样问卷调查获取一手数据，进行量化分析和处理，检验理论假设，作为定性研究的有效补充。通过结构方程建模方法进行数据分析，其中，结构方程模型基于变量的协方差矩阵分析变量之间关系，包括测量模型检验和结构模型检验。基本过程是在厘清研究变量性质和内容基础上，清晰描述变量的假设关系，建立具有理论推导性质的假设模型，然后通过统计检验、修正前期的结构模型，形成既有理论推导又经过统计分析的技术检验，更具应用价值和推广效应的结构模型。

第三节 相关概念与理论

一、基本概念

（一）文化

中国古代对于文化的研究历史悠久，早在《易经》中就有对"文"的记载。《说文解字》："文，错画也，象交文。""文"是指各色交错纹理，这是"文"的早期意义。《庄子·逍遥游》："化而为鸟，其名曰鹏。""化"是指变化、造化，进而引申为教行迁善。《易·贲卦·象传》："刚柔交错，天文也；文明以止，人文也。观于天文，以察时变，观乎人文，以化成天下。"《说苑·指武》："凡武之兴，为不服也，文化不改，然后加诛。""文化"由此同时出现，发展成为一个独立的词汇，均包含以文教化的意思。

[①] 周大鸣：《人类学导论》，昆明：云南大学出版社，2007年，第60页。

绪　论

"文化"拉丁文为Cultura，意为耕种、联系、居住等。安托万·菲雷蒂埃的《通用词典》认为文化就是人类为使土地肥沃，更有利于种植树木和栽培植物，采取的耕耘和改良措施。随着社会发展，文化的意义范畴逐步超越物质生产活动，扩展到更为广泛的精神领域。英国文化人类学家泰勒在《原始文化》中首次对"文化"做出明确界定："文化，就其在民族志中的广义而论，是个复合的整体，它包含知识、信仰、艺术、道德、法律、习俗和个人作为社会成员所必需的其他能力及习惯。"[1]泰勒从现代技术和人类文明的视角拓展了文化的内涵与外延。为了更加直观地理解文化的意义，格尔兹从符号学的视角进一步加以明确："文化概念……指从历史沿袭下来的体现于象征符号中的意义模式，是由象征符号体系表达的传承概念体系，人们以此达到沟通延存和发展他们对生活的知识与态度。"[2]

纵观对于文化的诸多定义，克罗伯和克拉克洪将其归结为六种类型：一是描述性定义，认为文化是指区域内的社会习惯、个体及其对社会习惯的反应及行为的总和；二是历史性定义，认为文化是社会的传承，强调文化的社会传统性；三是规范性定义，认为文化是某种社会条件下的生活方式，以及具有动力的规范观念及其影响；四是遗传性定义，强调文化的来源、文化存在及继续生存的原因等；五是心理性定义，认为文化是满足个体需求、人际交往以及应对环境的方式；六是结构性定义，认为文化具有内在的结构体系，形成有机的意义整体。[3]

克拉克·威斯勒认为文化特质是构成文化的基本单位，诸多相互关联的文化特质的结合，形成了文化类型和文化环境。文化环境是一定地域范围内，影响社会行为规范的价值、观念、习俗以及信仰等，文化环境对个体行为偏好的塑造具有重要影响。文化现象反映了在某一文化环境中，社会群体的生产方式、生活状态，以及对自然和社会的探索过程。文化现象也是不同民族之间联系的标志，通过文化的碰撞促进文化现象由中心向外界的扩散，进而创造更加丰富的文化财富。[4]人、文化、自然三者的关系是一种圈层结构，人作为主体构成了圈层结构的核心，自然是人生存发展的外环境，而文化依附于人，成为内环境。人在文化环

---

[1] 〔英〕爱德华·泰勒著，连树声译：《原始文化》，桂林：广西师范大学出版社，2005年，第11页。
[2] 〔美〕克利福德·格尔兹著，纳日碧力戈译：《文化的解释》，上海：上海人民出版社，1999年，第11页。
[3] 魏文斌：《第三种管理维度组织文化管理通论》，长春：吉林人民出版社，2006年，第15页。
[4] 〔美〕克拉克·威斯勒著，钱岗南等译：《人与文化》，北京：商务印书馆，2004年，第88页。

境的影响下作用于自然环境，利用和改造自然，维系人类的生存与繁衍。与此同时，自然通过影响和改变人的文化环境，进而对人的行为方式发生反作用。在文化与自然内外环境的相互作用下，个体不断拓展自我认识，推动人类文明不断向前发展。

根据《中国大百科全书》的定义，社区是指一定区域的社会群体。具体而言，社区要有一定的地理区域及一定数量的人口，同时社区居民之间具有共同的意识和利益，并且在生产生活中具有较为频繁的社会交往。[①]少数民族传统社区文化是指在少数民族聚居的一定区域内，少数民族传统社区居民在较长时期的共同生活中，集体形成的具有民族特色的共同价值理念、习俗风情、思维意识等的综合体。少数民族传统社区文化一旦形成，就会产生文化的意义功能、塑造功能和整合功能，引导和约束社区居民的思想和行为。

(二) 文化自觉与文化自信

文化自觉、文化自信是文化主体对文化的一种态度。费孝通认为文化自觉是在一定文化范围内的人对所处的文化要具有自知之明，不仅要知晓文化的来历、形成过程，还要明白文化的特色和未来发展的趋势。文化的主体通过产生自觉，在适应变化的环境中，增强其文化转型的能力。但是，这一过程不是文化的复旧，也不是文化的全盘西化或者他化。[②]在费孝通先生看来，文化自觉包括两层意思：首先，人作为文化的生产者，在一定的时空范围内创造了文化，而文化是人的生存方式，对人的观念和行为产生塑造及约束作用。所以，文化的主体要了解自身的文化背景，熟悉文化的生产方式和发展历程。其次，文化是人在认识和改造自然过程中对客观世界的反映，人的属性决定了文化的属性，文化所具有的自觉性也就是人的自觉性，表现为客观看待不同文化特性，主动认识和理解文化的多样性和先进性，理性对比分析自身文化的优劣势，根据自身文化特点及所处的环境，以包容发展的眼光去吸纳融合有益的他文化因子，取长补短，促进文化交流、文化融通，顺应时代潮流构建自身文化价值观，为文化创新与发展注入新的活力，实现费孝通先生所说的"各美其美，美人之美，美美与共，天下大同"。

有学者认为，文化自觉是文化保护的基础，是维系民族集体记忆的关键因素。文化保护并不是保守不变，新陈代谢是任何事物发展的内在逻辑，在顺应时

---

① 《中国大百科全书·社会学》，北京：中国大百科全书出版社，1991年，第356页。
② 费孝通：《反思·对话·文化自觉》，《北京大学学报》1997年第3期，第15—22页。

代特征的文化发展中，应当充分尊重少数民族传统社区居民的意愿，在文化冲突与变迁过程中唤起民族文化自觉，在文化发展规律的基础上，建立多元民族文化相互依存、共同繁荣的保护发展道路。①

人类创造了历史和文化，又以历史和文化的形态彰显自我的价值与存在。文化自信是个体或群体对自身文化价值的自我认同和自我肯定，表现出对所属文化形态的坚定信念。对个体而言，文化自信是人在实践活动中形成的对作为客体的文化的稳定的心理倾向和特征。对社会而言，文化自信是理论自信、道路自信、制度自信的内在依据和力量源泉，是意识层面中华民族文化先进性的本质表现。文化自信是一种理性与客观主义观念在文化实践中的展现，文化自信建立在文化自觉基础之上，既要避免自我文化中心主义所产生的文化自大，又要克服历史虚无主义，避免文化自卑和文化盲从，能够在维系文化核心价值的基础上，传承和弘扬民族文化精神。

在西部少数民族地区旅游发展背景下，旅游既是一种经济活动，也是一种文化传播活动，旅游者对民族文化产品的好奇心理与消费需求，不同程度地引发了本地区居民对民族文化特质的重构，促使其了解自身文化的来历、形成过程及特色，促使其内在文化自觉意识的产生，在追求民族文化的经济价值、社会价值、审美价值过程中，社区居民的文化自信充分显现，不断增强自我文化的认同感及自尊感，更加自觉地保护与发展传统文化，从而增强文化的适应性和时代性。②

（三）文化变迁与发展

根据《简明文化人类学词典》的定义，文化变迁是指由于文化自身的发展，或异文化间的相互碰撞交流而产生的文化内容或结构的变化。克莱德·伍兹认为社会文化环境或自然环境的改变是引起文化变迁的主要因素，社会文化环境是指人、文化和社会，自然环境是指天然或人工的生态环境，当环境变化达到一定的量的积累时，新思维模式和新行为模式就具备了产生的前提条件。③文化变迁的类型一般可分为外因性演变和内因性演变，前者主要受外部环境的影响而引发文化

---

① 霍志钊：《民族文化保护与文化自觉：兼论文化人类学者在民族文化变迁中的责任》，《广东社会科学》2006年第4期，第86—89页。
② 甘代军：《文化自觉的动力——一个布依族村寨文化的审思》，《云南社会科学》2010年第2期，第68—72页。
③ 〔美〕克莱德·M. 伍兹著，何瑞福译：《文化变迁》，石家庄：河北人民出版社，1989年，第2页。

体系的变化，比较经典的案例是钢制斧头进入澳洲土著野悠榕部落的社会生活后，坚固耐用的钢斧很快替代了土著社会长期使用的石制斧头，破坏了石斧作为男性统治地位的象征，由此引发部落社区传统价值、观念、习俗的连锁变化，导致部落文化的显著改变。后者是由于文化主体生产生活方式的变化，引起系统内部环境的改变，进而促使民族特征、民族意识、价值理念、行为规范等文化特质的变化。

在两种或多种文化的接触中，还存在文化同化或文化涵化等现象，同化是某种文化被另一种强势文化全部吸收，或者某种文化向另一种文化的方向持续发展，逐步放弃自身文化属性的过程。文化涵化是不同文化通过相互交流碰撞，导致一种文化受到另一种文化的影响而发生改变，这种影响是相互的，文化双方都在一定程度上发生改变。文化在发展变化的过程中会失去一部分，保留一部分，并补充进一部分，这是文化进程中的碎片化到重构的过程。[1]同时，在现代语境背景下，某种文化出于更新自我或影响他者的目的，可能会创造新的文化要素，丧失文化原有的部分特质，但这并不意味着民族文化特质的去除，反而可能意味着文化的新发展。[2]

对于民族地区或传统社区而言，旅游是引起文化变迁的重要因素。在旅游社会学的研究初期，学者们主要关注旅游对社区文化的负面影响，比如格林伍德（Greenwood）提出，旅游发展使得社区文化被"商品化"，破坏了文化原有的特质，使文化失去了传统的意义。[3]但是，通过不断地摸索与调试，旅游与文化之间的关系逐步改善，旅游发展对文化保护的积极作用开始显现。Wang & Yang认为旅游促进了民族文化的传播，并且，尽管越来越多的旅游者进入社区，但是对社区文化原真性并没有产生重大毁坏。[4]皮卡德（Picard）也认为，国际旅游的发展对巴厘岛文化具有深远的影响，但巴厘人在旅游发展中巧妙地将两者融合起来，

---

[1] 严墨:《文化变迁的规律——碎片化到重构》,《中央民族大学学报》2006年第4期,第50—54页。
[2] 龚锐:《断裂与重建——民族旅游开发与民族文化的再构建》,《贵州民族学院学报》2007年第5期,第5—7页。
[3] Greenwood D. J., *Culture by the Pound: An Anthropological Perspective on Tourism as Cultural Commoditization. In Hosts and Guests*. Philadelphia: University of Pennsylvania Press, 1977, pp. 129-139.
[4] Wang H., Yang Z., Li Chen, et al., "Minority Community Participation in Tourism: A Case of Kanas Tuva Villages in Xinjiang, China", *Tourism Management*, 2010, (3), pp. 759-764.

有效促进了传统文化的保护与发展。[1]

近年来,学者们将关注的重点逐步转向旅游对目的地的社会结构,尤其是旅游活动对少数民族传统社区文化结构的冲击,以便进一步揭示社区文化变迁的本质、过程等反映变迁的规律性问题。比如,纳什(Nash)提出,新的文化元素会随着旅游或其他活动而进入社区,一些被植入人们脑海中的因素将会导致社区居民生活方式的改变,称为"涟效应",游客及其相关联的事物成为社区居民的模仿对象。[2]桑托斯和严(Santos&Yan)以芝加哥唐人街为例,剖析旅游市场需求与商品化对海外汉文化的解构与建构过程,认为文化的变迁经历定位与再定位、生产与再生产、斗争与妥协等复杂的过程。[3]

国内学者一方面积极介绍引进国际旅游人类学相关理论和研究成果,另一方面结合本土实际展开具有中国特色的原创性研究。有学者认为旅游活动在传统社区文化变迁中产生了显著影响,社区的交通、信息、医疗等基础设施得到积极改善,居民从旅游发展中获取了更多的经济收益,女性地位有所提升,社区的物质文化、制度文化和精神文化均发生了不同程度的改变。尤其是市场的力量,颠覆了传统社会原有的价值理念、人际关系、伦理道德等,将传统文化要素商品化、舞台化为被大众消费的符号产品。有学者对我国中西部边疆民族文化变迁进行了综合考察,从物质、制度、行为和心态四方面阐述了随着民族旅游开发带来的民族文化的变迁,分析了民族文化变迁中存在的不良现象和突出问题。[4]王志强、俞丽娟从宏大的历史视角,探讨了青藏高原的移民与民族文化变迁问题,系统分析了自秦汉以来高原民族的文化融合与适应过程。[5]除了宏大叙事,有学者别出心裁从细微处入手,譬如以民族取名方式的变迁研究多民族的文化交融,姓名是在社会交往互动过程中形成的,它承载着一个群体的历史和社会记忆,是生活在同一地域的各个群体互动交往的重要佐证。祁进玉认为,姓名不仅体现了鄂伦春族狩猎文化的内涵,蕴含着该民族的人生观、价值观和宇宙观,还吸收、借鉴了汉族、

---

[1] Picard M., *Bali: Cultural Tourism and Touristic Culture*. Singapore: Archipelago Press, 1996, pp. 37-40.
[2] Nash D., *Anthropology of Tourism*. Oxford: Pergamon, 1996: 113.
[3] Santos C. A., Yan G., "Representational Politics in Chinatown: The Ethnic Other", *Annals of Tourism Research*, 2008, 35(4), pp. 880-887.
[4] 窦开龙:《旅游开发中西部边疆民族文化变迁与保护的人类学透析》,《宁夏大学学报》2018年第1期,第157—162页。
[5] 王志强、俞丽娟:《青藏历史移民与民族文化的变迁》,上海:上海大学出版社,2016年。

满族、蒙古族等周边多个民族的风俗习惯，呈现出较为复杂的民族交往交流交融的脉络。①

虽然旅游开发解构了少数民族传统社区的生产方式、生活方式、价值观念等，在某些区域破坏了文化的原生态，失去文化个性。但是，市场带来的强大动力也使得许多有价值的传统文化要素得到充分挖掘和保护，并且，旅游场域作为一种影响巨大的跨文化传播渠道，能够有效地增强民族文化的认同感。无论如何，人类社会的发展变化是时代的主线，静止不变的文化在现实中并不存在，随着社会的发展，体现社会特征的文化也在不断创新与变迁。对于少数民族传统社区而言，面对民族文化的发展变化，应充分理解和尊重少数民族传统社区居民在漫长的历史发展中形成的民族意识，主动适应社会发展带来的文化变迁。②

（四）文化保护与传承

民族文化保护是对少数民族传统社区居民在长期的共同生活中形成的特有的精神价值、民族智慧，以及以物质或非物质形态存在的世代相承的传统进行有意识的保护，维系文化的原真性和完整性。文化传承是实现传统的延续和积淀的重要途径，是保持民族共同体的重要黏合剂，通过民族群体的文化再生产活动，进行权利和义务的代际传递，形成民族认同感和内聚感，使文化表现出纵向延伸和复制的特性，成为民族意识深层次的累积。③物质及非物质文化、思想信仰、行为模式、习俗风情等，都可以成为文化传承的对象。文化传承的媒介可以是民族文化典籍或声像资料、大众媒体、自媒体、宗教信仰、节庆仪式、传习活动、大众旅游等。④文化传承是文化发展的重要基础，社会的内外需求为民族文化传统提供了动力来源，少数民族传统社区成员是文化传承和创新的主体。⑤

环境适应性一般是指生物随着环境的变化而改变自身的结构、形态或者生理特性，通过自身的变异以适应环境的过程。少数民族传统社区文化的环境适应性保护与发展面临两种形态：一是自然环境，即少数民族传统社区居民生存的地理

---

① 祁进玉、孙晓晨：《取名方式变迁与多民族文化交融——以20世纪上半叶鄂伦春族为例》，《北方民族大学学报（哲学社会科学版）》2020年第6期，第64—72页。
② 霍志钊：《民族文化保护与文化自觉：兼论文化人类学者在民族文化变迁中的责任》，《广东社会科学》2006年第4期，第86—89页。
③ 赵世林：《论民族文化的传承》，《云南民族学院学报（哲学社会科学版）》1995年第4期，第36—43页。
④ 晏鲤波：《少数民族文化传承综论》，《思想战线》2007年第3期，第42—47页。
⑤ 孙克：《历史语境下民族文化的现代传承》，《贵州民族研究》2017年第11期，第92—95页。

环境、资源状况、气候条件等；二是社会环境，即少数民族传统社区居民的生产生活方式、技术水平、社会制度等。在民族文化保护的类型上，根据保护对象的不同，可以分为动态保护和静态保护两种方式。前者是在环境变化中增强文化的适应性和生命力，后者是通过现代技术工具对即将消失的文化进行记录保存。根据保护范围的不同，可以分为整体保护和个别保护。前者是对濒临消亡的民族文化进行全面系统的保护，后者是对民族的某一类物质或非物质文化遗产，抑或特定的文化事物、技艺等进行保护。根据保护动力的不同，可以分为外源型和内源型两种方式。前者强调保护主要借助外部力量驱动，包括政策立法、社会介入、市场开发等方式对民族文化实施保护。内源型强调要发挥本民族成员的文化自觉，尊重民众对文化的态度，使其在民族文化保护中发挥主体作用。在现实中，往往是内外力量相互协作，比如对西江苗寨旅游发展与文化传承保护的调查发现，各方力量的共同作用使得西江苗寨民族文化得到有效保护，除了政府层面给予的保护政策和支持，还有市场对苗寨文化保护传承的有力助推，通过对民间工艺文化资源的开发，使文化资源转化为能够获取经济收益的文化资本，有效增强了苗寨居民对文化的自觉传习。[1]

在保护的形式上，学者们提出了构建生态博物馆、民族生态旅游村、文化保护区等多种形式。其中，生态博物馆是文化遗产保护的"活体博物馆"，乔治·里维埃认为，生态博物馆是在特定区域由公共机构和少数民族传统社区居民共同设计、建立、运营的文化保护区。生态博物馆就像一面镜子，少数民族传统社区居民在人与文化的互动中，发现自我、展示自我，在向外部参观者传播文化的同时，也加强了自身对于民族传统、历史、风俗习惯的认识和理解。[2]杨振之提出"台前、帷幕、后台"的少数民族传统社区开发理念模式，在文化试验区建立舞台化空间，在文化缓冲区建立过渡性空间，在文化核心区建立保护性空间，既能够让旅游者体验观看民族文化的表演展示，发展民族地区旅游经济；同时，又能为少数民族传统社区居民保留原生态的生活空间，使民族文化赖以存在的生态环境不被破坏。钱穆认为，文化是时空凝合的人类群体生活之综合的全体创造物，必有一段相当时期之绵延性与持续性。因此文化不是一平面的，而是一立体的，即

---

[1] 张晓：《关于西江苗寨文化传承保护和旅游开发的思考——兼论文化保护与旅游开发的关系》，《贵州民族研究》2007年第3期，第47—52页。
[2] 乔治·里维埃：《生态博物馆——一个进化的定义》，《中国博物馆》1986年第2期，第7—10页。

在一空间性的地域的集体人生上面，必加进一实践性的历史的发展与演进。[①]随着生产力和生产方式的发展，作为上层建筑的文化也会不以某人或某个群体的意识为转移发生相应的变迁，由于变迁具有多元化、复杂性特点，为了确保民族传统文化的原真性和完整性，才出现了针对特定文化的保护。少数民族传统社区是在现实生活场景中展现各民族文化的实地村落或民族聚居区[②]，在这一区域内的文化保护与变迁是辩证关系，保护是变迁中的保护，变迁是保护中的变迁。因此，文化保护不是故步自封、一成不变，而是在把握文化生成发展规律的基础上，保护文化传统的核心特质，吸收外来文化的优秀因子，譬如公元前300年战国时期，赵武灵王为顺应步战向骑战的变化，而采用胡服骑射。"夫服者，所以便用也；礼者，所以便事也。是以圣人观其乡而顺宜，因其事而制礼，所以利其民而厚其国也。"[③]在多元文化的交往交流交融中，创建具有环境适应性的文化生态体系，展现人类文明的勃勃生机。

二、相关理论

（一）文化再生产理论

文化再生产理论是法国学者皮埃尔·布迪厄首次提出，认为文化的创造和再生产，是人类的生存能力和生存意向在生活过程中的表现形态，也是人的本性和内在本能的自然展现，文化是在人的动态发展中通过再生产不断创造、更新和累积，使得社会得到发展与延续。[④]文化再生产理论认为，文化是动态变化发展的，是一个持续自我更新的再生产过程。在文化与人的关系中，一方面，已形成的文化模式和文化逻辑会对人产生巨大深刻的影响，塑造人的思想与行为；另一方面，人是文化存在的创造主体，是人在一定的社会条件下，适应自然和社会环境变化的产物。[⑤]

惯习、资本、场域是文化再生产理论的核心概念，展示了社会结构与行为的相互作用过程。惯习是文化主体在特定社会环境中形成的以某种方式感知环境、

[①] 钱穆：《文化学大义》，台北：兰台出版社，2002年，第4页。
[②] 徐万邦、祁庆富：《中国少数民族文化通论》，北京：中央民族大学出版社，1996年，第365页。
[③] 《战国策·赵策二》，北京：中华书局，2016年。
[④] 高宣扬：《布迪厄的社会理论》，上海：同济大学出版社，2004年。
[⑤] 宗晓莲：《布迪厄文化再生产理论对文化变迁研究的意义》，《广西民族学院学报》2002年第2期，第22—25页。

思考、行为的长期的、稳定的心理倾向性和性情禀赋，这是文化主体与社会环境相互作用的产物。资本体现了一种积累形成的劳动，它以物质化的、身体化的形式不断积累，与此同时，资本还体现出一种生产性，即一种生产利润的潜在能力，或者以等量、扩大的方式来生产自身的能力。资本包括文化资本、经济资本和社会资本，文化资本是文化再生产的结果，通过大众传播、家庭教育、社会教育等形式强化和拓展。在特定的时空范围内，资本的总量是有限的，而人却无法遏制对资本的渴求，三类资本之间相互竞争、相互转化，产生"场域"运动。场域是由各种客观关系构成的一个网络或构造[1]，符号权力在场域中建立具有支配秩序的权力关系，左右相互联系又彼此差别的场域，推动文化的生产与再生产。

（二）文化进化理论

爱德华·泰勒作为英国人类学的创始人之一，耗费毕生精力探索人类文化的历史，在其《人类早期历史与文化发展之研究》中，泰勒提出了语言和符号进化的观点。除泰勒外，摩尔根、斯宾塞等著名学者也是文化进化论的代表人物，其中，斯宾塞较为系统、全面地阐释了文化进化论的思想。文化进化论与达尔文的生物进化论殊途同归，斯宾塞提出社会领域的进化观和适者生存观，进而形成古典文化进化论。该理论认为，人类文化分为蒙昧、野蛮、文明三个阶段，经历了由低级向高级、由简单向复杂、由野性向文明的发展过程，文化的进化发展是历史的必然逻辑，社会的历程是由进步而不是由退化构成。早期的古典进化论是一种机械进化论，具有十分明显的缺陷，其所谓的"种族优越""西方中心""一元单线"等错误观念都被文化相对论——驳斥。

到20世纪中叶，美国人类学家怀特、斯图尔德、塞维斯等人，在古典文化进化论的基础上，吸收了文化相对论、文化功能主义、文化传播学派等新的学说，进一步发展出新进化论。怀特认为，能量是文化发展的动力，文化发展的程度取决于人对能量的控制和利用，技术—经济能力是左右文化进化的核心因素。萨哈林斯将文化进化分为一般进化和特殊进化两种类型，前者是指文化能量转换由少到多，综合水平由低到高，全面适应由弱到强的过程；后者是指文化多元发展

---

[1] 包亚明：《文化资本与社会炼金术——布迪厄访谈录》，上海：上海人民出版社，1997年，第142页。

的、族系的、分化的、历史的过程以及特定文化适应性变迁的过程。①综上，无论是古典文化进化理论还是新进化论都认为，文化不会静止不变，而是根据技术经济、制度环境的变化，不断向前发展变化。

(三) 文化涵化理论

文化涵化是文化变迁的重要表现形式，通常指某一文化对他文化的影响所产生的变化，变化的结果可能是双向的，也可能是单向的。美国人类学家赫斯科维茨、雷德菲尔德等提出，涵化是由个体所组成的不同文化的群体，因持续地直接接触，导致一方或双方已有文化模式的变迁现象。②在此基础上，学者们将文化涵化所引起的变迁进一步明确，既包括由于文化直接的接触传播而引起的变迁，也包括在文化接触中引起的非文化因素如社会人口等方面的变化。同时，文化变迁一方面表现为根据外部环境改变而吸收外来文化特质的适应性变化，另一方面表现为因生产生活方式发生改变后的反适应现象。因此，研究时应客观描述发生接触的两个或两个以上的文化系统的特征，再了解文化接触的基本情况，分析接触过程中不同文化系统产生的变化并给予解释。③

文化涵化理论提出，首先，产生涵化现象的前提是不同文化间的接触，譬如在旅游场域中，少数民族传统社区的本土文化与外来文化之间就产生了持续的直接的接触。其次，涵化是两种或多种文化在接触中相互影响、相互作用、相互改变的过程。旅游者带来的外来文化固然会对少数民族传统社区居民产生文化影响，但旅游者在体验消费民族传统文化的过程中，也会受到相应的文化渗透和影响。再次，涵化结果表现为不同文化之间共性的增强，文化的生命力得到延续。根据文化主体的涵化范围，可以分为群体涵化和个体涵化，前者是指民族文化与他文化的接触中，引起文化整体层面的改变；后者是指民族成员部分个体的价值、思维、观念、行为等，受到外来文化的影响而发生改变。④根据文化主体对涵化的态度，可以分为顺涵化和逆涵化，前者是文化主体自觉主动吸收他文化的特质，后者是出于某种原因而被迫接受他文化的影响。对于地处偏远的某些西部少

---

① 〔美〕托马斯·哈定著，韩建军、商戈令译：《文化与进化》，杭州：浙江人民出版社，1987年，第31页。
② Redfield R., Linton R., Herskovits M. J., "Memorandum for the Study of Acculturation", *American Anthropologist*, 2010, 38(1), pp. 149-152.
③ 黄淑娉、龚佩华：《人类文化学理论与方法研究》，广州：广东高等教育出版社，1996年，第221页。
④ 马季方：《文化人类学与涵化研究（下）》，《国外社会科学》1995年第1期，第11—17页。

数民族传统社区，旅游开发使得长期处于半封闭状态的社区文化不得不直面外来文化的强烈冲击，文化主体可能会接受现代文化的有益因子，淘汰原有文化的落后因子，发展出新的文化特质，逐步适应新的内外环境，融入现代文明；也可能会对外来文化产生明显的抵触情绪，有意识地躲避文化间的相互接触，抵制不同文化的影响，形成文化抗拒。现实社会中，绝对的文化抗拒和文化同化都较为少见，即使是相互对立的文明之间，也会在冲突中寻求共同发展的可能性。人类社会的发展历程也表明，各民族文化之间的交往交流交融，是文化繁荣发展的必然要求。人类只有一个地球，各国同处一个世界，只有以建立人类命运共同体的胸怀与气度，才能共同应对严峻复杂的世界变化，促进人类文明的可持续发展。

（四）文化符号理论

符号与人类生活密切相关，它是人类认识自然、改造自然的表征工具。在漫长的人类进化中，卓有成效的劳动不仅创造出更加丰富的物质产品，也提升了人类创造和使用符号的技能。人的发展过程，是伴随着符号的创建和运用，构建充满象征意义的符号世界的过程，它给予某种事物以某种意义，从某种事物中领会出某种意义。[1]怀特指出，符号的使用是人的行为的起源，任何人只有被引导和加入到称作文化的现象世界中，才会变成真正意义上的人。符号是开启现象世界的大门钥匙和进入这个世界内部的桥梁。正是由于符号的使用，才使得文化得以产生并延绵传递。[2]符号的运用是人完成了社会化，逐步转变为具有丰富规定的、全面自由的文化人。具体而言，如果A引起关于B的观念或意识，那么A就是B的符号意义表达。[3]

索绪尔、皮尔士等人是现代符号学理论的代表人物。索绪尔认为社会功能是符号的重要功能，语言学是符号学的组成部分，语言符号是不同事物通过心智建立的联系，相互关联的语言组织构成完整的符号系统，成为社会成员之间的契约关系。皮尔士对符号的逻辑结构展开了深入研究，建立了广泛的符号类型学，提出了符号的三分法，包括性态、型例、原型；表位、记号、论据等。人对外部世界的感觉知觉就是经验化的过程，符号由媒介、对象和解释三要素构成，符号的意义必须通过解释才能获得。此外，在符号的分类研究中，莫里斯根据符号的使

---

[1] 〔日〕池上嘉彦著，张晓云译：《符号学入门》，北京：国际文化出版公司，1985年，第3页。
[2] 〔美〕怀特著，曹锦清等译：《文化科学》，杭州：浙江人民出版社，1988年，第21页。
[3] 〔英〕罗素著，张金言译：《人类的知识》，北京：商务印书馆，1983年，第223页。

用方式，将意义符号分为知识性符号，即通过符号了解事物或情景的可观察性质；价值性符号，即运用符号评价事物或情景的属性特质；行为性符号，即控制事物或情景的可操作性质。[①]艾柯从符号的类型出发，分为自然事件类符号和人类行为符号，用代码从一般知觉层面、直接含义层面和含蓄意义层面指称符号意义。文化符号理论为深入探析少数民族传统社区文化环境适应性保护问题，提供了意义符号层面的理论支撑。

本章小结

本章简要提出了研究的背景与意义。少数民族传统社区是民族文化的基本载体，是民族物质文化遗产和非物质文化遗产的保护地，从微观的视角充分展现了民族的文化特质。经过四十余年的改革开放，我国已进入中国特色社会主义新时代，社会环境发生了巨大变化，尤其是民族地区文化旅游的蓬勃兴起，使得少数民族传统社区面临传统与现代、习俗与时尚的碰撞，如何根据少数民族传统社区内外环境的变化，有效保护与发展民族文化成为时代迫切需要解决的新问题。

本章以研究问题为核心，提出了研究的主要内容：首先，从理论层面分析少数民族传统社区文化环境适应性，阐释文化变迁的理论基础；其次，通过实地调研和数据分析，从不同的维度梳理少数民族传统社区文化变迁的表现形式，以及文化环境适应性保护与发展的关系；再次，以社区参与旅游为切入点，系统分析社区参与旅游的路径及其对社区文化的影响，同时，从社区居民角度，调查分析其对旅游影响的感知及意愿；然后，讨论少数民族传统社区文化保护与经济社会协同发展的演变过程，并通过案例进行深入分析；最后，基于时空理论和增权理论，提出少数民族传统社区文化环境适应性保护与发展的具体路径，并对研究进行总结和展望。为提高研究的科学性和客观性，综合采用社会学、民族学、管理学等多学科的调查研究方法，如文献法、观察法、访谈法等。梳理了研究涉及的相关概念，如文化、文化自觉与文化自信、文化变迁与发展、文化保护与传承，并简要介绍研究依托的文化再生产理论、文化涵化理论、文化进化理论与文化符号理论等，从不同视角为少数民族传统社区文化适应性保护与发展提供理论依据。

[①] 李幼蒸：《理论符号学导论》，北京：中国人民大学出版社，2007年，第519页。

第一章 变与不变：少数民族传统社区文化环境适应性

第一节 少数民族传统社区文化原真性反思

一、何谓民族传统社区文化原真性

原真性（authenticity）又称为真实性、本真性，起源于古希腊语，意为某人亲手制作或者权威性。在全球化、现代化的背景下，对文化原真性的讨论引起了学者的广泛关注，涉及哲学、社会学、旅游学、心理学、人类学等诸多学科，学者们从不同学科的视角提出了众多定义，贝弗兰德和法雷利（Beverland & Farrelly）在已有研究基础上，将原真性界定为：代表现实（real）、真正的（genuine），以及正确（true）的事物。个体、事物及他者是界定原真性的三个关系因子，个体拥有的真实看法不仅随时间和情景而异，也与事物及他人相关，原真性的内涵包括纯真实、近似真实和道德真实三个层面。[1]格雷森和马丁内茨（Grayson & Martinec）认为线索是个体评判客体或事物是否真实的依据，并从符号学视角提出指号性真实和符号性真实，前者指个体相信某物存在与事实和时空的关联，后者指个体头脑中预存的知识或期望与对衡量对象的感知存在关联。[2]

---

[1] Beverland M. B., Farrelly F. J., "The Quest for Authenticity in Consumption: Consumers' Purposive Choice of Authentic Cues to Shape Experienced Outcomes", *Journal of Consumer Research*, 2010, 36(5), pp. 838-856.
[2] Grayson K., Martinec R., "Consumer Perceptions of Iconicity and Indexicality and Their Influence on Assessments of Authentic Market Offerings", *Journal of Consumer Research*, 2004, 1(2), pp. 296-312.

站在客体客观真实和主体体验真实的角度，可以从客观主义、建构主义、存在主义、后现代主义四个维度理解原真性。客观原真性（objective authenticity），认为世界是客观并且可知的，不以人的主观意识为转移，客观世界由客观事物组成，强调客体与原物完全对等。建构原真性（constructed authenticity）认为，人在感知客观世界的过程中，通过主观意识的作用建构出事实，正如科恩提出，事物之所以表现为真实并不是因为它生来就是真实的，而是因为人们依据信仰、观念、权威等对它的建构。存在主义原真性（existential authenticity）认为，事物的原真性与客体无关，是主体寻找真实的自我，原真性是人的一种真实的存在，是自我表达的一种方式，存在主义原真性强调的是旅游主体本身的原真性。后现代主义原真性，又称为超真实性，指源于虚拟、想象，通过技术使得不真实看似和感觉为真实，虚像在后现代社会变得如此真实，甚至比来自于事实的"真实"还真实。

从客观主义的视角，文化是人对客观生存世界的反映。对于少数民族传统社区而言，为提高居民收入，改善人居生活条件，各级政府大力实施乡村振兴战略，采取了一系列的政策措施，包括统筹城乡发展空间，优化乡村发展布局，加快农业现代化步伐，发展壮大乡村产业，建设生态宜居的美丽乡村，健全现代乡村治理体系，加强农村基础设施建设，增加农村公共服务供给等，使得广大农村地区，尤其是西部少数民族传统社区发生了翻天覆地的变化，已全面建成小康社会。既然客观事物和环境发生了如此巨变，作为其在精神世界反映的文化随之而产生适应性变化就理所当然了。

从建构主义的视角，少数民族传统社区文化是少数民族传统社区居民在感知外部环境的过程中主观意识的建构产物。人具有生物性和社会性双重属性，前者要求个体实现自我的生存与繁衍，进行物质生活和社会合作，了解认识所处的客观世界，掌握事物发展的规律，以便开展有效的生产劳动。后者要求个体寻找自我的价值与意义，正确处理人与人、人与社会、人与自然的关系。由于人口流动、乡村发展以及市场经济等因素的影响，改变了少数民族传统社区居民原有的思想观念，尽管受到原有文化观念的约束，但还是会形成新的认知经验。而每个社会都会通过自己的生活实践和联系的方式，通过感情和知觉的方式发展出决定认识形式的体系或范畴。这种体系的作用就像一个受社会限制的过滤器，除非经验能进入这个过滤器，否则就不能成为意识。[①]因此，当居民的知觉范式发生改变后，对文化意义的建构也会出现与传统不同的新方式。正如杨振之所言，在今天的世界，真正意义上的"原生文化"是不存在的。当下存在着的所有的文化形态，包括正在濒临灭绝的文化，都不是绝对意义上真正的"原生文化"。因为所有的文化类型在千百年的历史进程中，都曾经历了各种变迁，都曾与周边的文化及"外来文化"进行过交流、融合。[②]只要文化的内核像遗传基因一样稳定，就不会发生质的变异。

伴随着民族旅游开发的进程，少数民族传统文化也受到影响，发生不同程度的改变，由此，保护民族文化的声音一直不绝于耳。在历史发展的进程中，应该确保民族文化一成不变，还是可以随着环境的改变而进行适应性变化？只有厘清这些问题，才能准确把握民族文化的保护与发展问题。旅游背景下的原真性问题的探讨始于20世纪六七十年代，麦康纳（Dean MacCannell）最早将其引入旅游场景的研究。爱德华·布鲁纳（Edward Bruner）从四个层次阐释了旅游背景下目的地文化的原真性概念，第一是原真性（originality），即完全符合目的地文化传统和仪式的绝对意义的真实；第二是真实性（genuineness），即接近绝对意义的对目的地传统文化的"真实的复制"；第三是逼真性（verisimilitude）即从满足个体需要出发，符合个体对目的地心理想象的"真实的复制"；第四是权威性（authority），即判断目的地文化原真性的权力。[③]在西部少数民族传统社区，旅游活动及其带来的物质流、人员流、信息流等是解构社区传统社会结构的重要影响因素之一，其中数量庞大的旅游者在社区场域主客互动中，对社区居民产生了直接而深远的影响。学界广泛认为相对于对目的地某一对象内在属性的认识而言，原真性更多表现为对外在观察的社会性构造解释，这是一种目标驱动的认知行为，其表现出的对象本质代表了观察者的需要、期望、

---

① 〔美〕埃里希·弗洛姆著，张燕译：《在幻想锁链的彼岸》，长沙：湖南人民出版社，1986年，第121页。
② 杨振之、邹积艺：《旅游的"符号化"与符号化旅游——对旅游及旅游开发的符号学审视》，《旅游学刊》2006年第5期，第75—79页。
③ Bruner E. M., "Abraham Lincoln as Authentic Reproduction: A Critique of Postmodernism", *American Anthropologist*, 1994, 96(2), pp. 397-415.

知识和信仰体系。[①]而文化现象属于存在者，人的实践生存活动是使其之所以成为可能的存在本身。因此，对于具有旅游属性的传统社区，民族文化特质的变迁与发展，不仅仅是少数民族传统社区居民的实践活动与认知反映，还涉及外来旅游者也参与到文化的建构，成为文化现象的共同创造者。

二、符号视野的文化原真性与舞台化

在市场经济和城市化发展的过程中，现代大众文化以影视、文学、网络文化、娱乐产品、广告、艺术等多种形式对市民社会产生了无处不在的影响，然而大众文化内涵的日常性、世俗性和经济性也使个体逐步感受到自身的异化，个体异化程度越高，就越期待从熟悉的都市以外的理想中的原生态环境，如少数民族传统社区获取所谓的原真性，以寻找自我的真实存在。因此，进入少数民族传统社区的都市游客既是文化现象的共创者，也是文化产品的消费者，具有原真性的民族传统文化成为最重要的吸引物，那么，从主客互动视角，少数民族传统社区文化原真性又该如何理解？

少数民族传统社区文化不仅是民族精神符号和物质符号的主要载体，还是民族地区重要的旅游吸引物之一。现代旅游开发使民族文化节庆仪式、信仰图腾、社会习俗、物质生活等传统文化要素均被商业符号化，成为吸引游客的重要旅游产品。民族文化在带有强烈营利性的商品符号化过程中，其作为一个稳定的社会生态机制被外部环境的价值导入破坏，为维持系统的稳定，它会趋向于引发一个重建平衡性的补偿性变迁，这种补偿性变迁对民族原生态文化产生的影响，取决于符号化对原真性的异化程度。这一主客体之间的文化符号互动过程，直接影响游客对民族文化的真实性认知和体验。科恩（Cohen）、麦金托什（Mcintosh）、本拉森（Belhassen）、谢彦君、王宁、肖洪根、彭兆荣、马晓京等国内外众多学者运用符号学理论，从主客观视角对少数民族传统社区文化符号化及符号化旅游的原真性进行了研究。

社会学家科恩（Erik Cohen）将游客分为制度化旅游者和非制度化旅游者，认为随着旅游大众化时代的到来，旅游企业为高效满足众多游客的消费需要，以

[①] Beverland, Michael B., Farrelly, Francis J., "The Quest for Authenticity in Consumption: Consumers' Purposive Choice of Authentic Cues to Shape Experienced Outcomes", *Journal of Consumer Research*, 2010, 36(5), pp. 838-856.

商业化生产的方式对旅游产品进行制造和包装，向制度化旅游者提供非真实的目的地文化消费符号。[1]与科恩同时代的丹尼尔·伯尔斯汀（Daniel Boorstin）认为这种非真实性的工业化旅游符号，组成众多的旅游"伪事件"，使旅游者越来越远离目的地社会的本真现实，变成一个永远封闭的假象系统（system of illusions）。[2]麦康纳提出，尽管旅游者的动机是出于对文化原真性的体验，但在工业化背景下的现代旅游产业链中，旅游产品符号的舞台化和结构化不可避免。这种舞台化与结构化是以原真性为基础，从旅游消费的角度对文化符号的再生产，它并非一定与原真性相对立，但在某些时候，旅游背景下的文化真实性并不一定能很好满足旅游者需要，因此，当保持文化原真性和刺激旅游符号消费之间发生冲突时，舞台化往往会优先选择后者，这就或多或少地会对基于传统和习俗而建构的文化原真性产生影响。进入少数民族传统社区的游客期望能够体验所谓"真实的民族文化"，为了迎合游客这种需求，民族旅游从业者以市场化的运作方式，将本民族文化进行舞台化包装呈现给外来游客。游客在消费舞台化的民族文化产品过程中，将实践感知与先验认知相结合，建构出对民族文化原真性的认识。旅游文化产品消费的结果对少数民族传统社区居民形成直接的反馈，引导和刺激旅游从业者改进或创造新的舞台化场景。

（一）能指与所指：民族旅游文化符号的二重性[3]

符号作为文化现象中的表达单元，代表人类精神构造和物质构造的基本元素。卡西尔（E. Cassirer）认为，符号是人们共同约定用来指称一定对象的标志物，它包括以任何形式通过感觉来显示意义的全部现象。所有在某种形式上能被知觉揭示出意义的一切现象都是符号。[4]人生活在一个符号宇宙中，而不是生活在一个纯粹自然的物理世界中，语言、神话、艺术、历史、宗教是织成符号之网的不同丝线，是人类经验的交织之网，它们共同组成符号世界。人只有在创造文化的活动中才能成为真正的人，才能获得真正的自由，而符号功能建立起人之为人的主体性，符号现象构筑了一个康德意义上"现象界"即文化世界，符号活动在

---

[1] 王宁、刘丹萍、马凌：《旅游社会学》，天津：南开大学出版社，2008年，第65页。
[2] Boorstin D. J., *The Image: A Guide to Pseudo-Events in America*. New York: Atheneum, 1964, p. 56.
[3] 李文勇、张汉鹏：《本真视角的少数民族旅游文化符号舞台化研究》，《人文地理》2012年第3期，第34—38页。
[4] 〔德〕恩斯特·卡西尔著，甘阳译：《人论》，上海：上海译文出版社，2004年，第46页。

人与文化之间建立桥梁，文化作为人的符号活动产品，成为人的所有物。[①]巴尔特（Roland Barthes）进一步将符号学应用到神话、建筑、广告、服装、饮食等文化人类学领域，更为直观地向人们展示了一个丰富多彩的意义符号世界。因此，从这种意义上说人类生活在一个由符号所构成的意义世界，在不同的背景下对意义进行编码和解码，实现自身与外界的融通。

从符号学视角，少数民族传统社区文化就是一个复杂的意义符号系统，各种带有民族特质的语言符号、建筑符号、服饰符号、仪式符号、习俗符号等共同构成复杂的意义空间，向寻求跨文化体验的游客释放出他们所需要的异质信号。在旅游活动中，旅游者通过有意识的解码过程与客观世界建立符号互动。旅游者对旅游符号意义的阐释和共享，事实上是通过自身与旅游吸引物进行的隐含会话完成，在自身与外界场景的符号互动过程中，游客实现了对旅游意义符号的内在化。旅游体验就其本质而言，是一种符号互动现象，在旅游体验的各种情景中，很多意义是通过各种符号传达出来。人与人之间的互动过程是这样，人对物的象征意义的解读过程亦是如此。[②]人类的旅游活动是人类全部文化活动的一部分，旅游活动是人自身以他自己的符号化活动所创造出来的"产品"。符号化旅游是对旅游文化的创造过程，旅游在根本上是一种创造文化的活动。在旅游文化的创造过程中，旅游者必然把自己塑造成"文化旅游者"，而不是文化的旁观者。[③]

现代性社会，后福特主义以"消费"为取向。单纯的产品生产制造已无法满足消费者的需要，必须赋予产品特定的意义符号以引发消费者的欲望。旅游消费是在消费"物品的符号意义"，而非"物品本身"。[④]旅游人类学研究的重要理论分析工具"游客凝视"（tourist gaze），亦是通过对凝视主体与凝视对象关系的现象学解读，剖析旅游文化的消费过程。与其说游客是在消费企业制造的旅游产品，不如说是在消费以产品为物质载体的文化符号。对少数民族传统社区旅游文化的符号化加工，符合现代社会符号消费的发展趋势。少数民族传统社区旅游文化的

---

① 李恩来：《符号的世界——人学理论的一次新突破》，《安徽大学学报》2003年第2期，第8—12页。
② 谢彦君、彭丹：《旅游、旅游体验和符号——对相关研究的一个评述》，《旅游科学》2005年第6期，第1—6页。
③ 杨振之、邹积艺：《旅游的"符号化"与符号化旅游——对旅游及旅游开发的符号学审视》，《旅游学刊》2006年第5期，第75—79页。
④ John Urry., *The Tourist Gaze (second edition)*. London: SAGE Publications, 2002.

"符号化"包括旅游体验、旅游规划设计、旅游产品、旅游空间、旅游活动的符号化。麦康纳认为，对民族旅游文化吸引物中某个特殊自然制品或旅游文化遗产的神圣符号化，可以分为景观命名、设计构思、赋予神圣属性、机械复制及社会再生，通过这五个阶段，赋予对象丰富的旅游文化内涵，使之成为满足游客文化消费的符号产品。旅游者通过与各种民族旅游文化符号的互动，产生稳定而又普遍的结构化或非结构化旅游期待和体验。

对少数民族传统社区旅游文化符号化过程的研究，推动了学界对民族旅游文化符号本质属性的探索。索绪尔（Saussure）以语言符号为例剖析其二重属性，指出符号系统由"能指"（signifiant）和"所指"（signifie）构成。能指即可感知的、直观的语言符号形象，是符号的表达层。所指是语言表示的意义，是符号的内容层。在少数民族传统社区旅游文化的符号化过程中，文化符号的能指是指那些具有物质性质和自然形式的用以承载符号内容的载体，即游客在民族旅游中感知到的实物、形象、行为和声音等。文化符号的所指是在旅游活动中被传递的意义和概念，即依据某种解码规则，被感知的旅游文化符号在游客头脑中产生的"事物"的心理表象。[1]能指和所指共同组成了旅游文化符号的意指，即以能指指向所指、以能指表达所指的组合行为，二者在编码规则的控制下以意指的形式构成完整的符号意义体。在旅游活动中，游客对文化符号进行"症状阅读"（lecture symptomale），阐释文化符号结构中的意义形态特征，通过外显的符号能指，获取隐含的符号所指，以符号的意义（meaning）代替事实（fact），使外部的少数民族传统社区旅游文化符号内化为游客自身的认知图式和经验，完成对意义的解读和旅游体验的获取。

（二）原真与舞台：民族旅游符号视野中的嬗变

在少数民族传统社区，与文化原真性密切相关的另一个重要概念是舞台化（stage），它是指一种被表演的真实，即特定的参与者在特定场合，以某种方式影响其他参与者的所有活动。在表演期间展开并可以在其他场合从头至尾呈现预先确定的行动模式，如"角色"（role）或"常规程序"（routine）。戈夫曼（Erving Goffman）在其戏剧理论中提出，社会就像一个舞台，社会成员就是舞台上的演员，舞台的表演区域分为前台和后台。人们在互动过程中按常规程序扮演各种角

---

[1] 隋岩：《从能指与所指关系的演变解析符号的社会化》，《现代传播》2009年第6期，第21—23页。

色,每个成员都希望通过言语、道具、服装、姿态等,控制自己留给他人的印象。[①]麦康纳在戈夫曼的基础上,发展出舞台真实理论(staged authenticity),将舞台化定义为六个层次:一是戈夫曼的前台,即旅游者试图去探索和超越的区域;二是旅游者的前台,即被装饰加工过的、在形式和功能上类似于后台的社会空间;三是前台,即一个有组织的经过彻底包装而看起来完全像后台的前台;四是后台,即向外来者开放的既不表演也不观看的后台空间;五是装饰的后台,即经过准备或稍加改变而供游客进入和观赏的后台;六是戈夫曼的后台,即一个特殊的空间,可以激起游客的好奇心和旅游意识。[②]

麦康纳提出的"舞台真实"(staged authenticity)认为,现代化生产使工作关系、历史及自然与传统的根基产生脱离,并把它们转变成文化生产及文化经历。现代性正在将工业社会的内部结构,如真实的细节公开展示出来,现代人对他人的真实生活(the real life of others)产生越来越强的兴趣。[③]事实上,旅游者的经历属于一种旅游场域的舞台真实,他们虽然进入了旅游场景的后台,但是在旅游行为高度组织化、社会化和机构化的背景下,游客看到的后台其实是一个装饰过的后台,也就是舞台化的后台。在麦康纳之前,伯尔斯汀(Boorstin)曾提出由于商业化对大众旅游的强烈影响,使得游客不得不去消费同质化和标准化的旅游"伪事件"(pseudo events)。20世纪七八十年代,西方对于文化原真性的研究进入一个高峰阶段。特纳(Turner)阐释了游客如何被置于一个有严格限制的游览舞台。科恩(Erik Cohen)以景物的特征和旅游者的印象作为维度,划分了原真(authentic)、舞台原真(staged authenticity)、原真的否认(denial of authenticity)及人工性(contrived)四种类型,研究了主客原真性与游客体验的关系,并提出旅游空间与舞台猜疑理论。克里克(Crick)提出,某种意义上所有文化都是表演出来的,都是不真实的。Wang分析了建构的原真性,认为原真性是社会文化建构的产物,它取决于旅游者个人,是旅游者自身

---

① 〔美〕欧文·戈夫曼著,冯钢译:《日常生活中的自我呈现》,北京:北京大学出版社,2008年,第12—26页。
② 〔美〕Dean MacCannell著,张晓萍译:《旅游者——休闲阶层新论》,南宁:广西师范大学出版社,2008年,第141页。
③ Dean MacCannell., *The Tourist: A New Theory of the Leisure Class*. New York: Schocken Books, 1976, p. 91.

意识形态、偏好和主观意象等反映。①诸多学者从客观的原真性、建构的原真性和存在的原真性等方面研究了旅游原真性与舞台化问题，但大部分研究都将符号作为一个整体看待，而缺少从符号表达及内容层面的深层结构分析。

在科恩以文化特征和游客印象作为二维动态关系所建构的原真性与舞台化模型基础上，本书将文化符号的二重性与原真性相结合，提出少数民族传统社区旅游文化符号化的二维四方表，以旅游文化符号的能指与所指作为符号维度，以旅游文化的原真性与舞台化作为本真维度，建构出少数民族传统社区旅游文化符号化的四种类型，即意指性旅游文化符号（signification）、象征性旅游文化符号（symbol）、隐喻性旅游文化符号（metaphor）、指示性旅游文化符号（instructions）。构成关系如表1-1所示：

表1-1 少数民族传统社区旅游文化符号化二维四方表

		符号所指 Signified	
		原真性 authentic	舞台化 staged
符号能指 signifier	原真性 authentic	意指性旅游文化符号 Ⅰ. signification	象征性旅游文化符号 Ⅲ. symbol
	舞台化 staged	隐喻性旅游文化符号 Ⅱ. metaphor	指示性旅游文化符号 Ⅳ. instructions

在Ⅰ象限中，少数民族传统社区旅游文化符号能指的原真性与所指的原真性，共同构成了意指性旅游文化符号，其表达层面和内容层面趋于一致。少数民族传统社区展示给游客的可感知的、直观的实体能指具有本真属性，没有进行任何结构化的舞台加工和装饰，排斥旅游"伪事件"，产生一种客观主义的符号原真性。此时，社区的旅游符号场景仍处于原生态状态，没有或较少被舞台化，保持了较好的原真性（originality）。更为重要的是，作为原真性感知主体的游客，在面对原真性的符号能指和所指时，与目的地居民共享相同的代码规则，获取相同的意指性符号意义。意指符号系统包含一个表达层面（E）和一个内容层面（C），意指行为相当于这两个层面之间的原真性关系（R）：ERC。如果从这个系统延伸出第二个系统，前者变成后者的一个简单要素……第一个系统（ERC）变

---

① Wang N., "Rethinking Authenticity in Tourism Experience", *Annals of Tourism Research*, 1999, 26(2), pp. 349-370.

成第二个系统的表达层或能指，组成更为复杂的意指符号系统。[①]这种意指性符号的层递指代关系，使游客能够获取更为深刻和原真的民族文化符号意义，实现对旅游价值的感知和认同。Ⅰ象限面对的游客表现为存在型旅游者（existential），他们将精神中心置于少数民族传统社区，完全沉浸在传统社区的文化中，追寻真实的意义和归属。

在Ⅱ象限中，少数民族传统社区旅游文化符号能指的舞台化与所指的原真性，共同构成了隐喻性旅游文化符号，其表达层面和内容层面不一致。隐喻性符号又称暗喻性符号，实质是通过一类事物理解和经历另一类事物，帮助个体理解未知事物或重新认识已知事物，实现符号意义的心理再现。[②]隐喻性符号以其本身的意义及指称（reference），通过符号意义的替代性类比，使旅游者获得一个新的意义和新的指称，即隐喻的反向指称，从而产生一种存在主义的符号原真性。少数民族传统社区根据游客的需要，对民族文化资源进行舞台化商品包装，生成"旅游者的前台"（touristic front region），即被装饰和加工后的旅游社会空间。它将民族旅游文化符号划分为主观和客观两种意义，主观意义是文化符号所要表达的内在意义，客观意义是符号本身包含的意义，符号的真正指称被隐藏在客观意义的指称之中。面对隐喻性旅游文化符号场景，一部分游客能够借助原真性的代码规则，超越舞台化的客观意义指称，获取隐喻性旅游文化符号的真实意义，此时，尽管场景符号的能指经过舞台化装饰，但他们仍能获取原真性的感知体验。另一部分游客由于经验背景的不同，缺乏对代码规则的认识，只能停留于舞台化的能指层面，无法获取原真性的所指意义，此时，游客将很难获取旅游场景符号意义的本真体验，认为这只是一种为迎合旅游开发而舞台化的符号商品。Ⅱ象限面对的游客表现为试验型旅游者（experimental），他们将自身置于本土精神中心和少数民族传统社区的精神中心之间，寻求原真性的代码，透过舞台化的能指获取民族隐喻性文化符号的真实体验是其本质需要。

在Ⅲ象限中，少数民族传统社区旅游文化符号能指的原真性与所指的舞台化，共同构成了象征性旅游文化符号，其表达层面和内容层面不一致。象征性符

---

① 〔法〕罗兰·巴尔特著，李幼蒸译：《符号学原理》，北京：中国人民大学出版社，2008年，第22页。
② Lakoff G., Johnson M., *Metaphors We Live By.* Chicago: University of Chicago Press, 2003, p. 87.

号使用类比联想的意义推论方式AB，即B关联于A，A表现B。其中A是客观存在的、可想象的、可感知的外在事物的表达类别，B是经验的连续统一体的关联化意义类别，反映特定的价值、思想和行为。少数民族传统社区通过特定的容易引起游客联想的原真性民族文化符号，比如民族服饰、民族仪式、民族图腾等，依据旅游主体由于认知差异而使用的不同代码规则，共享与其具有相似或相近特征的民族文化意义、价值或情感，产生一种建构主义的符号原真性。象征性旅游文化符号与Ⅱ象限的隐喻性旅游文化符号正好相反，前者保持了符号所指的原真性，将符号能指舞台化；而后者保持了符号能指的原真性，将符号所指舞台化。此时，如果游客对对象的解释停留于符号的能指层面，反而能获取真实体验，也就是说面对同一场景符号，游客与社区居民由于代码规则的不同，会做出不同的真实性理解。社区居民会认为象征性旅游场景符号表面是真实的，但内容却是舞台化的。譬如，对于少数民族传统社区的某一根图腾柱，尽管它与其他的图腾柱一模一样，但原住民会认为它是舞台化的伪事物，因为它是"专门用来给游客拍照的"。与此同时，不知就里的外来游客看到这根图腾柱则会唏嘘感慨，认为这就是真实的民族信仰表征物。Ⅲ象限面对的游客表现为体验型旅游者（experiential），他们追寻民族村寨旅游目的地的原真性，寻求体验另一种民族文化和社会，以补偿本土生活的不真实性，但并非完全认同目的地民族文化，在文化凝视中深受本土文化的影响。

在Ⅳ象限中，少数民族传统社区旅游文化符号能指的舞台化与所指的舞台化，共同构成了指示性旅游文化符号，其表达层面和内容层面趋于一致。指示性符号是对指涉对象之间具有的因果或时空关系的意义概括，在旅游文化资源的符号化过程中，少数民族传统社区将民族文化资源按照游客期待的方式和倾向，进行舞台化加工，使游客处于被物化的地位。但是，符号意义的建构过程预设了舞台化的不确定性，将游客参与民族文化符号意义的阐释作为自身意识形成的必要条件，表现出符号主体与意义主体的平等关系，赋予了游客追寻所谓真实性的主动权和参与权，使其在物化的自我建构中获取指示性旅游文化符号意义，依然能够感受到舞台的原真，产生一种主观主义的符号原真性。指示性旅游文化符号是对少数民族传统社区文化符号原真性的背离，其产生过程的核心在于如何满足游客的需要，符号原真性仅仅作为舞台化装饰的素材而存在，这是为迎合后现代旅游符号消费最为典型的符号生产方式，对原生态符号场景的影响和改变也最大。Ⅳ象限面对的游客表现为娱乐型（recreational）和消遣型旅游者（diversionary），他们的精神中心始终置于本土社会，追求少数民族传统社区以指示性符号生产的民族文化"原真性体验"，满足于旅游"伪事件"的舞台化表现，其目的在于暂时忘记本土环境。

对于少数民族传统社区文化主客二维原真性与舞台化的关系模型，通过对民族文化符号能指、所指与原真性、舞台化的关联性分析，阐释了旅游场景下少数民族传统社区文化符号的四种表现形态，包括意指性旅游文化符号、象征性旅游文化符号、隐喻性旅游文化符号、指示性旅游文化符号，从符号层面解读了主客互动场域中对文化原真性的认知和体验，同时也揭示了少数民族传统社区在旅游发展中的文化意义符号再生产过程。事实上，以旅游为媒介，以市场为桥梁，外来旅游者与少数民族传统社区居民及其所承载的文化，在传统社区场域内发生了密切的接触和碰撞，主客互动的结果直接反映为新的文化意义符号的产生，随着时空延续，文化意义符号生产会发生文化沉淀和分层，原真性可能会变为现实的舞台化，而舞台化亦可能成为未来的原真性。

第二节 少数民族传统社区文化的再生产

一、实践与文化再生产

皮埃尔·布尔迪厄提出"再生产"的概念，用以描述社会文化的形成和发展过程。社会文化通过再生产的方式而创造，同时，又以再生产的方式适应环境的变化而得以传承。并且，文化再生产不是简单的克隆复制，而是在一定时空范围内，各种事物相互作用、相互影响而产生的认同结果。[①]文化是人在实践活动中的产物，也是一个有机的生命体，新陈代谢是生命体的必需，故而文化同样需要新陈代谢，如果故步自封、因循守旧，就会丧失生命力。因此，西部少数民族传统社区通过文化再生产，在保持文化主体性的基础上，与外来文化交往交流交融，

---

① 〔法〕布尔迪厄著，包亚明译：《文化资本与社会炼金术：布尔迪厄访谈录》，上海：上海人民出版社，1997年。

顺应时势推陈出新，不断吸收新的反映时代趋势的文化特质，为传统文化注入新的活力。文化因交流而多彩，因互鉴而丰富。在皮埃尔·布尔迪厄的文化再生产理论中，实践具有十分重要的作用，它是联结客观的社会现实和主观能动性的桥梁，也是社会结构与能动者建立互动关系的中介。[①]能动者在实践活动中推动了持续的文化再生产，创造了丰富多元的文化生态，彰显出各美其美的文化多样性。

场域是受共同行为准则制约的符合惯例的文化及言行的活动领域，因此也是在特定时空范围内，各种事物之间的客观关系网络及实践活动载体。在西部少数民族传统社区的旅游场域中，实践为主客之间的互动提供了充分机会和联结桥梁，旅游者在体验少数民族传统社区民风民俗、仪式信仰、节庆活动等传统文化的同时，也向外传播自身的言语、行为，影响社区居民的价值观念，推动社区文化的再生产。多克塞（Doxey）曾提出"旅游愤怒指数"，认为旅游目的地居民的态度会随着旅游开发造成负面影响的增大，从融洽转为冷漠、厌烦直至对抗。事实上，在西部少数民族传统社区的旅游发展中，并非完全如此，旅游活动为传统社区居民打开了一扇窗，让他们能够看到更加广阔的外部世界。少数民族传统社区居民与旅游者之间的文化差异，使其各自代表的异质性文化在主客互动中产生交流和碰撞，在实践中体现为文化自我与文化他者之间的对立和相互作用。从少数民族传统社区居民的视角，主客的互动实践具有三种关系类型，即自我中心、他者中心、自我与他者互为中心。自我中心强烈排斥外部文化，在实践中墨守成规，不愿改变传统惯习，对环境变化视而不见。他者中心则缺乏文化的自主性，屈服于较为强势的外来文化，甚至产生文化自卑感，盲目跟随时尚，传统文化在实践中失去话语权。自我与他者互为中心，是一种理想的实践状态，少数民族传统社区居民能够在坚持文化自信的前提下，理性看待外来文化的冲击，处理好不同文化之间的关系。

二、空间与文化再生产

空间是事物存在的一种客观形式，空间不是静止和孤立的，它是一个相对的概念，还包括了事物在同一空间中的共时态的相互关系，空间的变化性使得身处

---

① 撒露莎：《论涉外旅游中的文化再生产与文化涵化——以云南丽江为例》，《中南民族大学学报（人文社会科学版）》2017年第3期，第74—78页。

其间的事物也具有了变化性，形成一个动态发展演变的过程。列斐伏尔将空间分为人的实践产物的空间、特殊的符号抽象系统和表征的空间三种形式。第一种形式是人类在劳动过程中产生的空间，表现为可感知的物理意义上的环境；第二种形式包括体现为社会的政治制度、经济文化等各个层面；第三种形式作为前两种形式的联结桥梁，是社会成员交流互动的载体。[①]在麦克卢汉看来，空间包括四种层次，一是可感知的物理空间，二是充满意象的想象空间，三是基于信息和技术的网络空间，四是地方的空间。事实上，空间是人们生产生活的客观形式，也是文化创造和传播的表征形式。物理空间、社会空间和符号空间从不同的层面对西部少数民族传统社区文化再生产发挥了影响作用。

物理空间是少数民族传统社区能够被感知、被触摸的地理意义上的空间，少数民族传统社区居民在特定的物理空间中经过长时间的探索与改造，形成与其相适应的生产生活方式。地理空间中的土地、资源、生态、环境等因素决定生产发展的基本形态，并提供了社区文化赖以产生和依存的土壤。道路交通等公共基础设施的兴建，以及美丽乡村环境建设改造，使得社区的传统地理空间产生改变，外显物质形态的变化引起文化元素依存载体的改变，进而重构了少数民族传统社区文化体系。社会空间是少数民族传统社区社会活动和社会组织的利用空间，是居民在认识空间、建构空间的过程中产生的结果，它包括了对地方环境的感知、情感认同以及历史记忆的沉淀，反映出在共同地域生活的群体的价值观念、风俗习惯，并对空间成员的思想行为发挥引导约束作用。社会空间是过去行为的结果，它迎接新的行为的到来，同时暗示一些行为，禁止另一些行为。[②]社会空间有效建构了西部少数民族传统社区的地方性特质，塑造了社区居民的群体身份认同和个体角色认同，加深了对社区文化的理解和记忆。符号空间是以文本、语言、制度等意义符号形式构筑的少数民族传统社区表征空间。符号作为文化的意义载体，记录了社区居民在改造自然、改造社会、改造自我的过程产生的认识和成果。社会成员在发展互动中，不断建构社区的符号空间，形成与环境相适应的动态变化的意义符号体系。比如，在四川省甘孜藏族自治州甲居藏寨，由于旅游产

---

① 陈华明、刘柳：《媒介、空间与文化生产：现代媒介视域下的少数民族社区文化传播研究》，《新闻界》2017年第7期，第58—61页。
② 陆扬：《社会空间的生产——析列斐伏尔〈空间的生产〉》，《甘肃社会科学》2008年第5期，第133—136页。

业的发展，社区原有的"甲井卡""洛窝""依玛"等地理符号名称逐渐消失，被新的具有时尚元素的意义符号所取代，反映出农耕时代与商业时代不同思想意识的交流碰撞，并逐步走向融合。

三、媒介与文化再生产

人是信息的动物，对内外部环境信息的掌握是人生存的必要条件，而媒介是信息传播过程中借以增强、扩大或拓展信息传送范围及效果的工具。随着时代的进步，媒介技术也在不断更新，尤其是互联网、大数据、人工智能、云计算、量子技术等现代信息技术的层出不穷，引致媒介环境、信息环境和文化环境的革命性变化，个性化、去中心化、网络化、扁平化、超文本成为新的传播特征，对社会文化的塑造产生了深远影响。信息的传播媒介具有自身的价值性标准，不是中性的、透明的和无价值标准的渠道，媒介的符号形式产生它编码的特征和符号组合的结构，媒介通过编码表达信息，传递相应的价值。[1]早期的少数民族传统社区是一个相对封闭的媒介环境，电视、广播、电报、报纸、文件以及人际传播是获取外界信息的主要途径，信息来源相对单一。大众媒介借助互联网为传播载体，超越了时空的桎梏，将现代文明的影响便捷地传播到远在西部边陲的少数民族传统社区，对社区文化变迁、社会组织结构和关系产生了深远影响。中国互联网络信息中心（CNNIC）发布的数据表明，截至2022年12月，我国网民数量10.67亿人，新增网民0.3549亿人，互联网普及率75.6%。农村地区互联网普及率61.9%，城乡地区互联网普及率差异较2021年12月缩小了2.5个百分点。田野调查发现，在四川省甘孜藏族自治州、阿坝藏族羌族自治州的少数民族传统社区，70%以上的居民都使用智能手机，年龄在20—30岁左右的居民90%以上都会使用手机上网，并娴熟使用微信、QQ、抖音等社交网络工具，成为各类信息的接受者和传播者，少数民族传统社区的媒介环境呈现出多元化、开放性特点，使得传统社区文化面对越来越多的信息不确定性。

少数民族传统社区居民一方面通过新媒介便捷地获取外来文化信息，了解外部世界，更新自我认识，进而改变传统价值观念。另一方面，青年居民利用微

---

[1] 林文刚：《媒介环境学：思想沿革与多维视野》，北京：北京大学出版社，2007年，第103—112页。

信、抖音、快手等社交App向外界发布各类视频，包括社区风景、家庭生活、游客活动、仪式活动、传统习俗等，以获取网友的点赞、关注、评论或者打赏，通过互联网媒介的联通，得以将乡土化、碎片化的资源转换为具有影响力的文化资本。带有民族文化特色的视频、图片更容易吸引观众和粉丝，这让社区居民认识到本土文化的重要性，从而强化了文化认同。譬如，甘孜藏族自治州甲居藏寨的格西在访谈中说到，他从2017年就开始使用快手上传视频，至今已发布300多个视频，其中，影响最大的是藏历新年祭祀阿弥各尔东的活动视频。阿弥各尔东是嘉绒藏族传说中战胜魔鬼的英雄，每年藏历新年虎月十三日是祭祀阿弥各尔东的日期。社区居民首先要刷粉墙，把寨房涂成白色，画上吉祥八宝或日月星辰，迎候阿弥各尔东归来。其次用面粉制作甲纳，即捏成各种形状的烤馍，摆放在锅庄旁，再供奉上糌粑、酥油、米酒、清水等。然后要煨桑，点燃柏树枝，在烟雾缭绕中去除污秽不洁，祈求阿弥各尔东保佑全家平安。格西的视频在网上引起众多网友点赞，还获得200多元的打赏，这让他至今依然津津乐道，也成为他在同龄人中受到推崇的资本。除此之外，他还发布一些自认为有意思的视频，比如村寨的雪景、居民杀猪等，虽然没有系统的思路和明确的主题，但是通过大众新媒介的主客互动，让格西这样的社区居民的自我主体性意识得到觉醒，不再局限于被既有文化所约束，在新的媒体空间中，产生了记录、表达、传播真实生活、真实想法和真实自我的愿望和行为，打破了社区精英的文化话语权，以自我的方式建构和改变社区文化的组成要素。

本章小结

本章讨论了少数民族传统社区文化原真性与再生产问题。从客体的客观真实和主体的体验真实角度，文化原真性可分为客观主义、建构主义、存在主义、后现代主义四个维度，但是不管从哪种维度分析，现实中都不存在绝对意义上一成不变的"原生文化"，在历史发展的进程中，任何一种文化都会在与他文化的交往交流交融过程中，产生文化特质的改变。

以符号理论为依托，文化意义符号由"能指"和"所指"构成，前者是符号的表达层，具有能够直观体验并获取信息的语言符号。后者是符号的内容层，是语言实际想要表达的真实意义。将符号的能指所指二重性与原真性相结合，以能指与所指作为少数民族传统社区旅游文化符号的横向维度，以原真性与舞台化作为少数民族传统社区旅游文化符号的纵向维度，建构出意指性、象征性、隐喻性和指示性四种少数民族传统社区旅游文化符号类型，各种文化意义符号在传统社区旅游场域内产生碰撞，发生文化沉淀和分层，使得原真性与舞台化之间相互转化，进而形成了少数民族传统社区文化环境适应性变化的过程。

文化再生产是少数民族传统社区文化创造、维系和发展的过程，实践、空间和媒介对少数民族传统社区的文化再生产具有重要影响。能动者通过实践活动推动了持续的文化再生产，创造了丰富多元的文化生态，彰显出各美其美的文化多样性。在少数民族传统社区的主客互动中，存在自我中心、他者中心、自我与他者互为中心三种类型，不同的实践方式引发不同的文化再生产。符号空间、物理空间、社会空间是少数民族传统社区文化再生产的空间形式。物理空间是文化再生产的载体，社会空间构建了地方性特质，符号空间是文化再生产的表征。媒介环境通过价值标准的传播而影响文化再生产，尤其是基于互联网的新媒体具有超文本、去中心、个性化的特点，激发了少数民族传统社区居民的自我主体性意识，通过媒介学习、模仿和强化，不断吸纳新的文化元素，在社会化过程中实现自我角色的建构，成为社区文化再生产的主体。

第二章　因时适变：旅游背景下少数民族传统社区文化变迁

第一节　少数民族传统社区文化变迁现象的描述分析

文化变迁是由于内外环境变化因素的影响而引起的族群文化改变，每一种文化都会经历各种形式的变迁，文化不是一个被动凝固的实体，而是一个发展变动的过程，是一个"活"的流体。文化兼具名词和动词的双重属性，共时态的文化是稳定的，而历时态的文化则表现为一个持续演化的动态发展过程。[1]随着时代发展，少数民族传统社区所处的社会文化环境和自然环境都在不断发展改变，城镇化、旅游发展、人口迁徙、婚姻、外出打工、商业活动、新农村建设、易地扶贫搬迁、基础设施建设、农牧业生产等各种因素都会引起人思想行为的改变。正如博厄斯（Boas）所说，文化是人类活动的产物，人是创造文化的主体，人的任何改变都会在文化的尺度上予以反映。

在千百年的历史发展进程中，少数民族传统社区文化总会随着环境变化而发生持续的衍变，变化过程时而漫长缓慢、不易察觉；时而迅猛陡然、猝不及防。即便是地处西部边陲雪域高原的西藏少数民族地区，生产力长期处于欠发达状态，虽与中原内地远隔千山万水，在历史上也由于内外环境的变化而经历过数次大的社会文化变革。7世纪中叶，吐蕃赞普松赞干布迎娶唐朝文成公主及尼泊尔尺尊公主，佛教由此入藏，多年后，形成藏传佛教，生死轮回、因果报应等教义的广泛传播，改变了传统文化信仰体系。13世纪初，西藏归顺元朝，成为元朝中央政府直接治理下的一个行政区域，这又一次改变了西藏的社会结构。新中国成立

---

[1] 周晓明：《人类交流与传播》，上海：上海文艺出版社，1990年，第10页。

后，1959年中国共产党领导的民主改革使得百万农奴翻身解放，成为新社会的主人，驱逐了盘踞多年的帝国主义势力，消灭了封建农奴制度，一步越千年，从农奴社会直接迈进社会主义社会，拉开了社会主义文化建设的序幕。20世纪80年代改革开放以来，在党中央的亲切关怀下，先后召开七次西藏工作会议，为西藏发展指明了方向，以治边稳藏重要战略思想和新时代党的治藏方略为指导，西藏经济社会发生了巨大变化，基础设施全面改善，青藏铁路顺利通车破解了对外的交通运输瓶颈，川藏铁路的建设又增加了一条交通大动脉，具备条件的建制村实现村村通公路，乡镇的公路通达水平达到99.9%。特色农牧业、绿色矿产业、现代服务业、清洁能源业等现代产业蓬勃发展，使得西藏社会事业全面进步，居民生活水平跨越式发展，城乡面貌显著改善。尤其是旅游业，作为西藏经济发展的支柱产业之一，带动交通、住宿餐饮、文化、商贸、农副产品加工等多个相关产业的发展。旅游开发也使众多景色秀美、人文厚重的少数民族传统社区成为热门打卡地，在促进社区经济社会发展的同时，民族文化也发生了潜移默化的改变。

少数民族传统社区文化变迁状况的研究，大部分是以田野调查民族个案的方式进行的，这类研究不仅数据真实可信，而且来自于实际生活，能够直观生动地展示民族文化的变化情况。譬如，《云南迪庆藏区60年社会文化变迁——对香格里拉县布伦村的个案研究》从服饰、饮食、建筑、信仰、教育、婚姻、生育和消费八个方面，对布伦村藏族文化的日常变迁进行了研究。[①]遵循惯常的研究范式，本书首先从与少数民族传统社区居民日常生活密切相关的衣食住行、消费方式、教育方式三个维度，对少数民族传统社区的日常变迁进行描述分析；其次，根据施奈德、巴尔索克斯、沙因等人的文化理论，提出文化的内外适应性，即作为文化主体的个体，在处理与外部自然环境、社会环境的关系中所产生的文化特质的变化，称为文化外在适应性；而在处理与人的关系中所产生的文化特质变化，称为文化内在适应性。前者包括时间、语言和不确定性规避等维度，后者包括社会取向与任务取向、个人主义与集体主义、民族宗教信仰等维度。

为了尽可能控制非旅游因素对文化变迁的影响，研究选择的田野调查对象均为已实施旅游开发的少数民族传统社区，并且旅游活动在少数民族传统社区居民

---

① 黄平主编：《本土全球化：当代中国西部的社会文化变迁》，北京：经济管理出版社，2011年，第132—141页。

的生产生活中占有重要地位，因此，与其他因素相比较，旅游活动带来的文化影响更为显著。据此标准，对甲居、甘堡、色尔古三个具有代表性少数民族传统社区进行了田野调查。

甲居藏寨位于四川省甘孜藏族自治州丹巴县境内，距四川省会成都380余公里，因地处川西高原横断山脉，虽然道路交通较为不便，但自然景色出奇优美。甲居藏寨从卡帕玛群峰沿起伏的山峦顺势而下，一直连绵到大金河谷，独具嘉绒藏族特色的传统藏式房屋自上而下，点缀在山野之中，极其生动地展示出中国传统农耕社会田园牧歌式的生活形象。《中国国家地理》杂志选美中国系列活动将甲居藏寨评选为"中国最美六大乡村古镇"之一。甲居，藏语意为百户人家，新中国成立后分成3个生产队（村民小组），现有149户，600余人。甲居旅游核心景区以甲居一、二、三村为主，外延景区扩大至20余平方公里，涉及丹巴县聂呷、巴旺两乡，范围涵盖了15个行政村，846户村民。

甘堡藏寨位于四川省阿坝藏族羌族自治州理县甘堡乡，离县城8公里，地理位置相对优越，依靠317国道，距离省会成都不到200公里，驾车3小时左右就能到达成都。甘堡藏寨是阿坝州最大最集中的嘉绒藏族部落之一，有"嘉绒藏寨第一寨"之称，甘堡意为"山坡上的村落"，古时又将其称为甘堡甲穹，意为"百户大寨"。目前，全寨有160余户人家，800多人。石头建寨是甘堡独具特色的建筑文化，所有房屋都取材石头，工艺精巧，经久耐用，近40户建筑已有百年历史，其中15户建筑甚至超过200年，独特的石头藏寨让这里也成为远近闻名的石头城堡博物馆。2007年，甘堡藏寨被批准为第七批省文物保护单位，以屯兵为主题的叙事性锅庄《博巴森根》也广受游客青睐。在"5·12"汶川大地震中，甘堡藏寨受损严重，后由湖南省在原址上援建恢复。目前，寨内参与旅游接待的藏家乐近100家，旅游接待成为当地居民生产生活的重要组成部分。

四川省阿坝藏族羌族自治州黑水县色尔古藏寨，距县城芦花镇66公里，辖区面积44平方公里，海拔1780米，全乡辖4个行政村9个村民小组15个自然寨，人口3000余人，色尔古在藏语中意为"盛产黄金的地方"，这里属于干旱河谷，气候湿润物产丰富，被誉为川西高原上的"小江南"。历史上它还是红军在川西北的革命根据地之一，1935年红军长征曾路过此地，并建立了色尔古乡苏维埃政府。色尔古藏寨社区是色尔古乡的核心景区，它距"成都—九寨沟"旅游主干线38公里，距成都240公里。色尔古藏寨与甲居藏寨都是依山傍水而建，历史悠久、气势磅礴，藏羌民族文化在这里交融会合，产生出绚烂多姿的民族文化。

一、少数民族传统社区文化的常规变化

（一）衣食住行的改变

服饰保护身体，御寒保暖，是为劳动、运动、休息、卫生等用途上的功能而制作，或者，是为举行婚礼、葬礼、各种仪式和会客等社会功能的需要而制作的。[①]服饰既有基本的使用功能，又具有符号意义的社会文化功能。传统的藏式服饰被称为藏袍，分为夏、冬装两种，其中，女式藏袍多用绸、棉等材质，高领长襟，色彩丰富；男式藏袍宽腰袖长，便于劳作。改革开放以来，由于人口流动现象的增多，藏区与外界的联系越来越多，许多人为了方便，脱下藏袍改穿汉装，而且，与藏袍相比，汉装的形式多样、流行时尚，也吸引了大量追求审美效果的藏族青年的青睐。目前，在少数民族传统社区中仅有中老年藏民才常穿着藏袍，一位58岁的被访者说："我不知道我们这些（服饰、习俗）和别的地方有什么区别，这个你要问村里的干部，他们懂得多。穿不穿藏装？我肯定要穿藏族服装啊，我一辈子都穿的是它啊，一直都没变过哟，就是在结婚以后多穿了一个'邦典[②]'。"一名23岁即将大学毕业的被访者说："我们的习俗、服装啊这些和昌都、林芝不一样，比如说甲玛谐钦，就是我们特有的，其他地方看不到。但我不喜欢穿藏装，小的时候还穿过，出去读书后就穿得越来越少了。我更喜欢穿一般的衣服，穿脱都很方便，穿上也很舒服。说实话，现在给我一套藏装，我自己都穿不上了，每次过藏历年的时候，都要我妈妈帮我一起穿，才穿得上。"

然而，旅游产业发展带来了许多意想不到的改变，旅游活动让许多藏族青少年重新认识到传统服饰的价值。在少数民族传统社区，一个藏族小姑娘如果衣着鲜艳的藏袍，不少游客会主动过来要求合影，而穿着汉装则不会引起大家特别的关注。原因在于，游客带着体验异文化特质的目的来到藏区，关注点集中于那些与他（她）熟悉的惯常文化环境不同的异文化现象，只有表现出与众不同的特质才能吸引游客的注意力，民族服饰是最直接的表现方式。正如巴尔特指出，服饰

---

① 〔日〕板仓寿郎著，李今山译：《服饰美学》，上海：上海人民出版社，1986年，第5—6页。
② 邦典是指一种色泽鲜艳的藏式围裙，藏族妇女结婚后需系上邦典以为标志。

的语言结构一是按照衣服各部分之间的对立关系,引起意义的改变;二是按照主导衣服各细节部位的结合规则,在服饰的语言中包含各种不规则的制作因素和个别的穿着因素。[①]服饰以带有民族文化特色的符号语言向外来游客释放出丰富的符号意义,引起游客的兴趣和关注,唤起了藏民对传统服饰价值的重新审视,尤其改变了部分青少年对传统服饰漠不关心的态度,重拾穿着藏装的热情,增强了民族文化的自觉与自信。

民以食为天,饮食文化是任何一个族群文化的重要组成部分。千百年来,藏族的传统食品以糌粑、酥油茶、奶渣、牛羊肉和土豆、萝卜为主。糌粑是以高原特有的植物青稞为原料磨制而成,酥油和奶渣来自藏民的宝贝"高原之舟"牦牛,酥油茶补充身体必需的维生素,牛羊肉通过风干制成肉干,便于保存和携带,土豆和萝卜则是高原地区最为常见的蔬菜。饮食结构与生产方式、生活环境密切相关,以甘孜州甲居藏寨社区为例,在旅游开发之前,甲居藏民主要以农耕和畜牧为生,食物的主要来源是依靠家庭生产。旅游开发之后,越来越多的游客进入甲居,社区居民以经营家庭旅馆的方式纳入旅游产业链。游客刚到社区时,对藏式餐饮兴趣浓厚,但尝鲜后就表现出明显的不适应,转为更具大众性的内地食物。为了迎合游客需要,社区居民在房前屋后开辟菜园种植绿色蔬菜,而且,随着道路等基础设施建设的不断完善,一车车的新鲜食材从内地源源不断地送往甲居。在满足游客接待需要的同时,社区居民的家庭食物结构也随之而改变,餐桌上的食物越来越丰富,川菜成为家庭饮食的首选。在甲居随机访谈的12名被访者中,只有2人表示会不定期食用传统食物糌粑,其他10人均已经长时间没吃过糌粑了,有居民说:"现在吃的东西多了,蔬菜也多了,糌粑就吃得少了。"社区居民从旅游活动中获得直接的收入增长,有能力消费市场上的各类新鲜食材。食物结构和收入来源的改变,使得社区居民大大降低了对原有农牧生产方式的依赖,深度卷入市场化的旅游接待活动。

甘孜藏民族生活区传统的藏式建筑一般分为四层,底层圈养牲畜,二层一般为厨房、客厅,三层是卧室,四层为储藏室和经房,屋内根据家庭财力的大小,竭尽所能装饰得美观大气。与完全游牧的牧区不同,在半农半牧区或农区,房屋

---

① 〔法〕罗兰·巴尔特著,李幼蒸译:《符号学原理》,北京:中国人民大学出版社,2008年,第32页。

在藏民家庭生活中占据极其重要的地位，不少家庭会在长达数十年的时间里不断新建、扩建房屋，不仅是为了改善家庭居住环境，同时也借此向他人显示家庭的财力和地位。随着旅游产业的发展，少数民族传统社区居民对于居住环境的认识发生了明显的改变。一是政府规划的影响。对地处偏远、资源匮乏的少数民族传统社区而言，旅游产业门槛低、投入少、见效快，因而受到地方政府的青睐，将其作为拉动经济增长、脱贫致富的有效路径。为改善旅游接待环境，提升旅游服务质量，地方政府对少数民族传统社区建筑进行了统一规划和改造。甲居藏寨社区采取的"三改"措施，首先是改厨房，以前的藏式厨房没有专门的操作台，切菜做饭很不卫生，现在规定厨房必须建操作台，保证食物在加工过程中的安全卫生。其次是改卫生间，以前卫生间是建在楼上，悬空于楼外，没有专门的蓄粪池，现在将卫生间重新规划，设置冲水系统和化粪池。再次是改建牲畜圈，将原来饲养在底层的牲畜迁出楼房，在住房外另建牲畜圈，避免细菌疾病传播。二是大众游客对基本生活条件的惯性需求，也迫使参与旅游接待的社区居民按照卫生、便捷的原则对传统建筑进行改进。有的居民在宅基地上新建的接待民宿，虽然外观与藏式建筑类似，但内部完全参照经济型酒店标准间设置，不仅有干净整洁的单人床、卫生间，还有电热水器，24小时提供热水沐浴。类似的改变反映出现代都市文明对少数民族传统社区文化的涵化，物理空间结构及要素的变化，背后却隐藏着更深层次的文化改变。譬如，牲畜从房屋底层的迁出，意味着它们不再作为家庭唯一的财产及生活来源，旅游服务取代传统畜牧养殖，成为家庭生产的主要方式。厨房灶台的改变，使得火塘、火炉也不再是家庭生活的中心，标志着家庭的社会结构、权力结构随之发生改变。

以前，马匹是藏民生活中最为重要的交通工具，几乎每家都会饲养一定数量的马匹供放牧或出行之用，骑马是藏族少年必备的技能。近年来，旅游业的快速发展极大地推动了少数民族传统社区的道路基础设施建设，水泥或柏油路直接铺到村寨口，汽车、摩托车等现代化的交通工具逐步走入社区居民的日常生活。在甲居藏寨，几乎每家都有摩托车，不少从事旅游接待的家庭还购置了乘用面包车用于接人拉货。一匹好马售价8000元以上，一般的马也要5000元左右，而一辆摩托车不过4000元，况且摩托只需要加油，比养马省事多了。由此，很多家庭将马卖掉，完全使用摩托或者汽车，以至于在政府组织的嘉绒旅游风情节上，以前赛马云集，只有比赛拿到名次的马主人才能领到奖金，现在马匹越来越少，为营造民族节庆氛围，只要藏民牵马来参加比赛就能领到200元签到费，马匹由原来的主要交通及生产工具，逐步转变为带有表演性质的旅游接待工具。大多数藏族少年不再学习骑马相关的技能，与马的传统情感渐渐消失，"马背上的民族"名存实亡。以往骑马需要两三个小时的路程，现在骑车或开车只需要三四十分钟，便捷快速的交通工具也改变了藏民们对时间和距离的认识。

(二) 消费方式的改变

在旅游活动的影响下，少数民族传统社区的消费方式也发生了较大改变。旅游经济的快速发展，培养了社区居民的市场经济意识，作为旅游价值链的接待服务环节，简单便捷的盈利模式，极大地改变了社区居民对财富的原有认识，改变了传统的生产消费模式。甲居藏寨的甲布斗生在访谈中提到：只要有房有床，把门一开就能赚钱。反映出社区居民以民宿接待为主的服务模式，具有很强的操作性和可复制性。以往社区居民有了钱，会用于购买珍贵饰品，如金银首饰、珊瑚、玛瑙、绿松石，添置牲畜，或者向寺庙献佛金。现在，在旅游接待中挣到第一桶金的藏族居民，首先想到的不是消费，而是如何改善和扩大接待能力，以便挣更多的钱，将资金转化为资本，这是一步飞跃。胆大的社区居民不惜从银行贷款，借钱扩建房屋，这在旅游开发之前是不可想象的行为。市场是传播规则的好老师，在商品经济以利润为导向的教化中，社区居民们潜移默化地遵从了市场规则，不知不觉形成了对资本的最初认识。通过旅游接待不断积累的金钱数量，也改变了社区居民对于财富标准的认识。在传统的财富认知中，财富衡量标准采用多元化指标，金银饰品、绸缎皮毛服饰、牲畜、房屋、佛像、毛毯等都可以作为家庭财富的标志，而现在货币均可以买到，所以财富衡量标准由传统的物化形式指标逐步转变为包含货币符号在内的多元化指标。传统的消费文化理念随之被打破，社区居民的消费习惯开始脱离传统向现代化、符号化发展，凡勃伦提出的炫耀性消费现象也在少数民族传统社区萌芽滋生。社区居民格西在访谈中说："藏族是一个能歌善舞的民族，隔三岔五会有朋友聚会，以往聚会都在主人家里举行，吃饭用的材料用品都是买回来自己做，现在有钱了，聚会都到外面的餐馆，既方便又有面子。"消费方式的改变是一个随着时代和环境变化而与之俱进的过程。当然，这并非意味着传统的消费行为和习惯会彻底消失，事实上，中老年藏族居民在一定程度上依然保留了传统的消费方式。外来文化的影响与传统习俗的交流与碰撞始终会处在动态变化的过程中。

除了格西描述的社区居民聚会外，大到摩托车、汽车，小到服饰、手机等各种物品都存在炫耀性消费现象。这是社区居民从旅游产业发展中受益，收入显著增长后，由最初的提升生活水平，改善生活质量的功能性消费，逐步转向超出实用和生存必需，以展示和显摆自身财力和社会地位为主要目的的炫耀性消费。在这种消费理念引导下，面子心理、攀比心理等不良消费心态在社区居民尤其是年轻人中蔓延，导致他们对维持这种消费的物质财富需求急速增长，为了想方设法多赚钱，欺客宰客、以次充好等见于内地旅游市场的非法行为，也开始出现在少数民族传统社区，直接影响和冲击着社区居民热情好客的传统习俗。

（三）教育方式的改变

寺庙曾经在藏民族传统社区的教育中扮演着重要角色，不仅完成对藏族少年的宗教启蒙教育，还传授民族文学、历史、历算、医药等多学科知识，对藏文化的传播发挥了重要作用。新中国成立后，随着普九义务教育的广泛推行，学校取代寺庙成为藏族传统社会文化教育的主要场所。藏族群众对教育的态度与其生产生活方式密切相关，半耕半牧是大部分藏民族传统社区的生产劳作方式，也是藏族群众生活资料的重要来源。在这种生产方式中，通过农牧劳作，父辈将生产技巧和经验传递给下一代劳动者，劳动者的素质更多表现为壮硕的体力，对文化程度几乎没有要求，在他们的眼里学习文化知识没有多大意义，最终还是会回来放牛种地，能认字识数就足够了。这种教育理念使得普九义务教育早期推行异常艰难，很多地区的教育工作变成了学校与家庭之间的猫和老鼠游戏，教师在日常的教学工作之余，还有一项必备工作就是走村串户劝说藏族群众把孩子送回学校念书。

旅游开发后，教育观念发生了颠覆性的变化。藏族群众通过参与旅游经营活动，不仅培养了对市场经济的初步认识，还通过接触来自天南海北的游客，扩大了眼界，更新了观念，彻底改变了对教育的认识。几乎每个家庭都会主动将学龄儿童送到学校，而且竭尽全力为孩子选择最好的学校，有的送到县城小学或中学，有的甚至不惜成本送到省城的寄宿学校。在他们看来，教育不再是家庭不得不承受的负担，而是一项必需的投资，现在投资越大，将来回报越高。甲居藏寨社区的格西提到："自己只有小学学历，没有文化好多事情都不好搞，想给家庭旅馆取个好听的名字都没办法，想来想去最后还是参照别家取了个'格西接待站'，虽然不怎么满意，但也只能这样。有文化的人，宣传也搞得好，来的客人也多。"为此，格西将13岁的儿子送到县城中学，希望他将来能考上高中、大学，以后有了文化，能协助自己把旅游接待搞得更好。

教育观念的改变，实质是生产方式改变引起的上层建筑变化。传统农牧业经济需要的是劳动力和经验，劳动力在社会生活中自然长成，生产经验依靠劳动实践传授，学校教育的作用微乎其微。然而，现代工业经济和知识经济时代，对简单体力劳动者的需求大幅降低，社会需要拥有现代科技知识和管理技能的高素质人才，由此，学校教育的地位显著加强。类似于甲居藏寨这样的少数民族传统社区，地处偏僻与中心城市相距很远，旅游产业的发展，就像在民族地区和中心城市之间搭建了一条绿色通道，将现代社会的价值观念直接引入传统社区，促使藏族群众的教育观念和行为与都市文化接轨，从而改变了传统的教育方式。在现代教育体系下培养出的格西们的下一代，必将成为连接现代文明与传统文化的桥梁。

二、少数民族传统社区文化的内在变迁

（一）社会取向与任务取向的变化

社会取向（social orientation）是指个体在日常生活中更关注他人或集体的利益，倾向于维系社会价值及关系的稳定性。任务取向（task orientation）是指个体以实现工作目标为最高价值，倾向于关注任务的完成。对任何一个少数民族传统社区而言，在长期的社会生活中，社区居民会形成约定俗成的价值行为惯式，在社会取向与任务取向之间寻找到一个平衡点。少数民族传统社区居民的行为取向受生产方式、地理环境、历史传统、人际互动等多方面的影响，这种取向一旦确立，就会成为民族文化的重要组成部分，对社区居民日常行为产生导向和约束作用。

少数民族传统社区大多分布在崇山峻岭之中，与外部的交往频率较低，在社区共同生活中建立了交错纵横的熟人社会，以协同劳作、和谐相处为核心的社会取向成为社区居民的共识，并以此作为农牧生产生活的行为准则。然而，旅游开发的进程打破了传统的农牧生产生活方式，将现代市场经济理念及交易方式带入少数民族传统社区，市场经济的核心是以经济利益最大化为目标，强调资源的高效、合理配置。在价格和收益的杠杆作用下,少数民族传统社区居民的价值取向也发生了变化,任务取向潜移默化地成为居民的首选。

比如,换工是少数民族传统社区一种典型的人情交往方式,最主要的表现方式是居民建房。对当地居民而言,家庭最大的事情莫过于建房,由于各种资源匮乏,单凭自身力量很难完成这项庞大的工程,必须获得外部资源的支持。于是,在社区人际关系网络的自组织优化下,逐步形成以社会取向为主导的换工模式。该模式的实质就是农耕时期的互助模式,具有鲜明的中国传统农业社会族群集体主义的特征。换工的对象由亲而疏分为两类,一类是直系血亲,他们在换工中付出最多,不仅要提供劳动,还要供给生活物质。其次是亲朋好友,以及社区内的其他居民。譬如,克鲁如果要建房子,首先要通知自己的兄弟姊妹,大家一起商讨建房时的分工,由克鲁准备所需的建材,由兄弟姊妹分担建房时每天的餐饮。其次,要在社区放出消息,什么时间要建房,社区各家各户按时派出劳力过来帮忙。克鲁如同一个项目经理,负责给帮忙的人分配工作,同时记录帮忙者的姓名和劳动天数。日后,待别人修房或家里有事时,克鲁也会去帮忙,相互免收工钱,这种方式称之为换工。这不是效率最高的劳动方式,因为来帮忙的人不一定是壮劳力,很多时候妇孺老幼齐上阵,修造期间甚至还有歌舞相伴,兼具聚会社交功能。但换工最大的优势在于能够以极低的成本,解决建房所需的劳动力问题,同时,通过这种带有聚会性质的劳动,能够加强社区居民之间的情感纽带,营造更为和谐的社区氛围。

旅游开发后,换工出现了与以往不同的改变。游客作为第三方的出现,打破了原本默契的换工模式。在旅游旺季,几乎每天都会有游客上门,如果这时有换工的要求就会同旅游接待发生冲突,一开始,有的居民会推掉客人,遵从社会取向去帮忙建房,但是如果换工时间较长,居民就得承担较大的损失。随着游客的增多,在经济利益驱使下,越来越多的居民开始选择任务取向,为接待客人而放弃换工,等忙完接待再去帮忙,或者带着烟酒礼物去表示歉意。这虽然已经不再属于换工模式,但依旧表现出社会取向。直到有一天,某位居民觉得亲自换工实在麻烦,既要遵循习俗,又要接待游客,为了两全其美,想出花钱雇人替自己去换工的办法,并且这种办法居然得到大家的认可并迅速普及。此时的换工已完全丧失了原有意义,它离房主自己花钱雇人仅是咫尺之遥。旅游经济带来的市场力量，无形间改变了少数民族传统社区居民的行为价值取向，从小小的换工模式变化就能管中窥豹可见一斑，社会取向转变任务取向，势必引起一系列的连锁反应，对少数民族传统社区文化产生深远影响。[①]

(二) 个人主义与集体主义的变化

与社会主体行为的社会取向与任务取向相关联的是价值的个人主义与集体主义取向，农业自然经济条件下形成的中国传统家族主义倾向，决定了对社会主体的价值取向是集体高于个人。这种集体主义取向，表现为个人从属于集体，服从于集体，为了维系和谐的集体文化而甘愿牺牲部分个人利益。在此价值模式主导下，少数民族传统社区居民和谐共处，以人情为纽带把社区居民牢牢地黏合在一起，安居乐业，我为人人，人人为我，相互之间很少因为利益分配问题而产生不可调和的纠纷。

伴随旅游开发而来的不仅仅是游客，还有无孔不入的现代商品经济意识。商品经济的新文化价值观，颠覆了原有的集体主义取向价值模式，它肯定社会是个体性和集体性相统一的共同体。少数民族传统社区锅庄舞的变化是集体与个体在旅游场域中碰撞的结果。锅庄舞是藏寨社区典型的集体活动，既可以锻炼身体，邻里间还能交流情感、愉悦身心，深受社区居民喜爱。甲居藏寨的一位藏民回忆：以前跳锅庄是大家自发组织的，在什么样的日子跳是要经过测算的。每家每户出点粮食，请当地最好的酿酒师，酿上一坛咂酒，放在跳锅庄围起的圆圈中间，载歌载舞，通宵达旦。现在为了丰富游客的文化体验，传统的锅庄在表演内容、表演时间与地点上都发生了显著改变，由以前的集体活动变成单家独院的旅游表演娱乐。2016年的春节，甲居一村为参加正月十五的巴旺松安寺庙会，组织排演传统锅庄舞蹈节目，要求每家出两人去学习跳传统锅庄，但应者寥寥，以致村委会不得不做出缺席或迟到者将予以高额的罚款规定，才勉强把村民聚集起来。值得庆幸的是，在文化与旅游融合发展的背景下，传统锅庄所展示出的艺术与社会价值越来越受到大众游客的喜爱和称赞，也让村民们产生了强烈的文化自信，同时也吸引了更多的游客流量，锅庄舞的火塘又重新燃起了熊熊的篝火。

由于各种主客观因素导致的民族地区居民旅游经营差异，使其在旅游收入上产生明显区别，从而陷入不患寡而患不均的经典命题，传统的集体主义价值取

[①] 本书第五章以换工习俗的变化为切入点进行深度解剖，将传统社区文化变迁分为螺旋适应型与直线渐变型两种类型。

向，难以抗拒丰厚的现实收益诱惑，在一次次小心翼翼地尝试中，终于由量变到质变，转而偏重个人利益。在调查访谈中，"大家越来越注重利益"，"为了钱变得更自私了"，"邻里之间的关系没以前那么好了"，"有的人开始钩心斗角"……这样的评价和感受屡见不鲜。黄金周游客众多，几乎每家都能住满客人，相互竞争没那么明显。但非黄金周的竞争就十分激烈，大家都到寨门口拉客人，开始时谁碰到就归谁，后来就乱了，相互争客人，甚至相互诋毁。有被访者说："比如客人进了寨，本来是准备到我们家住宿，但是路上碰见其他居民，给客人说：他家卫生条件不好，到某某家吧，条件好一些。客人第一次来不知道情况，就听别人的话去其他家了。说这种小话的人，有的还是以前关系比较好的亲戚。"由于民宿接待的门槛较低，加之政府的鼓励和引导，社区大多居民都利用各自的住房改造后进行旅游住宿、餐饮接待。与田间地头辛苦劳作获得的微薄收入相比，这种便捷丰厚的旅游接待收入有着难以抗拒的巨大魔力。表面上是金钱的吸引力，背后则是商品经济的新价值观激发了民族地区居民个人主义价值的驱动力，使其为了获取个人利益，公然打破和谐的集体文化，当这种行为成为一种普遍趋势时，少数民族传统社区的集体价值也就悄然解构。

当然，这并不意味着传统的集体主义被完全抛弃，有些行为只是少数民族传统社区居民被卷入商品经济大潮时的应激反应，经过一定时期的探索和实践，在政府、企业、协会等外部力量的干预下，通过少数民族传统社区自组织适应机制的作用，又会形成新的个人与集体之间的平衡。譬如，阿坝藏族羌族自治州阿坝县查理乡神座村在经历了为争夺游客而陷入的无序状态对集体价值的伤害后，由村委会及居民代表及时成立了游客分配协调小组，对具有接待能力的居民家庭民宿进行排序，除事先自行预定民宿的游客外，其他进入社区的游客均依序安排住宿，以缓解竞争导致的社区内的冲突。

（三）民族信仰认识的变化

在民族文化变迁研究中，关于民族宗教信仰变化的研究非常丰富。藏族是我国的代表性少数民族之一，历史上也曾是一个全民信教的民族，藏传佛教在藏族传统社会文化中有着广泛而深远的影响，宗教信仰渗透到居民的生产、生活等各方面。在藏族群众的精神世界中，天堂、人间、地狱是最具有普遍性的世界观，由此产生的人生无常、因果报应等人生观，使得念佛诵经朝拜仪式成为藏民社会生活的一项重要内容。涂尔干指出，宗教并不是虚假的存在，就其自身存在的方式而言，任何宗教都是真实的，是对既存的人类生存条件做出的反应，只是不同宗教反应的形式有所区别，仅此而已。[①]一种宗教信仰的出现需要成百上千年的传播和渗透，也会经历反复的斗争与磨砺，即便是影响较大的藏传佛教，在9世纪中叶的朗达玛灭佛运动中，也遭受惨重破坏，直到10世纪后期才逐步得到恢复与发展。宗教一旦形成就会进入民族集体无意识，仅凭一二十年的现代化发展，无法撼动宗教的历史地位，但这并不意味着这栋千年大厦不会受到影响。

宗教仪式是群体在特定信仰的引导塑造下而发生的具有符号意义的活动，以促进、维系群体的共同价值和心理依附。仪式具有道德性和社会性，仪式具备的物质效力源于信仰者的赋予，任何宗教都拥有体系仪轨，仪式举行的目的是为了保存信念，维持信仰的力量，在行为活动中认识和解释宗教的意义，在仪式履行的过程中，人们的心理和行为得到强化，成为坚定的信仰者。[②]涂尔干非常精准地论述了仪式在宗教信仰中的作用和意义，然而，随着旅游开发，少数民族传统社区居民在宗教仪式上发生了许多明显的变化。

由于民族旅游的发展，服务接待活动让居民忙碌不堪，时间上的冲突使得宗教仪式被不断简化。依照传统，藏族居家中一般顶层都设置有经堂，每天早上要给菩萨敬水、烧香，晚上要念经文、点酥油灯。由于接待旅游者工作繁忙，除了老年人外，很多中年人都不再坚持念经，仅仅是烧香点灯，而青年人甚至不知道怎么念经。色尔古藏寨每月初八或十五，是传统的庙会，按惯例需要去寺庙转经，寨子附近有一座摩尔多神山，每年的七月初十是神山的生日，也要去转山。以前一到时间，大家都会身着民族盛装，扶老携幼虔诚转经朝拜积累功德，而现在由于七月是旅游旺季，很多人要么放弃转经，要么穿着便服匆忙来去。反倒是政府为了开发民族文化资源，近年来新设的嘉绒藏族风情节，由于规模盛大，游客众多，商机不断，吸引了大量本地少数民族传统社区居民参加。藏传佛教仪轨中的转经筒也在悄然发生变化。常见的转经筒有手持式和固定式两种，起源于藏传佛教的推广期，内装"六字大明咒"等经文，用手摇动转圈，每转动一圈意味着念诵经文一遍，以满足不识字的普通信众修行需求。

---

① 〔法〕爱弥尔·涂尔干著，渠东、汲喆译：《宗教生活的基本形式》，上海：上海人民出版社，2006年，第3页。
② 同上书，第354页。

转动的次数越多，越能修得功德圆满。但由于青壮年忙于旅游接待工作，手持转经筒、口念六字真言，围着寺庙白塔转经的景象也仅限于老年藏族群众。为了弥补仪式的缺乏，社区中出现了水力、风力甚至是电力驱动的转经筒，按一下按钮瞬间就能转几十圈，虽然更加先进、更加金碧辉煌，但却丧失了仪式原有的意义。殊不知，在手持转经筒的缓慢修行中，一圈圈转动带来的不仅是经文的念诵，还有信众内心的宁静。

此外，少数民族传统社区居民对现代教育的重视也使得年轻一代对传统的宗教仪轨越来越漠视。游客带给民族地区居民的不仅是物质收入的提高，更为重要的是价值观念的改变。有被访者说："客人告诉我们要好好学习，学好知识就能走出大山，走向外面更加精彩的世界。藏族人能歌善舞，不能埋没在山里背肥料、种地，到外面的世界才能体现自己的真正价值。"对美好幸福生活的向往是所有人的天性，具有浓厚现代文明特质的都市游客大量出现在封闭或半封闭的少数民族传统社区，对居民产生的精神冲击不亚于一场强震，让他们发现外面的世界远远超出自己的想象。依照中国人传统的血缘逻辑，自己未能实现的愿望常常会寄托于下一代，竭尽所能把孩子送到外面读书，改变祖祖辈辈当农牧民的命运，成为众多家庭的首选。旅游接待赚取的丰厚收入，加上政府对民族教育事业扶持，使得大家对教育的投入热情高涨，纷纷将孩子送到县城、州府，甚至省城附近读书，期待孩子通过接受现代教育，未来能够得到更好的发展。现代教育让年轻一代的少数民族孩子除了掌握语文、数学、英语、物理、生物、化学等现代知识外，也更加熟悉互联网络、肯德基和大众偶像，宗教仪式成为他们渐行渐远的陌生事物。

三、少数民族传统社区文化的外在变迁

（一）时间维度的变化

时间是人类在探索自然的实践中，对自然规律的认识成果。时间概念的产生，使人们能够更好地控制生存环境，遵循自然规律开展生产活动，春耕、夏耘、秋收、冬藏，千百年来，少数民族传统社区居民依照祖祖辈辈传承的时间观念，过着日出而作、日落而息的简单生活，围绕时间形成了一系列丰富的民族文化习俗及活动。然而，旅游开发使居民时间意识发生了改变。在任何一种文化

中，没有什么比计算时间的方法更能清楚地表达这种文化的基本特性，因为计算时间的方法对人们的行为方式、思维方式、生活节奏以及人与周围事物的关系有着决定性的影响。[①]田野调查发现，由于参与旅游接待活动，少数民族传统社区居民改变了对时间标尺的判断。过去大家对时间的判断是基于时间段的模糊认识，如果说某一时刻，那么以该时刻为原点的前后30—60分钟都属于这一时刻，没有准点准时的概念。比如，甘堡藏寨的益西达瓦说："以前村主任通知明天上午9点在场坝开会，到了第二天，有人不到8点就过来了，也有人10点过才来，来了的人就三三两两的聊天说话，村主任看人来得差不多了就宣布开会，时间不一定是真正意义上的9点。"

时间段的概念是传统农业社会生产所决定，居民生产活动视天而定，根据天时在一定的时间范围内合理安排农作，二十四节气就是根据时候、物候和气候的变化对农时进行的节令划分，居民可以根据二十四节气的时间段合理安排播种、育苗、追肥、防虫等农事活动。这种适时而作的时间观由生产活动溢出到日常生活，成为民族地区居民普遍的时间观念，也构成了人们对很多事情"差不多"就行的观念来源。但旅游开发之后，在与游客接触过程中，大家对时间的认识迅速由模糊的时间段转变为精确的时间点。甲居藏寨的甲布斗生说："以前对时间无所谓，现在不行了，必须要守时。比如游客说好7点钟（晚上）去县城接他们，你就一定要在7点钟赶到县城接人，如果去晚了，他们就会坐别人的车走了。游客的时间观念很强，你只好跟他们一样，慢慢地我们自己也有时间观念了。"

在现象层面，少数民族传统社区居民时间观念的转变主要受到游客的影响，本质上这是旅游产业代表的工业文明与社区居民承袭的农耕文明之间的碰撞。自18世纪中叶工业革命以来，工业化浪潮在短时间内席卷全世界，中国自改革开放之后，也迅速融入全球经济，追求效率和利益最大化是现代工业社会的主要特点，科学管理的代表人物泰勒采取的标准化策略，核心目的也是为了提高工作效率。我国经济改革实践的探路者袁庚在深圳蛇口创建特区试点时，也曾试探性提出"时间就是金钱，效率就是生命"口号，因此，对于时间的精确认识和把握，

---

① 〔俄〕古列维奇著，庞玉洁、李学智译：《中世纪文化范畴》，杭州：浙江人民出版社，1992年，第101页。

是工业化社会生存和发展的基本要求。外来游客及旅游活动将时间观念潜移默化地传递给民族地区居民，这正是现代工业文明对传统农耕文明的涵化。

（二）语言维度的改变

语言是人类社会发展到一定阶段的必然产物，也是人类最为重要的交流和思维工具。语言搭建起人与人沟通的桥梁，为经济社会发展提供了最基础的交流保障。人是群居的动物，只有依靠群体，个体才能放大个人力量，在自然环境中求得生存。人们在早期的群居生活中，采用具象操作信号向他人表达自身的情感、认识、态度和需要。通过漫长的历史演变，人们进一步发展出符号化的想象力和智慧，以意义世界的语言符号取代现实世界的操作信号，传达更为复杂的信息和意义。人类共同的劳动直接推动了语言符号的产生，语言是人类的标志，它彻底区分了人和动物，使人成其为人。语言符号是人类交际和思维的首要工具，它的诞生带来第一次传播革命。借助语言符号，个体的知识和经验可以进行广泛传递交流，人们不必依赖于具体的物质实体，在抽象的语言符号化过程中实现知识的有效生产、传播和扩散。

德福勒指出，只有学会通过语言传播方式开展人际交流的个体，才可以在已有知识的基础上，从具体归纳出一般，由前提推导出结论。[1]语言符号是人类认知和改造环境的重要工具，它使个体的经验被群体成员所共享，通过口口相传，一代人的经验流传给下一代人，使人类对于世界的认识财富得到不断积累和发展。亚当·沙夫（A. Schaff）认为语言符号是人们在交流过程中使用的用以表述内心生活，或者现实状态的思想。[2]

在藏民族传统社区，藏语是居民日常使用的主要语言，近代以来由于商业等内外部交流活动的增多，普通话也成为对外交流的语言之一。近年来，随着国内外游客的大量涌入，社区居民在主客互动中，出于经济、文化等各种交往目的，开始自发学习和使用普通话甚至英语等新的语言形式。比如，笔者一行到色尔古藏寨调研时天色已晚，进入寨内碰见一位着民族服饰年近六十岁的藏族大娘，隔着十几米远就用普通话向我们招呼："要住宿不？"她告诉我们，以前游客根本听不懂藏语，外省的游客还听不懂四川方言，为了招徕更多的客人，她几年前开始

---

[1] 〔美〕梅尔文·德弗勒、桑德拉·鲍尔-洛基奇著，杜力平译：《大众传播学诸论》，北京：新华出版社，1990年，第15页。

[2] 〔波〕亚当·沙夫著，周易译：《语义学引论》，北京：商务印书馆，1979年，第163页。

学普通话，现在会一些简单的日常用语，寨子里不少家里搞旅游接待的老年人跟她一样，都会说简单的普通话。对几乎没有受过正规教育的老年藏民而言，学习普通话无疑是一项艰难的任务，但在市场经济的助推下，他们克服重重困难，跨越了语言的障碍。广西阳朔的"月亮妈妈"徐秀珍是一位典型代表，出生于1945年的她，为了更好接待海内外游客，在五十多岁时开始自学外语，先后学会了英语、日语、韩语、西班牙语、德语等11门外语，成为阳朔的国际旅游目的地草根人物代表。老年人尚且如此，年轻人则更加活跃，甲居藏寨的甲布斗生在访谈时，随口就能说出外国游客教他的一些日常交流口语："How are you? Hello, what's your name?"

语言是一套音义结合，表达观念的符号系统，它凝结并反映出少数民族传统社区居民所面临的人与人、人与事、人与物等错综复杂的关系。语言符号与民族地区居民所处的生活环境，是反映与被反映、认识与被认识、指代与被指代的关系。[①]语言符号的丰富化，反映出他们受旅游活动影响的现实环境，同时语言的变化也表现出居民对新环境的主动适应。

（三）不确定性规避维度的改变

不确定规避维度是指个体或某一群体对未知事物的态度，或者感受到对于不确定性、模糊不清的事物情景的威胁程度。不确定规避行为取向是文化价值体系的重要组成部分，是个体的行为方法或方式在行为中的自我表现。传统的农耕文明使人们养成与自然和谐一致的观念，"任自然""无为""知足常乐"等心态是这种观念的表现。在保证族群基本温饱和正常繁衍的前提下，人们大多会安享于现实，不愿意改变，个体在行为中常常表现为一种屈服于现实的惰性、被动性和消极性。[②]大家更看重过去和现实，过去被证实的经验为现实生活提供有效的保障，可以最大限度避免不确定性。然而，旅游活动改变了少数民族传统社区原本宁静的生活状态，适应商品经济的文化价值观念冲击着少数民族传统社区居民固有的行为价值取向，由规避不确定性逐步转而敢于应对不确定性。借助旅游接待赚取丰厚收入的居民，成为少数民族传统社区的明星和榜样，向大家有效展示了如何从旅游开发中创造和实现自我价值。发展和行动取向，使个体表现出对现实的不

---

① Faules D. F., Alexander D. C., *Communication and Social Behavior: A Symbolic Interaction Perspective*, MA: Addison-Wesley. 1978, p. 127.
② 黎永泰：《十年来中国文化价值观与社会的变迁》，《思想战线》1989年第2期，第3—9页。

满足，这种不满足或不平衡状态，迫使他们采取行动去改变现状，打破原有的惯习意味着可能会面临未知的风险，但趋利心理、攀比心理、羊群效应等一系列复杂的心态又激励他们在小心试探中迈出了自我变革的第一步。甲居藏寨格西的经历具有代表性，他在访谈中说道："2009年国庆前几天，我们乡上的书记（直接负责甲居藏寨的旅游管理）找到我，说格西去把你们家路边玉米地里的玉米砍了，把地平整出来，国庆节客人来了好停车，一个车收5块钱的停车费，保证你赚钱。我回来跟老婆商量，两三亩地的玉米马上就要成熟了，长得又好，万一砍了到时候没有车岂不太可惜，就没去砍。国庆前一天晚上，书记到寨里来看到还没砍玉米，又跑来给我说，并且打保票说如果没有车，到时候损失的玉米钱由他掏钱补上。我想既然书记都这么说了，还怕个啥呢。第二天和老婆起了个大早，把地里的玉米全部砍了清场。开始真的很担心，9点多都还没车来。到了11点过，就陆续有车来了，越来越多。国庆假期停车费总共收入了5000多元，是玉米收入的好几倍。"

现在，格西家旅游接待年收入十余万元，他计划两年内将家里的房屋扩大一倍，在旅游旺季可以接待更多的客人，同时单独开辟一间小屋作为杂货铺，向游客销售烟酒小食品。一开始，格西惧怕改变，一边是毫无风险的稳定的待收获玉米，另一边是不确定的停车场收入，虽然远远高于玉米收入，但却是"薛定谔的猫"，并不确定。长期的保守行为导向使格西拒绝了书记的建议。后来，在书记提供补偿承诺的前提下，格西忐忑不安地采纳了建议，迈出了面对不确定性的第一步，结果获得丰厚的收益。经过这一课的教育，格西不再恐惧改变，主动采取行动，积极参与旅游接待，全身投入旅游经济的大潮。

第二节　少数民族传统社区文化环境适应性保护与发展实证

一、文化适应性保护与发展研究假设

文化学家伍兹认为文化变迁一般是由社会环境或者自然环境的改变而引起，社会环境指人、社会与文化，譬如人口的迁徙、城镇化发展、经济基础的变化、政策制度的改变等，而自然环境指在特定时空中的生态环境，比如河流、丘陵、

山川等先天的环境，以及城市、村庄等后天形成的环境。①对少数民族传统社区而言，旅游开发成为改变社会环境和自然环境最显著的原因之一。任何一种文化不会一成不变，而是始终处于不断再生产的过程中，只有通过持续的新陈代谢，文化才能获得发展的动力。②

苏珊·C. 施奈德、巴尔索克斯提出了文化具有外部适应性，包括自然的控制关系、人类行为的本质、现实与事实的本质；内部适应性，包括人之本质、人群关系本质、社会驱动或工作驱动、个人主义或集体主义等；联系假设，包括时间、空间、语言等。文化是解决外在适应力（如何生存）问题和内部适应力（如何共同生存）问题的方法综合。③文化的本质表现为：一个群体在解决其外部适应性问题以及内部整合问题时习得的一种共享的基本假设模式。克拉克洪和斯乔贝克提出文化的六大价值取向理论，即对人性的看法、人与环境的关系、人与人的关系、行动取向、空间观念、时间观念。文化维度理论（Cultural dimension theory）也将文化划分为个人主义与集体主义、权利距离、不确定性规避、事业成功与生活质量、时间取向五个维度。④

综合学者的观点和少数民族传统社区实际，本研究将文化的变化分为内在适应性和外在适应性两种类型，前者反映人与人的关系，后者反映人与外部环境社会的关系。其中，少数民族传统社区文化内在适应性表现为不确定性规避、环境控制。不确定性规避是个体在不确定的情景中预知可能发生的威胁的状态；环境控制是个体对所处环境的控制程度，是否能够与自然和谐共处，或者完全以自身利益为出发点，对环境规律置若罔闻，忽视对环境的保护。

文化外在适应性表现为个人主义／集体主义、任务取向／社会取向。个人主义／集体主义是个体对自我需求与集体需求比较的优先排序，反映了个体对集体的依赖程度；任务取向／社会取向是指个体在社会生活中对工作与人际关系两者

---

① 〔美〕克莱德·M. 伍兹著，何瑞福译：《文化变迁》，石家庄：河北人民出版社，1989年，第3页。
② 宗晓莲：《布迪厄文化再生产理论对文化变迁研究的意义——以旅游开发背景下的民族文化变迁研究为例》，《广西民族学院学报》2002年第2期，第22—25页。
③ 〔瑞士〕苏珊·C. 施奈德、〔法〕巴尔索克斯著，石永恒主译：《跨文化管理》，北京：经济管理出版社，2002年，第49页。
④ Hofstede G., Hoppe M. H., "Introduction: Geert Hofstede's Culture's Consequences: International Differences in Work-Related Values", *Social Science Electronic Publishing*, 1980, 18(1), pp. 73-74.

之间重要性的权衡，偏好于以何者为中心，反映了关心工作与关心人的侧重。文化保护与发展以少数民族传统社区居民的文化自觉与文化传承为测量变量。文化自觉是指在某一文化范围内的个体对所在的文化要有自知之明，了解文化的历史、现状以及文化未来发展的方向；文化传承是指族群文化的历史发展中的代际延续与传播过程。前者是横向共时态民族文化的认同状态，后者是纵向历时态民族文化的延续状态。

已有研究表明，在旅游开发背景下，少数民族传统社区的文化适应性变化对文化保护与发展具有积极作用。奥克斯（Oakes）在贵州苗族村寨社区的调查中发现，旅游目的地社区的发展虽然引起了民族文化的改变，但却加深了社区居民的族群认同。同样，有学者研究了尼泊尔夏尔巴人在登山旅游业发展过程中的文化变化，发现随着旅游业的发展，当地的社会生产关系也随之改变，有效促进了社会文化的良性发展。[1]文化是人在改造自然中的产物，随着外部环境的变化，文化特质也会随之而扬弃，或者产生新的特质，以适应环境的改变。[2]反之，如果文化固守不变，落后于时代的发展，也许保留了所谓的原真性，但却同变化的环境格格不入，终究会逐步丧失生命力。据此，提出假设如下：

H1 文化外在适应性对文化保护与发展有正向影响

旅游业发展带来的丰厚收益，促使少数民族传统社区居民为迎合游客需要，积极发掘和利用传统文化，在一定程度上使那些濒临消失的民族传统得以恢复和传承，推动了民族文化的保护与发展。[3]在文化商品化过程中，社区居民不断受到市场经济的影响，传统的生产生活方式也随之而改变。少数民族传统社区已有的文化会对居民处理社会关系的价值和行为范式产生约束，但在变化的环境下形成的新观念和行为又会创造出新的文化特质，更新和发展原有文化，展现出人的主动性。[4]这种文化特质变化的实质是对内外环境的适应性，不仅体现在人与环境的关系中，还表现在人与人的关系中。据此，提出假设如下：

---

[1] Stevens S. F., "Sherpas, Tourism, and Cultural Change in Nepal's Mount Everest Region", *Journal of Cultural Geography*, 1991, 12(1), pp. 32-58.
[2] Feng G., Kang W. X., Hao Y., et al., "Studies on Cultural Change and Heritage Protection of 'Whistling Arrow' in Gongbu Area", *Journal of Northwest University for Nationalities*, 2011.
[3] Laurie K., "Commoditizing Culture Tourism and Maya Identity", *Annals of Tourism Research*, 2003, 30(2), pp. 353-368.
[4] Blake J., "Taking a Human Rights Approach to Cultural Heritage Protection", *Heritage & Society*, 2011, 4(2), pp. 199-238.

H2 文化内在适应性对文化保护与发展有正向影响

与文化的外在适应性不同，文化内在适应性更侧重于关注人与人的关系。在少数民族传统社区这个微观的小世界中，生产力与生产关系的作用更加充分体现在人与人的关系中。传统的农耕或半农半牧生产方式形成了社区以血缘及地缘为主的熟人社会，但是以旅游业为代表的现代产业经济不仅影响了生产生活方式，还进而作用于人与人的关系变化。这种变化使得社区居民的价值观念与行为能够与时俱进，保持一种可持续的发展状态，这种状态即是一种文化的内在适应性。泰勒认为，文化本质上就是个人作为社会成员所获得的能力及习惯，当个人的能力及习惯得到适应性发展时，其所代表的文化也会随之得以延续与发展。因此文化内在适应性可能会对文化保护与发展产生积极影响。

二、文化适应性保护与发展研究设计

（一）量表设计[①]

量表设计参考霍夫斯泰德、施奈德、巴尔索克斯等人的研究，分为三部分，第一部分为少数民族传统社区文化外在适应性（CEA），分为不确定性规避和环境控制两个维度，题项包括："不断增多的外来游客使我觉得不适应"；"如果需要新建或翻新、重建家里的老房子，为了迎合游客的需求，对房屋建筑风格进行了改造（如外墙造型、窗户设计等）"；"为了满足游客的需要，家里内部装修和生活基础设施条件发生了改变（如增加洗浴设施等）"。

第二部分为少数民族传统社区文化内在适应性（CIA），分为个人主义/集体主义、任务取向/社会取向两个维度，题项包括："旅游开发后，我参与村集体事务（如植树等义务活动）的次数越来越少"；"旅游开发后，我将更多的时间和精力花在自家的生产或生意上"；"在与我有关的各项社会事务中，我把接待游客挣钱放在首位"等。

第三部分为少数民族传统社区文化保护与发展（CPD），具有文化自觉与文化传承两个维度，题项包括："我清楚自己的服饰、节庆、礼仪等是与其他地区（拉萨、昌都等地）是不同的"；"我知道民族服饰、节庆、礼仪等的来由和变化"；"我们应该继续举办各种传统节庆（如旺果节等）"；"我们应该继续坚持穿着传统

[①] 何玲：《旅游发展背景下的民族文化变迁与保护研究——以西藏墨竹工卡县甲玛乡赤康村为例》，西南财经大学，2014年。

服饰"等。

考虑到本次调查对象的日常主要语言为藏语,且部分社区居民文化程度较低,故问卷设计的内容及题项尽可能简化,以便少数民族传统社区居民清晰理解。同时,邀请两位社会学博士和两位民族学博士审读题项,根据意见对题项进行了修改完善。量表采用Likert5点计分法,1—5分对应"完全不同意""不同意""一般""同意""非常同意"。

(二)数据收集与处理

(1)调查对象

调查对象选取西藏自治区拉萨市墨竹工卡县甲玛乡赤康村社区。墨竹工卡县位于拉萨市东部、拉萨河中上游,"墨竹工卡"藏语意为"墨竹色青龙王居住的中间白地",意指该地福泽宽厚,是众人所向往的地方。318国道穿县而过,距离拉萨市区72公里,全县平均海拔4000米以上。作为该县旅游发展重点区域的甲玛乡赤康村,位于墨竹工卡县城以西18公里处,拉萨市以东68公里处,318国道旁,交通条件极为便利,是西藏拉萨到林芝旅游东环线上的著名景点。全村土地面积为107平方公里,辖4个小组,共有住户235户1423人。据史料记载,赤康村可以追溯至元朝时期,也即西藏萨迦王朝时期,当时西藏共设置了13个万户府,而赤康村就是其中甲玛万户府所在地。从那以后一直沿用"万户府"的叫法,藏语称之为"赤康"。这里是吐蕃赞普松赞干布的出生地。7世纪初,作为雅砻部落的首领,松赞干布的父亲郎日伦赞,为了使本部落能有更好的发展,从现西藏山南地区北上,沿拉萨河流域将部落整体迁移到今甲玛乡赤康村,并带领部落成员齐心合力修建了强巴敏久林宫殿,定居于此,使之成为吐蕃王朝早期的政治中心。

赤康村景色秀美,2013年8月被列入第二批中国传统村落名录。这里拥有号称"地球之肺"的甲玛湿地,在缺少绿色的青藏高原上,成为难得的一片绿洲,春天百花竞放,五彩缤纷;夏天空气温润,满目苍翠;秋天遍地金黄,天高云淡;冬天气候宜人,又成为黑颈鹤冬季栖息之地。

除了丰富的自然旅游资源以外,赤康村还拥有历史悠久的文化以构成独特的人文旅游景观。村内的霍尔康庄园是如今西藏保存较好的几座著名庄园之一,百年前的林卡、白塔、寺庙和部分围墙等古庄园的特有建筑形式依旧保存完好,成为游客探寻历史的现实载体。强巴敏久林宫遗址前还有著名的"松赞干布圣泉",

相传，松赞干布出生时，伴着他洪亮的啼哭，原本平整的地面突然涌出了三股清泉，百姓饮用后能够强身健体，滋养身心。千百年来，圣泉从未干涸，常常都有来自各地的人们饮用祈福。在江苏省对口援建下，赤康村投资3000万元打造了占地4000平方米的松赞干布纪念馆，分为9大特色展厅，全面展示了松赞干布时期吐蕃经济社会文化发展的盛况。赤康村也是我国伟大的爱国主义者，藏族人民的优秀儿子，全国政协原副主席阿沛·阿旺晋美的出生地。

甲玛谐钦是赤康村特有的歌舞形式，始于松赞干布时期，距今已有1300多年的历史，2014年被评为西藏自治区非物质文化遗产。赤康村以甲玛谐钦为载体，举办了大型文化旅游艺术活动——甲玛文化艺术节，开展了丰富多彩的藏族民间传统活动，如抱石头、藏围棋、拔河、射箭、赛牛，以及传统歌舞和藏戏，独具藏族特色的民俗风情吸引了众多国内外游客，使赤康村的旅游产业得到快速发展。自2004年起，赤康村的年均旅游收入及旅游人次均以10%以上的速度增长。

（2）数据搜集

在甲玛乡政府的协助下，由赤康村委会干部带领课题组成员开展随机入户调查，共发放问卷160份，采取现场填答的方式，回收问卷160份，剔除未完成的无效问卷16份，有效问卷144份，问卷有效率90%。

（3）样本人口特征

有效调查样本中，男性占54.2%，女性占45.8%。藏族占95.8%，汉族占1.4%，其他民族占2.8%，年龄结构主要为青壮年人口，16—25岁占17.4%，26—35岁占32.6%，36—55岁39.6%，55岁以上占10.4%。被调查者文化程度普遍偏低，小学及以下占43.8%，初中占38.2%，高中或中专或技校占10.4%，大专及本科占6.9%，研究生及以上占0.7%。从事旅游业的农牧民占42.4%，种地、放牧的农牧民占30.6%，机关干部或村委会工作人员占3.5%，个体工商户占11.8%，其他占11.8%，反映出赤康村近一半的居民均已参与旅游业发展。样本人口统计信息如表2-1所示：

表2-1 样本人口特征情况统计表

分类	属性分类	频数	百分比(%)
性别	男	78	54.2
	女	66	45.8

续表

分类	属性分类	频数	百分比(%)
民族	藏族	138	95.8
	汉族	2	1.4
	其他	4	2.8
学历	小学及以下	63	43.8
	初中	55	38.2
	高中或中专或技校	15	10.4
	大专及本科	10	6.9
	研究生及以上	1	0.7
主要职业	从事旅游业（含服务业）的农牧民	61	42.4
	种地、放牧的农牧民	44	30.6
	个体工商户	17	11.8
	机关干部或村委会工作人员	5	3.5
	其他	17	11.8
年龄	16—25岁	25	17.4
	26—35岁	47	32.6
	36—55岁	57	39.6
	55岁以上	15	10.4

三、文化适应性保护与发展数据分析

（一）测度模型评价

采用偏最小二乘法，使用SmartPLS3.0对理论假设模型进行检验，bootstraps样本容量设为5000。各显变量的变异膨胀系数VIF值均小于小5，说明各个显变量之间无严重的共线性。

表2-2 显变量共线性诊断

显变量	CEA1	CEA2	CEA3	CIA1	CIA2	CIA3	WP1	WP2	WP3	WP4
VIF	1.825	1.560	1.196	2.400	2.609	2.047	2.942	2.621	2.004	1.887

各潜变量的Cronbachs'α系数均在0.7以上，说明量表具有较好的内部一致性。各潜变量与显变量的负载系数除CEA1为0.642外，其余均在0.7以上，且达到显著性水平（$P<0.05$），说明模型具有较好的收敛效度（表2-3）。

表2-3　验证性因子分析

潜变量	显变量	负载系数	T值(P值)	Cronbachs'α	组合信度	AVE
文化外在适应性（CEA）	CEA1	0.642	5.953(0.000)	0.877	0.924	0.803
	CEA2	0.882	29.950(0.000)			
	CEA3	0.906	33.821(0.000)			
文化内在适应性（CIA）	CIA1	0.872	31.644(0.000)	0.743	0.856	0.670
	CIA2	0.922	74.088(0.000)			
	CIA3	0.892	28.792(0.000)			
文化保护与发展（CPD）	WP1	0.842	29.916(0.000)	0.826	0.885	0.658
	WP2	0.814	17.379(0.000)			
	WP3	0.834	21.135(0.000)			
	WP4	0.751	13.835(0.000)			

各潜变量AVE值分别为0.803、0.670、0.658，均大于临界值0.5，将所有潜变量AVE值的平方根值纳入相关系数矩阵进行比较，均大于其所在行与列的潜变量相关系数绝对值，表明模型具有较好的区别效度。

表2-4　潜变量AVE平方根及潜变量间相关系数矩阵

潜变量	CEA	CIA	CPD
CEA	0.819		
CIA	0.730	0.896	
WP	0.643	0.606	0.811

注：对角线上的数字表示对应的AVE值的平方根。

（二）结构模型评价

模型中，内生潜变量的R^2为0.453，即文化保护与发展（CPD）的方差可以被解释45.3%；文化外在适应性（CEA）与文化内在适应性（CIA），对文化保护与发展的影响力水平分别为$f_{CEA}=0.157$、$f_{CIA}=0.073$，其中文化外在适应性对文化保护与发展的影响力到达了中等水平。文化外在适应性与内在适应性的q^2效应量分别为$q^2_{CEA}=0.07$，$q^2_{CIA}=0.02$，表明文化外在适应性与文化内在适应性对文化保护与发展具有预测相关性。模型直接效应检验结果如下表所示：

表2-5 直接效应检验

假设	路径关系	路径系数	T值(P值)	结论
H1	CEA→CPD	0.429	3.549(0.000)	支持
H2	CIA→CPD	0.293	2.107(0.038)	支持

由上表可知，文化外在适应性、文化内在适应性同文化保护与发展之间的路径系数均为正，且达到了显著性水平，假设H1、H2得证。

四、文化适应性保护与发展研究发现

实证分析发现：首先，少数民族传统社区文化内在适应性与文化外在适应性均能显著影响文化保护与发展。进化论提出，物种对环境具有适应能力，当环境发生变化时，物种也会随之而变化，改进其对环境的适应性。在自然选择的过程中，有益的物种突变得以保留，从而形成物种的多样性。社会文化的进化与物种进化相似，也是一个渐变的、不断进步的过程。不过，与物种进化不同的是，社会文化的创造主体是人，人的意识能够从生物本能中得以解放，形成与一般物种的本质区别。依靠人的意识指导的文化活动，改变了被动、服从和适应自然环境的进化状态，进而主动认识自然、改造与发展自然，使文化适应成为一个有意识的过程，而技术—环境是这一过程产生的前提。哈里斯指出，相似的技术用于相似的环境就趋向于产生相似的生产与再分配的布局，这样就接着产生了相似类型的社会群体，他们有类似的价值与信仰体系，而且共同协作劳动。如果对其进行理论研究，那么对社会文化物质生活的物质条件的研究就要首先考察技术—环境与技术—经济决定论，就如同研究不同的再生产顺序要首先考察自然选择一样。[①] 在实施旅游开发的西部少数民族传统社区，旅游活动带来的物质流、信息流、资金流、人员流等因素改变了原有的技术—环境，引起社区居民有意识的内在和外在适应性变化，并表现为新的文化特质，为文化的保护与发展注入新的活力。

其次，文化再生产理论认为场域中的资本类型包括文化资本、经济资本、社会资本等，它们之间既有区别又有联系，通过相互作用和相互转化，形成场域内的运动，以及场与场之间的联系。在西部少数民族传统社区旅游场域中，社区居民等

---

① Haisley W., Harris M., "Cultural Materialism: The Struggle for a Science of Culture", *Leonardo*, 1984, 16(1), p. 67.

利益相关主体通过各种形式的场域运动，以文化再生产的方式将其独具特色的文化资本转换为经济资本和社会资本，实现经济效益的提升和社区社会组织形式的优化。当经济资本和社会资本达到一定程度时，又会反向转换为文化资本，表现为对民族传统文化的挖掘与保护，社区居民的文化自觉与文化传承意识得以强化。因此，如果对少数民族传统社区旅游场域的文化资本、经济资本、社会资本之间的转化运动进行有效干预和控制，就有可能实现三者的良性互动，促使旅游产业经济开发、社区文化适应性变化与社区文化保护相互促进，实现经济社会的可持续发展。

本章小结

在时代和社会的发展变迁中，尤其是随着旅游业的快速发展，西部少数民族传统社区的环境发生了巨大改变，使得社会文化也随之而改变。文化是人类的适应方式，特殊的文化特征产生于适应环境的过程，通过适应而产生的新文化特点则是一种适应性进步。[1]通过对四川省甘孜藏族自治州丹巴县甲居藏寨社区、四川省阿坝藏族羌族自治州理县甘堡藏寨社区、黑水县色尔古藏寨社区的田野调查，发现少数民族传统社区居民的衣食住行、消费方式及教育方式发生了不同程度的改变。此外，在反映人与人关系的文化内在维度上，如社会取向与任务取向、个人主义与集体主义、民族宗教信仰，在反映人与自然、社会关系的维度上，如时间维度、语言维度、不确定性规避维度都发生了不同程度的改变。这些维度的改变，本质上是少数民族传统社区文化对内外环境适应的产物。通过对西藏自治区墨竹工卡县甲玛乡赤康村的问卷调查和实证研究表明，少数民族传统社区文化内在适应性与文化外在适应性均能显著影响文化保护与发展。旅游活动带来的物质流、信息流、资金流、人员流等因素对少数民族传统社区原有的技术—环境产生了改变，使得社区居民的生产生活方式发生变化，进而引起文化的内在和外在适应性变化，与时偕行顺应时代发展的要求。此外，研究还发现，如果能采取有效措施引导和控制少数民族传统社区旅游场域的文化资本、经济资本、社会资本之间的转化运动，促进三者的良性互动，就能实现经济、文化、社会协同发展的良好效益。

---

[1] 〔美〕托马斯·哈定著，韩建军、商戈令译：《文化与进化》，杭州：浙江人民出版社，1987年，第20页。

第三章 潜濡默被：少数民族传统社区参与旅游对文化的影响

第一节 少数民族传统社区参与旅游的路径分析

一、少数民族传统社区参与旅游的本质与模式

（一）社区参与旅游的本质

社区参与（community participation）是指社区居民、社区组织直接或间接地参与社区发展与治理的行为及过程，以实现社区共建、共治与共享。社区参与始于德国的社区治理运动，在社区建设与治理发展过程中逐步形成完整的体系。18世纪末，德国首相俾斯麦为了缓解日益突出的社会矛盾，建立了相对完善的社会福利保险制度，鼓励社区居民积极参与社会福利工作，扶助弱势群体，对解决城市贫困问题和改善社区环境发挥了积极作用。此后，社区参与广泛运用于城市规划、公共安全、医疗卫生、心理健康、旅游发展等各个方面，逐渐成为社区治理与建设的重要环节。根据参与的客观目的，社区参与可以分为福利性参与、权益性参与、娱乐性参与和志愿性参与；根据参与的主观意愿，社区参与可以分为积极主导型参与、消极被动型参与、自我发展型参与和权益诉求型参与。在本土化的研究中，有学者指出，社区参与本质上是一种根据国家治理需要而发生的自上而下的制度安排，社区居民的行动逻辑与行动策略以及政府与居民的互动过程具有不同的特质。在社区转型背景下，基层政府或社区居委会动员社区居民参与社区事务时，往往采取地方性动员，一方面运用原有行政组织网络的强大动员力量，另一方面又通过基于人情的地方性社群网络等非正式因素，以适应城市社会

变迁并将社区居民纳入社区治理与建设的轨迹中。[1]

社区参与旅游是指在旅游开发中重视社区的利益,认真对待社区的实际需要和发展意见,充分尊重社区作为旅游开发参与主体的权利,为社区主体参与旅游发展的决策、规划、运营、监督和管理等提供条件,促进旅游和社区的协调全面发展。[2]业界和学界广泛认同社区参与旅游发展的理念与实践,墨菲(Murphy)指出旅游发展对社区的积极影响,并提出社区参与旅游规划的方式。[3]随着公众参与意识的增强,社区参与的理论和实践得到不断发展。一方面,社区参与旅游发展是少数民族传统社区居民参与社会治理权利的体现。托克维尔(Tocqueville)认为,民主社会的重要特征之一就是公民能够依法充分行使政治权利,参与社会管理,公民志愿、自主参与管理,能给社会注入新的活力。[4]社区参与旅游的实质是一种建立在发展目标、市场规则、共同利益与价值认同基础上的相关利益主体的分工合作。它为社区居民提供了制度化的参与平台,鼓励社区居民在市场化的体系中,通过明确目标、合作协商、资源交换等方式参与旅游开发管理,充分发挥个体的意识能动性,实现旅游发展的共建共享共赢。另一方面,社区参与旅游发展是增强少数民族传统社区自我造血功能的有效途径。

对西部少数民族传统社区而言,独具特色的民族旅游是社区经济社会发展赖以凭借的宝贵资源,具有十分重要的作用。然而,由于社区居民信息不对称、资金技术缺失等原因,使其在旅游开发各利益相关主体中处于弱势地位。在全面建成小康社会、大力实施乡村振兴战略的时代背景下,通过社区参与旅游,能够有效改变社区的被动地位,成为旅游开发的主体,积极促进乡村产业振兴、人才振兴、文化振兴、生态振兴和乡村组织振兴,由外部输血式发展转变为自我造血式发展。

(二)社区参与旅游的模式

模式是在实践基础上,通过对事物规律的认识和总结,提炼出的具有一般意义的行为结构和要素,少数民族传统社区参与旅游的模式具有多主体性、灵活性和可操作性的特点。多主体性是指参与旅游的主体包括政府、投资商、企业、协

---

[1] 刘岩、刘威:《从"公民参与"到"群众参与"——转型期城市社区参与的范式转换与实践逻辑》,《浙江社会科学》2008年第1期,第86—92页。
[2] 孙九霞、保继刚:《从缺失到凸显:社区参与旅游发展研究脉络》,《旅游学刊》2006年第7期,第63—68页。
[3] Murphy P., *Tourism: A Community Approach*. New York: Methuen, 1985.
[4] 〔法〕托克维尔著,董果良译:《论美国的民主》,北京:商务印书馆,1988年。

会、社区、农户、旅行社、NGO组织等多个利益相关体；灵活性是指参与旅游的模式可以根据少数民族传统社区的实际情况形成不同形式的价值共创组合体；可操作性是指无论哪一种参与旅游的模式都能够发挥各利益相关体的主体作用并合理分配，具有实际的落地性。从参与旅游的形式上，普雷迪（Pretty）提出社区参与旅游的7种形式，包括象征型参与、被动型参与、咨询型参与、功能型参与、交互型参与等。国内有学者将社区参与旅游分为初级参与、积极参与、成熟参与[1]，或者强参与、弱参与和无参与。[2]

社区参与旅游常见的模式包括："公司+农户"、"政府+公司+农户"、"政府+公司+乡村旅游协会+旅行社"、"农户+农户"、"社区+农户"、社区参与"轮流制"、股份制、个体农庄模式、政府主导的社区参与模式、企业主导的社区参与模式等。其中，"公司+农户"是少数民族传统社区较为典型的市场化参与模式，由旅游公司与农户以土地流转、直接雇佣、参与经营等方式建立合作关系，公司负责社区旅游的整体运作、资源开发、资金投入、产品设计和营销策划，统一规划指导培训农户参与旅游发展，充分考虑了社区居民在旅游发展中的利益，能够做到优势互补、利益共享。"政府+社区+农户"则是少数民族传统社区旅游发展初期常见的模式，政府根据少数民族传统社区的资源特色，制定相应的旅游发展规划并提供政策扶持，完善道路、水电、通讯等基础的公共服务设施，引导社区积极参与旅游接待。社区与农户在政府的引导支持下，参与旅游发展并从中获益。

社区参与"轮流制"是社区任务导向与人际导向的平衡产物，有效解决了少数民族传统社区旅游接待无序竞争引发的利益冲突和分配不均，有助于社区在获得经济利益的同时维持社区传统的社会结构及和谐关系。比如四川省阿坝藏族羌族自治州阿坝县查理乡神座村就是典型代表，该村距离四川省会成都450公里，风光秀丽民风淳朴，安多藏族风情浓郁，被誉为"川西高原生态活化石"，这里的60余户居民利用各自的藏式房屋开展民宿接待服务，为鼓励特色乡村旅游发展，体现藏式传统建筑文化，政府为参与接待的每户居民提供了5万元的民宿改造补贴，社区在旅游发展中也发挥了重要的协调作用，通过共同协商制定了轮流接待的利益分配方案，确保了社区居民共享旅游发展成果。股份制模式以入股的方式

---

[1] 郑向敏、刘静：《论旅游业发展中社区参与的三个层次》，《华侨大学学报（哲学社会科学版）》2002年第4期，第12—18页。
[2] 孙九霞：《传承与变迁——旅游中的族群与文化》，北京：商务印书馆，2012年，第247页。

整合集中了旅游发展所需的各类生产要素，在所有权不变的前提下，统一了原本分散的资源使用权，显著提高了资源的使用效率，同时，将社区居民的权、责、利有机结合起来，使其真正成为旅游发展的利益主体，从而引导居民自觉能动参与社区文化与经济的协调健康发展。

二、少数民族传统社区参与旅游的效应与影响

（一）少数民族传统社区参与旅游的正面效应

西部少数民族传统社区参与旅游发展，不仅是旅游产业可持续发展的必要条件，也是建立政府、社会、社区等多元主体共建共治共享社区治理新格局的必要途径。社区参与旅游发展产生了正面效应主要包括经济效应、文化效应、社会效应和环境效应。

民族传统社区参与旅游带来了显著的经济效应，提供了更多的本地就业机会，增加了社区和居民的个人收入。统计数据显示，2019年乡村休闲旅游接待游客约32亿人次，营业收入达8500亿元，直接带动吸纳就业人数1200万，带动受益农户800多万户，休闲农业和乡村旅游规模以上经营主体30.57万个，旅游成为致富增收的有效途径。譬如，四川省甘孜藏族自治州泸定县杵坭村的居民以农家乐等形式开发乡村旅游，经过十余年的发展形成了成熟的休闲度假目的地，社区居民年均收入5万元左右，成为远近闻名的小康村。四川甘孜藏族自治州雅江县河口镇相格宗村的布朱和甲塔两兄弟积极参与社区旅游开发，贷款将自己的房子改造成骑行民宿，为318国道上的骑行游客提供接待服务，通过参与旅游业的发展，实现了致富增收，还带动社区居民共同参与旅游发展。

少数民族传统社区参与旅游带来了积极的文化效应。一方面，少数民族传统社区的特色文化对游客具有巨大的吸引力，因此，旅游产品和服务供给方对传统文化资源进行了有效的发掘、整理和开发，创造出具有鲜明民族特色和强烈体验性的文化旅游产品，有效促进了少数民族传统社区文化保护与传播。另一方面，文化旅游产品将传统社区的风俗习惯、传统技艺、节庆活动等乡土文化资源转变为现实的商业收益，让企业、居民等利益相关体充分认识到文化资源的价值，激发了居民的民族自豪感和文化认同感，发挥主体性作用，共同参与文化的保护与发展，实现了以文塑旅、以旅彰文。

少数民族传统社区参与旅游带来了积极的社会效应。少数民族传统社区以乡村旅游发展为契机，从社区实际和市场需求出发，通过科学规划引领发展方向，招商引资改善社区的公共基础设施及商业生态，实现了乡村旅游的提质增效，优化服务规范和水平，从软硬两方面健全社区公共服务体系，提升综合服务质量，使得少数民族传统社区经济结构、生产方式、生活方式持续优化发展。此外，通过参与旅游开发，社区居民还得到社会增权，社区公共事务的参与意识和自觉能动性显著提升，提高了参与管理决策、获取资源、相互协作、技术运用等实践能力，推动了居民的全面发展和现代社区治理形态的建立。

少数民族传统社区参与旅游带来了显著的环境效应。生态优先、绿色发展是乡村旅游的指导理念，"既要绿水青山，也要金山银山"，"宁要绿水青山，不要金山银山"，"绿水青山就是金山银山"的"两山"理论思想深入人心，各方意识到良好的生态环境是少数民族传统社区的最大优势和宝贵财富。如果失去了优美的环境，也就丧失了旅游开发的价值。因此，保护生态环境是旅游发展的生命线，与乡村旅游相辅相成。通过发展生态旅游，少数民族传统社区进一步美化了乡村环境，推动了社区生态环境资本的增值，积极探索并实践生产发展、生活富裕、生态良好的文明发展之路。此外，为了全面实施乡村振兴战略规划，深化乡村旅游供给侧改革，为农业农村农民全面发展提供新的增长极，2018年，文化和旅游部等部委联合印发了《关于促进乡村旅游可持续发展的指导意见》，将治理有效、生态宜居、乡风文明、产业兴旺、生活富裕作为乡村发展的总体要求，为少数民族传统社区全面提升旅游发展质量和综合效益，促进经济、文化、社会、环境效应指明了发展方向。

（二）社区参与旅游的文化影响

西方对于社区参与旅游的文化影响研究起步较早，在20世纪60年代，就形成了旅游对社会文化影响研究的专门领域——旅游人类学。1977年，著名人类学家史密斯出版了旅游人类学的标志性著作《主人与客人：旅游人类学》（*Hosts and Guests: The Anthropology of Tourism*）。自旅游人类学诞生以来，主要关注旅游业发展而引起的社区文化、经济及社会结构的变迁，比如旅游对文化的影响过程、文化变迁的机制、旅游开发造成的文化商品化与文化真实问题等。早期研究中，学者们首先关注到社区参与旅游而导致的商业化对民族文化产生的各种影响，如利奇（Ritchie）指出旅游者和社区居民的文化接触和碰撞，会对旅游目的地产生诸如文化的商品化、传统生活的衰退、居民文化心理变化等影响。[1]有的少数民族传统社区在参与旅游的过程中，出现民族传统文化的肤浅化、庸俗化现象，导致民族认同感及价值观的变化，传统社会结构的解体等问题。[2]另一方面，社区参与旅游又在一定程度上促使了传统文化的复苏，如格林伍德（D. Greenwood）在对西班牙巴斯克传统社区"阿拉德"仪式的考察发现，旅游活动在对传统文化碎片化、商品化、快餐化消费的同时，又激发了社区居民的文化认同感，对传统文化的发展产生了积极影响。[3]类似的案例还有云南泸沽湖畔落水下村传统社区摩梭文化发展，云南丽江三元村东巴文化的传承，广西三江县高友侗寨侗族文化的可持续发展等。随着研究的深入，越来越多的学者认同社区参与旅游既会带来明显的经济收益，也会对文化变迁产生重大影响，如同一把双刃剑，利弊同时存在。

纵观国内外对于社区参与旅游的影响研究，可以从旅游者、旅游业、传统社区等多角度进行分析。[4]首先，社区居民在特定的地域范围内形成生活共同体，在长期的共同生产生活中创造了社区的文化空间，遵循共同的信仰和风俗习惯，维系社区的生存与繁衍。旅游者虽然不直接参与社区文化空间生产的实践，但却时刻通过旅游利益共同体对社区文化空间的集体建构形成空间想象，成为社区文化生产的共创者，通过凝视表演与消费等方式对社区文化产生影响。[5]其次，传统社区参与旅游发展后，部分社区居民逐步改变原有的生产方式而融入旅游价值链，在参与旅游服务的过程中成为旅游经营者或从业者，直接或间接地受到旅游利益共同体和旅游者对传统社区文化空间想象的影响[6]，从而引致价值观念和行为惯习的变化。再次，可以从传统社区视角探索社区居民对旅游活动的反应模式，以及社区响应的影响因素。比如，道克西（Doxey）愤怒指数模型，艾皮与普朗克顿

---

[1] 〔英〕埃德蒙·利奇著，郭凡译：《文化与交流》，广州：中山大学出版社，1990年。
[2] 杨昌儒、潘梦澜：《贵州民族文化村寨旅游发展问题与对策研究》，《贵州民族大学学报（哲学社会科学版）》2004年第5期，第5—9页。
[3] Greenwood D., *Culture bythe Pound: An Anthropological Perspective on Tourism as Cultural Commoditization. In Hosts and Guests: The Anthropology of Tourism*. Philadelphia: University of Pennsylvania Press, 1989.
[4] 肖佑兴：《国外旅游地社会文化变迁研究述评》，《人文地理》2011年第6期，第19—23页。
[5] 孙九霞、苏静：《旅游影响下传统社区空间变迁的理论探讨——基于空间生产理论的反思》，《旅游学刊》2014年第5期，第78—86页。
[6] Morgan N., Pritchard A., *Tourism Promotion and Power: Creating Images, Creating Identities*. New York: Wiley, 1998, p. 25.

(Ap&Crompton) 容忍阶段模型。在此基础上，弗莱德与福克纳根据社区居民参与旅游的程度，将其分为抗拒者、支持者、现实主义者和"矛盾"的支持者四种类型[1]等。此外，亚当斯（Adams）的研究发现，社区参与旅游发展过程中，社区居民之间的互助协作关系和劳动关系得到加强，把新的生产方式融进旧的生产关系模式中，能够有效实现外来文化与传统文化的兼收并蓄。[2]事实上，社区参与旅游对文化的影响，已经超越了好与坏的简单线性关系，呈现出复杂的多元化模式。

第二节 少数民族传统社区参与旅游时空形态及增权效应对文化的影响

一、时空形态及对文化的影响

（一）时间与空间：少数民族传统社区介入旅游的时空维度[3]

西部少数民族传统社区以其秀美的自然风光和独特的民族文化，吸引了大量国内外游客观光度假，巨大的旅游商机和发展机会，使少数民族传统社区旅游目的地各利益相关者如政府、企业、社区、居民等主动或被动地介入旅游开发。居民既是少数民族传统社区的主体，又是民族文化的创造者，在少数民族传统社区旅游开发中具有举足轻重的地位。已有研究多从社区居民视角出发，以旅游活动对传统社区原有生产生活方式的影响程度，或者社区居民对旅游提供的生存和生活资源依赖程度作为衡量社区介入旅游的强弱标准，并探讨了少数民族传统社区旅游概念、旅游对少数民族传统社区文化变迁的影响、少数民族传统社区文化保护途径等问题，系统综述了少数民族传统社区参与旅游发展与文化保护的相互关系。[4]研究表明，少数民族传统社区参与旅游的程度与文化保护之间存在密切关系，譬如孙九霞提出传统社区参与旅游程度与文化保护效果具有强参与和强保

---

[1] Fredline E., Faulkner B., "Host Community Reactions: A Cluster Analysis", *Annals of Tourism Research*, 2000, 27(3), pp. 763-784.
[2] Adams V., "Tourism and Sherpas, Nepal: Reconstruction of Reciprocity", *Annals of Tourism Research*, 1992, (19), pp. 534-554.
[3] 李文勇、王苏、韩琳：《民族村寨介入旅游的时空形态及对文化的影响——基于三个民族村寨的调查》，《旅游研究》2016年第2期，第40—45页。
[4] 田敏、邓小艳：《近十年国内民族村寨旅游开发与民族文化保护和传承研究述评》，《中南民族大学学报（人文社会科学版）》2012年第6期，第36—40页。

护、弱参与和弱保护、不参与和无保护、异地参与和异化保护四种发展组合。[1]传统社区介入旅游是一个动态的、长期的、系统的时空活动过程，不仅可以从空间维度展开分析，还可以结合时间维度进行综合考察。

少数民族传统社区大部分居民在不影响传统生产生活方式的前提下，向游客提供力所能及的旅游服务，或者销售家庭农副产品，赚取少量报酬作为家庭生活补贴，旅游活动空间与居民生活空间并行不悖，这是社区弱介入的典型表现。旅游活动彻底改变了社区原有生产生活方式，大部分居民完全参与旅游经营服务，成为社区旅游产业价值链的组成部分，旅游收益成为家庭收入的重要来源，旅游活动空间与居民生活空间趋于同一，这是少数民族传统社区强介入旅游的主要特征。旅游活动具有的季节性特征，在以自然风光见长的少数民族传统社区尤为明显，不少社区每年5月到10月属于旅游接待旺季，人多时一床难求，让参与旅游服务的社区居民应接不暇。11月至来年4月为淡季，人少时门可罗雀。不管是游客还是社区居民对淡旺季都习以为常，然而看似平常的淡旺季现象却对社区文化空间产生了截然不同的影响。

旅游活动在时间上表现出的淡旺季现象，将少数民族传统社区原本连续的生活轨迹截然划分为两个不同时段，从时间维度上引出共时态（synchronic）和历时态（diachronic）两种状态。共时态和历时态由瑞士语言学家索绪尔提出，认为有关语言学静态方面的一切都是共时的，有关演化的一切都是历时的。共时态研究同一个集体意识感觉到的各项同时存在并构成系统的要素间的逻辑关系和心理关系，历时态研究各项不是同一个集体意识所感觉到的相连续要素间的关系，这些要素一个代替一个，彼此间不构成系统。[2]通俗而言，共时态是研究事物的横向即时剖面，历时态则是研究事物在一定时期内的纵向演化发展。引入时态维度后，少数民族传统社区介入旅游的研究呈现出更为丰富的视野。有的少数民族传统社区在共时态上属于典型的强介入，但短短几个月的旺季之后游客日渐稀少，旅游活动空间消退萎缩，社区居民无法继续依赖旅游经营服务维持生产活动，不得不部分恢复原有生产生活方式，在历时态上表现出弱介入特征，在此情况下，绝对判定少数民族传统社区处于强介入或弱介入均与客观事实不完全相符，因此，有

---

[1] 孙九霞：《社区参与旅游与族群文化保护：类型与逻辑关联》，《思想战线》2013年第3期，第97—100页。
[2] 〔瑞士〕索绪尔著，高名凯译：《普通语言学教程》，北京：商务印书馆，1980年。

必要结合时间和空间两个维度进行综合分析。文化是发展的、变动的，而非一成不变的。作为文化表征的各种文化商品（如艺术品、服饰、装饰品等）可能很容易发生变化，而作为内核的精神层面的变迁更为复杂。[①]基于时空视角的少数民族传统社区介入旅游不同形态，文化受影响的程度和方式也有所区别。

（二）共时与历时：少数民族传统社区参与旅游的时空形态

通过对四川省阿坝藏族羌族自治州萝卜寨、甘孜藏族自治州甲居藏寨和甘堡藏寨3个典型少数民族传统社区田野调查发现，实施旅游开发的少数民族传统社区在时空形态上主要包括3种类型，即共时态弱介入、历时态弱介入，共时态强介入、历时态强介入，以及共时态强介入、历时态弱介入。

（1）共时态弱介入、历时态弱介入

处于共时态弱介入、历时态弱介入形态的少数民族传统社区，在旅游现象上表现为旺季不旺，淡季很淡。横向共时态上，旅游发展一般处于初级阶段，少数民族传统社区介入旅游接待服务的层次较低，参与形式单一，社区居民从旅游开发中获取的经济及社会增权较小。纵向历时态上，由于少数民族传统社区地理位置偏僻，或旅游吸引物市场影响力弱，社区全年大部分时间游客稀少，居民只能少量参与简单的接待服务，主要仍从事传统生产劳动维持生计。

阿坝藏族羌族自治州汶川县萝卜寨是我国西部地区最大最古老的羌寨之一，至今完整保留着羌族释比文化、羌绣、羌乐等特色民俗。萝卜寨由萝卜寨村、小寨村、索桥村组成，截至调研时，萝卜寨村有214户1071人，小寨村有64户243人，索桥村有159户872人，所有居民均为羌族。其中以萝卜寨村最具特色，是游客参观的主要目的地，这里有200余户黄泥羌房，户户相连错落有致，形成壮观的羌族建筑群落。2008年的"5·12"汶川大地震使萝卜寨黄泥建筑遭到重大毁损，后由广东省江门市援建，在恢复旧貌的同时也显著改善了社区旅游基础设施。根据县域经济发展规划，汶川县文体旅游局将萝卜寨作为羌族文化旅游的重点旅游吸引物进行打造，定位为"云朵上的街市，古羌王的遗都"，从317国道修筑了5公里专用公路直通萝卜寨，并引入专业旅游投资公司开发社区，但由于区位、产品等多种条件限制，旅游市场始终没能打开，每年只有5至10月有少量游客，其余时间几乎没有游客，大部分居民以种植樱桃、花椒、核桃、小麦等作为

---

① 宗晓莲：《旅游人类学与旅游的社会文化变迁研究》，《旅游学刊》2013年第11期，第5—7页。

家庭经济收入主要来源，与游客没有过多交集。这类从共时态到历时态都处于弱参与状态的少数民族传统社区，虽然从旅游开发中获得较小的经济社会收益，但少数民族传统社区受外来文化的冲击也相对较弱。

（2）共时态强介入、历时态强介入

处于共时态强介入、历时态强介入的少数民族传统社区，旅游产业发展进入成熟阶段，少数民族传统社区完全融入旅游活动，少数民族传统社区居民原有生产方式因旅游而发生重大改变，第三产业取代第一产业成为主导，横向共时态表现为强介入。由于旅游交通基础设施良好，具有较强的可进入性，并且旅游资源几乎不受季节性因素影响，市场吸引力强，游客长年不断，少数民族传统社区能够全年不间断从事旅游接待活动，纵向历时态上也表现为强参与，阿坝藏族羌族自治州理县甘堡藏寨是这类形态的代表。[①]甘堡藏寨以"农家乐"形式提供旅游吃、住、娱、游等接待服务的家庭有102家，近700间客房，旅游接待已成为社区居民生产生活的重要组成部分。由于距离成都、绵阳、德阳等大中城市较近，车程在两三小时以内，路况良好交通便捷，甘堡成为都市人群休闲度假的热门目的地，不管是平时还是周末，自驾游客络绎不绝。兴旺的旅游业让社区居民从年初忙到年末，获得丰厚的经济收益，但庞大的游客群体带来持续不断的外来文化影响，对少数民族传统社区文化产生了较大冲击。

（3）共时态强介入、历时态弱介入

处于共时态强介入、历时态弱介入的少数民族传统社区，在横向共时态上，旅游发展已处于成熟阶段，少数民族传统社区居民积极参与旅游接待，提供住宿、餐饮、民俗体验活动，生产销售农副土特产品，或受雇于旅游企业等，全面介入旅游活动，从中获得经济、社会、心理等多方面增权，属于典型的共时态强介入。但在纵向历时态上，由于地理位置偏僻，或旅游吸引物季节性因素，少数民族传统社区淡旺季特征明显，游客主要集中在秋季景色最好的时期，一年中至少有六七个月游客数量很少，旅游消费市场萎缩，大部分居民在这期间又恢复原有农业生产活动，少数民族传统社区在历时态上呈现出弱参与特征。比如甘孜州丹巴县甲居藏寨，受到旅游活动产生的物质回报刺激，大部分居民参与旅游接待的热情高涨。在旅游旺季，社区几乎所有活动都围绕游客展开，旅游收入占到多

[①] 甘堡与甲居藏寨的简介见本书第三章少数民族传统社区文化变迁现象描述分析，此处不再复述。

数居民家庭年收入的三分之二以上。当地流传着一句顺口溜"有房有床，开门前进（谐音钱进）"，意思是说只要把家里的空房间整理为客房，招徕游客入住，很容易就能挣到钱。尝到旅游甜头的少数民族传统社区居民希望一年四季客人不断，可惜由于交通不便，冬、春两季天气寒冷道路危险，游客极为稀少。没有客人时，居民只得拿起农具下地干活，延续他们熟悉的农耕生活。[①]像甲居藏寨少数民族传统社区，从旅游开发中得到的旅游收益不及甘堡藏寨，社区文化受影响程度也异于甘堡。

（三）嬗变与发展：时空形态视角下的社区文化生态

（1）弱—弱介入对民族文化的离散型影响

共时态和历时态处于弱—弱介入的少数民族传统社区，旅游活动空间与居民生活空间虽然在特定时空范围内会产生交集，但总体上仍然相互独立，游客与当地居民之间由于行为方式、思维习惯的差异和语言障碍，主客之间的互动频率和程度较弱，旅游对少数民族传统社区生产生活的改变较弱，民族文化生态系统能够保持相对的延续性，旅游对民族文化的影响表现为离散化、碎片化的文化碰撞与冲突。

萝卜寨社区的被访者说："政府搞旅游把路修好了，我们下雁门（离萝卜寨最近的一个乡镇）方便多了。政府还给村里搞宣传，樱桃比以前好卖多了，游客来了也会买一些带走。"旅游开发使萝卜寨的道路等旅游基础设施得到完善，方便了居民的生产生活，产生一定的社会增权。访谈对象多次提及政府，一方面反映萝卜寨的旅游开发主要由政府推动，另一方面也表明弱介入阶段居民以旁观者视角看待旅游，在旅游活动中自我身份边缘化，甚至认为游客与自身的关联仅是销售樱桃。

羌绣是羌族传统文化的典型代表，"羌绣是我们祖传的手艺，游客看的时候很感兴趣，但买的人不多。后来政府请人设计了一些新的图案和样品，说是城里人会喜欢。有些人照着做了，但我觉得没有以前的好看，还是按以前的方式绣，卖

[①] 笔者在田野调查中曾用一整天亲身体验了社区的春耕生产劳作，与社区居民轮流使用手扶式耕地机犁地。看似简单的农用机械，笔者虽然接受了居民的现场操作培训，但独立使用时却很难掌握好平衡，稍不小心，犁耙就会原地打转给自己挖坑，笔者工作效率还比不过一起参与劳作的14岁藏族少年。经过上午的多次练习，下午劳作时才勉强能独立犁完一亩地，第二天起床后双臂酸痛，留下深刻的印象。这也真切反映出农耕时代与知识经济时代对劳力和智力要求的根本性区别，社会发展的复杂程度与对知识掌握的复杂程度具有密切的关联性。

不掉可以留着自家用"。对于传统民族工艺羌绣，居民与游客产生了审美观念的碰撞，作为旅游开发主导者的政府及企业，意识到羌绣文化价值与市场价值不对称，想方设法调整优化设计，积极融入现代时尚文化元素以迎合游客需求，但由于居民对旅游提供的生存和生活资源依赖程度较低，缺乏商业化意识以及稳定的销售获利渠道，传统习惯依然发挥着强大的观念和行为支配力，使得最外层的物质层面改变也难以被居民接受，有的居民依然"按以前的方式绣，卖不掉可以留着自家用"。在弱—弱介入时空形态中，少数民族传统社区居民的生产生活轨迹与尚处于开发初期的旅游活动轨迹相对独立，偶有交叉，旅游活动对社区文化的影响带有偶发性和离散性，少数民族传统社区居民也没有形成文化自觉保护意识。

（2）强—强介入对民族文化的聚集型影响

共时态和历时态处于强—强介入的少数民族传统社区，旅游活动空间与居民后台生活空间几乎完全重叠，旅游业具有高附加值的产品和服务收益，使社区居民放弃传统农耕生产，在政府、旅游企业引导下全面开展旅游接待。旅游活动对社区居民生产生活方式产生颠覆性改变，使其从第一产业的农牧业生产者彻底转变为第三产业的服务从业者。少数民族传统社区在历时态上长期处于强介入状态，旅游活动引入的外来文化影响就像一盏聚光灯，始终高强度聚焦于少数民族传统社区这个小小的旅游场域舞台上，对民族文化各层次产生持续性、聚集性影响。

甘堡社区的被访者说："甘堡以前土地少，人很穷，现在搞旅游大家都有钱了，住得好，穿得好，吃得好。但好多东西跟以前不一样了，大家越来越看重钱，挖空心思挣钱，有的人家为了拉客还相互吵架，亲戚朋友关系也没以前那么单纯了，以前送人情只要50元，现在至少100至200元，送少了别人会不高兴。大家都忙着搞旅游挣钱，像换工、跑马会这样的习俗现在都没有了。"在强—强介入的甘堡藏寨，旅游给社区居民带来丰厚的经济收益，极大改善了大家的物质生活水平，"住得好，穿得好，吃得好"，产生了广泛的经济和社会增权。但随之而来的还有现代市场经济意识，功利化、物质化等工业社会的价值理念对社区传统文化产生强烈影响，商业化时代的大众消费特征，悄然取代了农耕时代的自然经济特征，社区居民"挖空心思挣钱，有的人家为了拉客还相互吵架"，原本由血缘、亲缘和地缘组成的社区共同体，受到旅游带来的业缘和事缘新关系冲击,在利益驱使下社区内部熟人社会关系网络被解构,逐步转向以东道主和游客"主—客"关系为主体的陌生人社会。

一方面,社区文化生态系统因外来文化的持续聚集影响而发生变迁,另一方面,社区居民也在旅游开发中产生了文化自觉意识。有被访者提到:"游客要看原汁原味的古老的风俗,像这些老房子、老家具、老东西,还有我们穿的藏族衣服,跳的藏族歌舞,游客很喜欢,所以都要保护,如果修成一样的房子,来的游客就少了。"在少数民族传统社区旅游开发过程中,传统文化是基础和根本,如果没有民族传统文化,旅游开发也就成了无本之木、无源之水,同时,旅游开发的目的是获得经济利益,这是进行旅游开发的根本所在。[①]旅游者以自身的消费需求、态度、期望和行为,向少数民族传统社区居民传递支配旅游消费的文化价值、规则和模式。市场经济的基本特征是以市场为基础进行资源配置,市场交换所涉及的经济利益变化必然会对各种经济主体的行为产生调节作用。旅游市场的游客消费行为导向,使社区居民认识到独特的文化既是吸引游客的重要资源,也可以包装后作为文化商品出售获利,客观上促使他们产生文化自信和自觉,认清我群与他群的不同,进而强化地方性认同。

(3) 强—弱介入对民族文化的螺旋型影响

共时态和历时态处于强—弱介入的少数民族传统社区,旅游活动空间在特定时间内(旅游旺季)与居民生活空间高度重合,旅游接待服务是大部分社区居民的主要工作,随着游客减少,旅游活动空间也逐渐缩小,旅游影响暂时消退,居民生活空间的传统要素得以部分恢复,旅游活动对社区文化生态产生周期性、螺旋式影响。

甲居与甘堡社区在共时态上都处于强介入状态,旅游对民族文化的影响十分显著。甲居社区的被访者说:"好多来我家住的游客喜欢说话(聊天),不光要问我们这里的情况,还给我们讲外面的事情,说娃娃要送出去好好读书,有了知识才能了解外面的世界有多大,不走出大山不知道自己的身价,藏族人能歌善舞,如果不出去,永远只能在山里挖泥巴背肥料种地。现在村里好多人都把娃娃送到县城读书,条件好的还送到康定和成都。"少数民族传统社区居民教育理念的改变

[①] 艾菊红:《文化生态旅游的社区参与和传统文化保护与发展——云南三个傣族文化生态旅游村的比较研究》,《民族研究》2007年第4期,第49—58页。

只是旅游开发产生的诸多变化之一。传统农业社会以体力劳动者为主体，生产技能在实际劳动中以经验形式代代相传，并不需要过多的学校教育，所以大部分中青年甲居村民只有小学或初中文化，老年村民则以文盲居多。旅游者将现代信息社会对智力劳动者高标准的职业教育要求传递给村民，使其在对现代文明的美好憧憬中不自觉地接受并重视下一代的教育培养，彻底改变对教育功能的刻板印象。

与甘堡社区不同的是，甲居社区从历时态呈现出弱介入特征，旅游对传统文化是一种螺旋式冲击，时强时弱具有周期性。有被访者提到："每年七月初十是摩尔多神山的生日，以前大家都要去转山，现在要接待客人，很多人就不去了。但是不忙的时候，他们还是要去转经。转经要穿民族服饰，很多年轻人觉得麻烦笨重，不穿了。夏秋季节是我们这里的旺季，客人来得多，国庆过后客人就少了，时间也比较多，现在修房子都尽量选在这些时候，大家又像以前一样去帮工。"转经和帮工，是藏族社区耳熟能详的文化传统，对经济利益的追求，使得少数民族传统社区居民为满足旅游接待服务要求而短暂放弃转经和帮工，但旺季之后会有相当一段时间的旅游空置期，当旅游活动频次降低后，这些传统习俗在甲居社区又得到一定程度的恢复。甘堡社区由于历时态亦处于强介入，转经和帮工对于已高度依赖现代旅游业的年轻一代而言，几乎完全丧失存在的价值，从社区文化空间中永久消失。值得一提的是，作为经济意义上的市场活动出现的旅游开发，在文化意义上扮演了推动文化涵化和文化发展的双重动力角色，一方面促成了少数民族传统社区文化与外来文化的交流碰撞，导致民族文化变迁；另一方面又让少数民族传统社区居民认识到文化的价值，主动参与民族文化保护。

大众旅游化时代的到来，让普通民众也享有旅游的平等权利，休闲旅游不再是少数人的特权，就连社区停车场的老阿姨也能滔滔不绝地向笔者分享旅游经历。在全民旅游背景下，充满文化吸引力的西部少数民族地区，吸引了越来越多的国内外游客，民族旅游市场的快速发展，使少数民族传统社区介入旅游的形态呈现出更加丰富的内容。

第一，少数民族传统社区介入旅游是一个动态的长期过程，不能仅从横向共时态进行研究，还需结合纵向历时态开展系统研究。从时空视角出发，少数民族传统社区介入旅游可分为3种时空形态，包括共时态弱介入、历时态弱介入，共时态强介入、历时态强介入，以及共时态强介入、历时态弱介入。不同时空形态下，少数民族传统社区参与旅游对文化的影响有所不同，共时态和历时态弱—弱介入对民族文化生态系统产生离散型影响，强—强介入产生聚集型影响，强—弱介入产生螺旋型影响。影响程度和方式的差异，导致少数民族传统社区文化生态的变迁现象也各不相同。人类学家怀特指出，文化系统像生物体一样，进行自我繁殖和自我扩散。文化是一条交互作用的要素组成的河流，某一特性对其他特性有作用，它们反过来又对这一特性有反作用。某些要素已陈旧过时并被淘汰，新的要素又补充进来。新的排列、组合和综合持续不断得以形成。①民族文化受旅游影响而产生的文化变迁，究其实质，是少数民族传统社区原有农耕文化与旅游开发带来的商品经济文化，在旅游场域相互碰撞而产生的文化冲突、涵化、适应等一系列复杂现象，正如马克思指出，人们自己创造自己的历史，但并不是在自己选定的条件下随心所欲地创造，而是在当下的、既定的、从过去继承下来的条件下创造。在少数民族传统社区参与旅游的现实条件下，社区主体在适应环境的过程中促使了文化要素的新陈代谢。

第二，少数民族传统社区共时态和历时态强—弱介入出现的文化习俗恢复，不仅是因为旅游旺季之后游客减少而使居民具有更多的空闲时间所导致，调查发现的转经、帮工等习俗的部分恢复，根本原因是由于少数民族传统社区长达半年以上的旅游空置期，使社区居民因无客接待而不得不继续从事熟悉的农业劳动，在一定程度上又恢复了原有生产生活方式，这期间少数民族传统社区居民从商品经济场域中的旅游接待者，又转变为传统的农业劳动者，身份角色转变的背后，是生产方式的恢复，而生产方式恰恰是影响民族文化核心特质的决定性因素。由于少数民族传统社区与外部世界的物质文明客观存在着巨大差异，使其在相互的文化碰撞中产生一些新的文化现象，但这并非意味着诞生了所谓的文化新殖民主义，而是少数民族传统社区根据生产力和生产关系变化做出的人与人、人与自然、人与社会的文化适应性调整。

第三，少数民族传统社区共时态和历时态弱—弱介入，虽然没有造成原生态文化的显著变化，但在此时空形态中少数民族传统社区居民亦较少形成自觉的文化保护意识。反之，强—强介入一方面对文化生态造成了较大影响，但另一方面通过市场化的引导却让居民认识到文化保护的重要性，在一定程度上激发了居民

---

① 〔美〕怀特著，曹锦清等译：《文化科学》，杭州：浙江人民出版社，1988年。

的民族文化自信与自觉意识。需要说明的是，这里主要分析了旅游市场对民族文化的影响作用，除市场外，政府的引导和干预也会产生十分重要的影响。譬如，凉山彝族自治州2022年5月实施的《凉山彝族自治州移风易俗条例》对处理好推动移风易俗与尊重传统礼俗的关系，保护优秀传统文化发挥了积极作用。民族文化传统并非一成不变，它会根据生产力发展带来的经济、社会变化而赋予新的时代特征，淘汰与现代文明不相适宜的落后要素，在既定的场域内通过各种力量的交互作用，实现文化的"再生产"，形成更具生命力的传统文化。[①]在现代化背景下，居民追求现代化生活而导致的文化改变是适应新环境的自然表现，社区参与旅游开发产生的文化觉醒，促使其理念行为不会背离传统文化的本质，从而保持少数民族传统社区社会生活的持续稳定。

二、增权效应及对文化的影响

（一）少数民族传统社区参与旅游的增权效应

增权理论（Empowerment theory）是一个系统的理论体系，包括去权（disempowerment）、增权（empowering）以及无权（powerlessness）等核心概念。它的提出源于所罗门（Solomon）为黑人呼吁平等社会工作权利的研究，随后发展为增强弱势群体权利与社会参与的理论，20世纪末增权理论开始广泛运用于社会科学各个方面，包括民族及旅游研究。

最早在生态旅游中引入增权理论的学者是斯彻文思（Scheyvens），提出旅游目的地社区是增权效应的受体，增权的内容应是全方位的，不仅包括经济效益，还应有政治、心理、社会等多个维度。[②]阿克玛（Akama）以肯尼亚的生态旅游为例，认为社区居民的增权问题对旅游发展具有重要意义。[③]索菲尔德（Sofield）也认为，增权是实现社区旅游可持续发展的前提条件，在实践中如何根据环境的变化，从传统的单一增权方式转变为更加多元化的综合增权方式，是社区旅游增权的关键

[①] Pierre Bourdieu., *Reproduction in Education, Society and Culture*. US: Sage Publications, Inc. 1990.
[②] Scheyvens R., "Ecotourism and the Empowerment of Local Communities", *Tourism Management*, 1999, 20(2), pp. 245-249.
[③] Akama J., "Western Environmental Values and Nature-based Tourism in Kenya", *Tourism Management*, 1996, 17(8), pp. 567-574.

环节。[1]左冰以云南迪庆为案例,探索了旅游增权理论的本土化研究,指出在旅游发展过程中,由于旅游资源产权界定不清晰、信息不对称、缺乏权利意识和管理技能,社区居民普遍处于被排斥的无权状态,导致旅游发展中尖锐的社会冲突,成为我国旅游发展面临的最大约束和引发各种社会矛盾的根源。[2]增权可通过个体、组织和社区3个层面实现,个人层面的增权着重于发展个人权力感和自我效能感,组织层面的增权强调使个人有更多影响他人的能力,社区层面的增权强调社会行动和社会改变的目标。[3]增权的主要方式有信息增权、教育增权及制度增权等。[4]

不少学者将社区参与同旅游增权相结合,从少数民族传统社区参与旅游视角研究了增权理论的实际运用。保继刚、孙九霞探讨了云南迪庆州德钦县云岭乡雨崩社区参与旅游的增权过程,雨崩社区在游客住宿、租马等经营方面实施了相对均衡的利益共享的措施,控制了外来投资,发展成为社区自主的、自我实现的可持续性旅游社区,进而实现了社区的经济增权、心理增权和部分政治增权。[5]郭文继续深入探讨了雨崩社区参与旅游发展的"轮流制"模式,该模式以社区自我平衡的方式,有效解决了参与旅游后带来的利益分配差距问题,成为社区政治、经济、社会和心理增权的重要保障。[6]随着实践与研究的不断深入,越来越多的学者开始尝试对不同类型社区的增权本土化研究,翁时秀、彭华对浙江永嘉县楠溪江古村落进行了研究,并对旅游发展初级阶段弱权利意识型古村落社区展开探索,指出此类旅游目的地去权根源及增权途径。[7]还有学者的研究表明,少数民族贫困区域的社区主导的旅游开发类型中,旅游增权效果明显,更容易得到社区居民的感知。相较增权的感知,社区居民对失权和去权的感知不明显。影响增权感知的因素较多,比如社区居民的人口学特征,以及居民参与旅游发展的程度等都会影

---

[1] Sofield T. H. B., *Empowerment for Sustainable Tourism Development*. Oxford: Pergamon, 2003, pp. 7-8.
[2] 左冰:《旅游增权理论本土化研究——云南迪庆案例》,《旅游科学》2009年第2期,第1—8页。
[3] 左冰、保继刚:《从社区参与走向社区增权——西方旅游增权理论研究评述》,《旅游学刊》2008年第4期,第58—63页。
[4] 王宁:《消费者增权还是消费者去权——中国城市宏观消费模式转型的重新审视》,《中山大学学报(社会科学版)》2006年第6期,第100—106页。
[5] 保继刚、孙九霞:《雨崩村社区旅游:社区参与方式及其增权意义》,《旅游论坛》2008年第4期,第58—65页。
[6] 郭文:《乡村居民参与旅游开发的轮流制模式及社区增权效能研究——云南香格里拉雨崩社区个案》,《旅游学刊》2010年第3期,第76—83页。
[7] 翁时秀、彭华:《旅游发展初级阶段弱权利意识型古村落社区增权研究》,《旅游学刊》2011年第7期,第53—59页。

响增权感知的程度。①

　　社区参与旅游的制度性增权机制可分为立法增权和依法增权两种形式，前者为旅游吸引物权立法，后者为启用地役权。社区闲置中的地役权与创设中的吸引物权都属于属物权范畴，具有不同的制度价值和应用空间。②与此同时，在旅游发展的不同阶段，少数民族传统社区参与旅游的增权状态既有共性也有特性。自增权社区层面的旅游经济分配公平性，以及他增权政府层面的旅游公共政策制定水平具有共同性，而自增权社区层面的社区归属感及文化保护的水平具有差异性。③对西部少数民族地区而言，社区旅游参与是一个随旅游发展而不断发生、发展的过程，按孙九霞划分的参与层次，大部分社区表现为从无参与到弱参与，再到强参与的发展趋势，对于增权的感知也表现为由弱到强。然而，并非所有社区都遵循这种发展规律，通过四川省甘孜藏族自治州稻城县亚丁村社区的调研发现，社区参与旅游的层次不同，社区居民的旅游增权状态及其对文化的影响呈现出动态变化的过程。

　　稻城县亚丁村位于四川甘孜藏族自治州南部，地处青藏高原东部，因亚丁日照时间长，故而在藏语中的意思为"向阳之地"。此外，亚丁又名念青贡嘎日松贡布，意为"圣地"。这里特殊的地理位置和气候特征孕育了独特的原生态自然景观，仙乃日、夏诺多吉、央迈勇三座雪山巍峨耸立，端庄祥瑞，令游客流连忘返。亚丁国家级自然保护区因亚丁村而得名，这里被誉为"中国香格里拉之魂""中国最令人向往的旅游胜地""蓝色星球上最后一片净土"。亚丁村海拔3900米，全村辖2个村民小组，共31户人家，194人，主要为藏族。亚丁旅游起始于20世纪80年代末，由于地处偏僻，距四川省会成都市800余公里，交通极为不便，亚丁旅游发展速度非常缓慢。自20世纪90年代末随着西部大开发战略的提出，甘孜州确立旅游业作为根本发展战略之一，国家及四川省相继投入大笔资金建设甘孜州旅游交通基础设施，作为州内最重要的旅游目的地，亚丁得到高度重视，迈入快速发展阶段。据甘孜州旅游局统计数据显示，稻城亚丁在2000年的游

---

① 陈志永、王化伟、李乐京：《少数民族村寨社区居民对旅游增权感知研究》，《商业研究》2010年第9期，第173—178页。
② 王维艳：《社区参与旅游发展制度增权二元分野比较研究》，《旅游学刊》2018年第8期，第62—71页。
③ 胡凡、何梅青：《民族村落社区旅游增权比较研究——以青海省典型土族村落为例》，《西南师范大学学报（自然科学版）》2019年第2期，第59—67页。

客数量仅5000人次，全部旅游收入不足50万元。2013年，稻城亚丁机场建成通航，开通了直飞成都、重庆、昆明、贵阳、西安以及云南丽江的多条航线，突破了限制游客进入的交通瓶颈。经过多年的快速发展，2019年稻城亚丁的旅游人数突破359万人次，是2000年的718倍，旅游收入也突破39亿元。

（二）不同参与层次的社区居民动态增权路径演变

（1）无参与层次：无权与去权

少数民族传统社区无参与层次主要表现为社区居民基本不涉及当地旅游业的发展，隔离于旅游活动之外，仍从事原有农牧业生产或其他行业。但随着游客不断涌入，不可避免地会对社区生产生活产生影响。在亚丁旅游发展初期，社区居民几乎没有任何参与意识，大多数人认为旅游是政府和旅游投资公司的事，与自己并无关系，只有涉及征地或招工时，才有个别居民与之发生关联。与此同时，政府和旅游企业着重于景区设施建设和市场推广，也没有系统考虑社区及居民具有的主体地位和发展利益，因此，在无参与层次，社区居民大多表现为无权甚至去权状态。

桑杰是稻城亚丁苯波寺小有名气的青年喇嘛，他直言不讳地说在稻城亚丁旅游开发早期，他反对大规模的旅游开发。"外地游客跑过来到处乱闯，干扰了我们原本平静的生活……为了搞旅游开发修建的道路、机场、桥梁，以及电站、采矿等，炸山挖山，填河堵水，都是对山神、水神的不敬，美丽而神圣的山水被人为破坏，将来会使我们遭到神灵的报复，所以才会发生那么多的灾害，像地震、雪灾、疾病等……有一些游客到寺庙来朝拜，但他们对佛没有真正的信仰，即使是朝拜也只是祈求自己的财运健康等，而非求菩提心、求众生福。"

扎西在参与马匹接待游客服务之前，只是亚丁村社区一名普通居民，回忆起以前的情境，扎西对当地旅游业的发展没有太多感觉，他和大多数居民一样过着日出而作日落而息的生活，唯一的变化是村里很多年轻人受游客影响，觉得城里人背着包出来玩耍很时髦，"越来越喜欢耍，经常跑到镇上去打台球，不好好干活，对菩萨也不像我们那么尊敬了"。桑杰和扎西的看法代表了社区居民在旅游开发初期的认识。

亚丁社区地处偏僻、资源有限，与外部的隔离度较强，社区居民长期处于信息匮乏和货币化贫困状态，对旅游市场带来的发展商机缺乏认知，因此在旅游开发早期，社区无参与导致的经济无权并没有引起居民的较大反应，仍以旁观者心态审视发生在身边的旅游活动。引发社区居民较强反应的是心理和社会的去权，尤其是民族信仰习俗受外来价值观冲击而产生的新变化，使大部分人深感不适。藏族居民相信万物有灵，而旅游基础设施建设逢山开路遇水架桥，对自然环境的影响较大，与少数民族传统社区居民敬畏神山圣水的观念相冲突，如果忽视了居民的心理感受，没有进行细致的宣传和引导工作，就很可能引起部分居民的心理抵触。

年轻人喜欢新奇，对新事物的接受能力强，这一特征具有跨民族的普适性。游客在少数民族传统社区目的地体验异文化的同时，会自觉或不自觉地通过语言行为等方式传播现代城市价值观，亚丁社区青年被外来游客新颖时髦的生活方式所吸引，表现出服饰、言语或行为的效仿，本质上是西部少数民族遭遇现代化后对外来文化的适应性反应。从社区传统视角，他们似乎偏离了惯常的生活轨迹，导致心理去权；但从历史发展的视角，没有任何一个民族能阻挡现代化的历史进程，让青年一代更早认识和接触旅游活动带来的现代化特质，有助于在不同文化的交往交流交融中，互学互鉴、取长补短，树立对本民族的文化自觉与文化自信，实现由去权到增权的转变。

少数民族传统社区无参与层次上出现的旅游无权和去权，在一定程度上可视为居民对文化习俗受到影响或改变后的应激性反应。尤其是亚丁这样的少数民族传统社区，居民主要依靠农业和畜牧业为生，形成了稳定的日常生活惯式，与旅游几乎不产生交集。但是，日益发展的旅游活动使居民生活空间与旅游空间不断交叠，信仰和习惯的碰撞在所难免。比如为塑造文明形象，维护社区旅游安全，稻城县政府规定藏族居民不允许佩刀上街，诸如这样细微的改变，不断影响着视旅游与己无关的居民的日常习惯，似乎无权和去权成为旅游开发给社区带来的唯一结果，令人沮丧和悲观。然而，当少数民族传统社区逐步参与旅游活动后，一切开始慢慢地发生了变化。

(2) 弱参与层次：去权到增权

少数民族传统社区的弱参与层次主要表现为社区居民为适应旅游发展，适当调整原有的生产生活方式，尝试把握旅游带来的商机，向游客提供简单的服务、农副土特产品、小手工物品等以换取适量收益。亚丁社区的调查发现，相对于无参与层次出现的无权和去权，居民在弱参与层次获得了一定程度的经济、心理、社会和政治增权。稻城亚丁居民格鲁家有两栋住房，由于大儿子在康定舅舅家的餐馆打工，小儿子在县城上初中，家里仅自己和妻子两人，居住空间绰绰有余。通过朋友介绍，格鲁将其中一栋200平方米的两层房屋出租给一位叫王非洲的重庆人经营游客接待，自家人住在另一栋有3间屋的平房内。格鲁与王非洲的租房合同为期3年，租金每年2万，无须额外劳作就能用闲置的楼房赚取6万元的现金收入让格鲁非常满意，并且房屋就在身边，又能随时照看，避免租房者或游客的恶意损坏。格鲁提到："旅游开发很好，我们的收入增加了，而且稻城也建得越来越好了，以前城里又脏又乱，现在非常干净……出去读书的人越来越多，一方面是收入增加，有钱送孩子出去读书了，另一方面也是受到游客的影响，要出去见见世面，读书能找个好工作。"

与房东格鲁相比，从事旅游马匹接送游客的扎西更具有代表性，亚丁村共有31户人家，其中26户参与了马匹接待，这是社区弱参与旅游层面，居民最为普遍的从业方式。在旅游旺季，每天清晨7时左右，扎西和儿子就会牵着两匹马到亚丁龙龙坝口等待游客，以单程20元，往返程40元的价格将游客从龙龙坝运往附近的雪山脚下观景，平均每天能收入一两百元。这种运输服务既能领略沿途秀美的风景，又能体验传统的交通运输方式，深受游客喜爱。对扎西而言，接待工作的灵活性很强，如果遇到下雨或农忙，随时可以回家。马匹是亚丁居民每家必备的生产运输工具，牵出家门即可从事接待服务，既不影响家庭原有生产生活，又无须额外的资金投入，低门槛投入使得大家能够毫无压力地参与。随着收入增加，扎西对旅游开发的态度也变得越来越积极。

为了避免因马匹增加而导致的社区居民间恶性价格竞争，亚丁村委会发挥了自组织协调作用，经过集体讨论统一居民思想，定下两条规则：一是不允许亚丁以外的居民在本地从事马匹运输服务；二是每家每天只能有两匹马参与运输，以保护本社区居民的整体利益。为了协调各方利益，村委会在马匹送客问题上前所未有地征询了所有居民的意见，让大家充分发表对于该事项的意见和看法，在一定程度上推动了少数民族传统社区基层民主治理，无疑是旅游带来的政治增权。扎西对此很满意，他说儿子（21岁）结婚时，按照本地习俗买牛、衣服、藏银饰品等彩礼一共花了七八万，婚礼办得热闹风光，以前想都不敢想，这些钱主要就是靠旅游挣来的。斯彻文思指出，经济增权意味着旅游发展给当地社区带来持续的经济收入，这些金钱被社区中的家庭共同分享，用于提高生活水平。格鲁用房屋出租的收益供小儿子去县城读书，扎西用牵马送客的收入给儿子娶媳妇，这都是旅游产生的直接经济效益。对西部较为偏僻的少数民族传统社区而言，以农业和畜牧为主的生产方式让他们没有太多现金积蓄[①]，而在市场经济无孔不入的今天，物物交换早已成为历史，旅游带来的现金收益显著增加了社区居民对所需物质资源的购买能力，从而产生比任何语言更强的说服力，让大家明白一个朴素的道理：旅游是好的。喇嘛桑杰在与游客的接触中也逐步改变对旅游开发的刻板印象，并利用苯波寺的旅游场域向外来游客积极传播佛学经典，甚至还通过游客信众募捐到一笔资金，专程到成都为亚丁小学的孩子们定制校服。

游客对亚丁景色的赞美让扎西和格鲁等本地村民备感骄傲和自豪，在与游客的互动过程中，即使是完全没受过任何学历教育的扎西，也能在牵马前往雪山的路途中，大方地用半生不熟的普通话向游客讲述关于雪山的神话故事。具备初中文化程度的格鲁，更是将孩子送到县城学习，"见见世面"，将来"找个好工作"，这样的想法和行为，恰好符合斯彻文思提出的心理增权，即旅游开发增强了居民的自豪感，因为他们的文化、自然资源的独特性与价值得到外部肯定。此外，通过政府的统筹规划，更多的旅游投资被用于推动社区的基础设施建设，其中，亚丁到县城驻地香格里拉镇的公路翻修一新，使居民外出更加便捷，体现出参与旅游带来的社会增权。

（3）强参与层次：增权中的去权

少数民族传统社区的强参与层次是指居民积极且全面参与旅游发展，同时有能力开发民宿、商业、餐饮等多种服务形态满足游客的消费需求，成为旅游产业链上不可缺少的一环，并且在一定程度上还成为社区旅游品牌的组成部分。[②]在参与旅游发展过程中，社区居民的生产生活方式也随之发生较大改变。随着国内旅游市场快速增长，旅游大众化和民族旅游的兴起，使稻城亚丁迎来良好的发展契机，越来越多的社区居民积极参与旅游活动，甚至完全改变习以为常的工作生活

[①] 尽管有些牧民家庭拥有数十头牦牛或上百头绵羊，按市价计算是一笔巨额财富。但这是他们唯一的生产资料和生活来源，如同土地对于农民而言是最基本的生产资料，牧民每年秋季宰杀或售卖的数量取决于当年牲畜的产仔量，以便维持家庭生活与牧群数量的平衡。除了盛产虫草的部分区域外，如西藏昌都地区，其他地区的大多数牧民现金收入十分有限，这种现象可称之为"货币化贫困"。

[②] 孙九霞：《传承与变迁——旅游中的族群与文化》，北京：商务印书馆，2012年，第247页。

形态，全身心投入旅游接待服务，从而获取了丰厚利益，进一步得到经济增权。然而，随着参与旅游的程度不断加深，他们又面临新的问题和困惑，被访者中的雪狼、罗追和益西达瓦是其中的代表。

罗追以前是一名货车司机，从山里往外拉木料，后来退耕还林不准砍伐木材，没有货源只好卖掉货车改做生意，从事了3年虫草和松茸贩卖。2005年看见亚丁旅游市场不错，买了台面包车又开始旅游客运，后来又花9万元买了台桑塔纳出租车。罗追在访谈中说："来稻城亚丁的游客使我们的收入大大增加，我在县城买了一套90多平方米的房子……还增加了我们和人打交道的能力。但旅游也有不好的地方，民风被破坏了，以前我们藏族人是很豪爽好客的，客人到家里做客，都要拿出最好的东西招待，而且不要钱，但游客来了会给钱，慢慢地现在大家都越来越看重钱，变得越来越计较利益了。"

雪狼原本是稻城县地税局职工，2000年在稻城最早开设了名为"亚丁人社区"的青年旅馆，在互联网亚丁旅游论坛小有名气，2005年雪狼享受民族地区工龄满25年退休的当地政策，从单位退休全职经营旅馆。他说："旅游开发对地方影响非常大，大家越来越商业化，虽然整体收入提高了，但以前淳朴自然的生活方式被改变了，人与人的攀比心理增强了，比如盖房子，越建越大，你修10柱的，我就要修20柱的……年轻一代对藏传佛教的信仰减弱了，民族文化的传承出现危机，许多藏族神话、故事都失传了。"

益西达瓦2002年在政府鼓励下，使用自家的藏式民居接待游客，2009年按照传统藏式建筑风格对房屋装修一新，原本希望能够吸引更多游客，结果事与愿违。"开始还有些人，现在来住的人越来越少。游客对住宿条件要求很高，要有卫生间等，藏式房屋无法满足要求，大家对藏族文化并没有太大兴趣……思想的改变是一步步的，本来我们很好客，对客人很好，但有的客人认为你对我那么好是不是有啥企图，还不如我给你钱，大家两清，我心里也踏实些。这样慢慢地大家由不知道怎么赚钱，变为挖空心思去赚钱了。"

经历了弱参与层次的多方面增权，进入强参与层次后亚丁社区居民在持续获益的同时，逐步感受到旅游带来负效益，即增权中的去权危机。罗追、雪狼和益西达瓦等社区精英居民首先感到强烈的社会去权，"越来越计较利益""攀比心理增强""神话、故事都失传了"表现出他们对社区现实的不满和忧虑。少数民族传统社区居民在弱参与层次尝到旅游开发的甜头，经过一段时期适应，逐步将旅游视为日常生活的组成部分，然而，这种变化却是亚丁历史上前所未有的巨大改变。一个不到200人的社区，每年有成千上万来自全国乃至世界各地的游客带来各种各样的文化和价值观，一个缺乏传统文化保护和调适机制的社区，如何能承受这样持续不断的外来文化冲击，在这种背景下部分居民思想观念变化也就不难理解。

在强参与层次，通过旅游发展获益的社区居民出现了分化。罗追、雪狼等善于把握商机的人继续发展，积累更多的个人财富和声望，成为新的社区精英和意见领袖，获得与传统社区家族体制下非正式领导者相似的话语权和影响力，改变了少数民族传统社区原有的民间非正式权力承传格局。与此同时，早期获益但由于各种原因导致后续发展迟缓甚至亏损的居民也不断出现，他们从旅游增权转为去权状态，益西达瓦就是一个典型例子。2008年汶川地震导致游客断崖式下降。达瓦认为过不了多久游客还会再来，于是耗费十多万元将房屋重新装修。他的纯藏式风格民居具有浓郁的民族风味，但与雪狼有独立卫生间、24小时热水供应的现代化旅馆相比，只能博取游客的喝彩，却没法吸引更多游客的住宿。达瓦到九寨沟考察后，花大力气平整出屋前广场用于藏式篝火歌舞晚会，也因亚丁地处高原空气稀薄而无人问津。出乎预料的投资失败让达瓦非常失望，以致得出"大家对藏族文化并没有太大兴趣"的结论。达瓦的计划看上去具有合理性，但他忽视了一点，事实上，不少旅游者期望以一种"在家里"的状态去完成"离开家"的神圣旅游，也就是说他们希望既能体验到与熟悉环境完全不同的民族文化场景，同时又能保持自己所熟悉的生活习惯。

综上所述，少数民族传统社区参与旅游及其增权路径具有自身的特殊性。少数民族传统社区参与旅游过程中居民的增权路径不是一个线性发展的过程，而是根据参与层次的不同，增权与去权会呈现出动态变化，形成相互交替的复杂形态。并且，类似稻城亚丁这样尚处于旅游发展初级阶段的社区，参与旅游引致的增权不会同时作用于个人、集体和社区三个层面，而是主要表现为个人层面上的增权。随着旅游产业的发展，当越来越多的社区居民因旅游活动而改变原有生产生活方式，逐步深度参与旅游时，增权效应会从个人层面扩展到集体和社区层面。少数民族传统社区无参与层次导致的居民无权和去权，在一定程度上会引发社区居民对旅游活动的抵触情绪。因此，民族地区进行的旅游开发活动，应通过政策引导或商业合作等方式，积极鼓励少数民族传统社区居民参与旅游，尽快摆脱无参与层次带来的无权和去权状态。在社区弱参与层次，旅游活动对居民原有的生产生活方式影响不大，社区居民视旅游为日常生活中能带来额外收益的附加项目，因此旅游增权显得较为突出。在社区弱参与层次，可通过信息增权和教育增权手段，为参与旅游的社区居民提供有效信息和教育培训，帮助他们更好地应对旅游，从中获取更大收益。在少数民族传统社区强参与层次，居民在增权的同时出现去权危机，尤其是旅游经济发展引致的外来价值观冲击，使本民族传统文化受到严峻的影响和挑战。在这一层次，可通过制度增权和文化增权手段，一方面以制度形式保障社区居民获取稳定的旅游收益，另一方面通过文化手段，加强居民对本民族的文化自信和文化自觉，使社区既能有效发展旅游商品经济，提高居民生活水平，又能保护和传承本民族文化，维持民族地区的可持续发展。

第三节　少数民族传统社区居民旅游影响感知实证分析

一、居民旅游影响感知的研究背景及假设

（一）旅游发展状况

地处西部边陲的西藏自治区是我国最大的藏族聚居区，地域广阔、自然资源丰富，具有独特的民族文化和风俗习惯。西藏地处青藏高原，受到高海拔、恶劣气候、缺氧等自然条件的限制，农牧民的生产条件相对较差。但西藏自然旅游资源丰富、独特性强，旅游开发具有巨大的潜力，在决胜全面建成小康社会的攻坚期，旅游产业精准脱贫成为政府反贫困促发展的有效手段。西藏自治区将旅游业定位为全区的战略性先导产业，强调旅游顶层设计规划以全域旅游为发展理念，以畅游西藏为目标导向，着力打造"重要的世界旅游目的地"和"地球第三极"。一方面，不断创新旅游体制机制，加快旅游基础设施和配套设施建设，提升旅游开放水平与服务质量和标准。另一方面，加强旅游产品宣传推广，推动国内大型旅游企业扩大在藏分支机构覆盖范围，加快推进旅游文化产业发展，推进旅游与民族特色文化深度融合。党的十八大以来，西藏自治区大规模实施旅游产业开发，将旅游业发展与美丽乡村建设、少数民族传统社区精准脱贫、全面建设小康社会与乡村振兴紧密联系，取得了良好的效果。2013年至2019年，全区累计接待国内外游客1.709亿人次，实现旅游总收入2378.4亿元。2019年，全区接待国内外旅游者4012万人次，旅游总收入559亿元，分别是2013年的3.1倍和3.3倍。西藏接待旅游人数与旅游收入呈现出稳定增长的趋势，旅游业规模扩张速度快、产业体系日益完善，基础设施逐步改善，旅游文化深度融合发展得到显著提升，旅游国际化、开放化水平不断提高，旅游业在促进西藏经济社会发展，实现旅游惠民富民方面发挥了重要作用。

拉萨市是西藏自治区的首府，作为西藏的政治、经济与文化中心，拉萨是西藏旅游的重要目的地和集散地，游客接待量和旅游收入分别占全区游客接待量和旅游收入的60%和56%。这里不仅有布达拉宫、大昭寺、小昭寺、清政府驻藏大臣衙门旧址等著名建筑旅游景点，而且还有藏戏、锅庄，以及"雪顿节"等特色鲜明的民族文化体验活动，吸引了众多国内外游客。2013年至2019年，拉萨市累计接待国内外游客1.185亿人次，实现旅游总收入1393.6亿元。在西藏自治区发展规划指导下，拉萨市政府以打造具有雪域高原和民族特色的国际旅游城市为目标，重点规划和建设雪山湖泊、湿地温泉、田园风光、民俗文化四大旅游片区，加大旅游资源开发力度，深度推进景区的保护开发工作。积极推动文化产业发展，促进文旅融合，尤其是着力打造文化旅游特色产业，建设思金拉措、琼穆岗嘎等一批代表性景区，加大乡村旅游资源的开发力度，实施冬游拉萨等振兴旅游发展计划。为了推进拉萨市乡村旅游业的发展，拉萨市还积极推动农牧区农家乐、藏家乐、度假休闲点和精品民宿为代表的乡村旅游产品和项目，促使农牧区旅游经济发展在增加农牧民就业、促进农牧民增收方面发挥重要作用，成为精准脱贫的重要方式。研究表明，旅游总收入与农牧民人均纯收入之间存在内在的稳定关系，随着西藏旅游热的兴起，西藏旅游业实现了跨越式发展，农牧民积极主动参与旅游开发，将进一步促进旅游业发展和农牧民增收。[1]

旅游业的发展与当地居民的生活紧密相关，大量外来资本及游客的涌入，势必会对当地的环境、社会、文化等产生极大冲击和影响。政府、企业在旅游开发过程中，更多关注资源、渠道、资金等外在因素，而对旅游目的地社区居民的态

---

[1] 图登克珠：《西藏旅游扶贫与农牧民增收问题研究》，《西藏大学学报》2017年第1期，第134—138页。

度观念重视的程度还不够。当前，我国已进入中国特色社会主义新时代，人民日益增长的美好生活需要和不平衡不充分的发展之间的矛盾成为新的社会主要矛盾，以经济建设为中心进一步转变为以人民为中心。以经济建设为中心解决的是发展动力和物质基础问题，以人民为中心解决的则是发展目的和价值指引问题，以精准践行中国共产党全心全意为人民服务的根本宗旨。党的二十大报告提出，我们深入贯彻以人民为中心的发展思想，在幼有所育、学有所教、劳有所得、病有所医、老有所养、住有所居、弱有所扶上持续用力，建成世界上规模最大的教育体系、社会保障体系、医疗卫生体系，人民群众获得感、幸福感、安全感更加充实、更有保障、更可持续，共同富裕取得新成效。

因此，在民族地区的旅游产业发展中必须贯彻以人民为中心的发展思想，充分了解目的地社区居民对旅游发展的认知态度，作为制定旅游产业发展规划、设计旅游开发路径的有效参考。此外，少数民族传统社区居民及其所承载的生活方式、文化习俗等都是旅游吸引物的重要组成部分，藏民族世代居住在青藏高原，形成了自身独特的文化理念和行为习惯，他们对本民族文化有着深厚的情感，对少数民族传统社区有着强烈的依恋，对生存环境有着天然的尊崇。[1]旅游业的发展只有与少数民族传统社区文化相得益彰、相互促进，才能得到社区居民的认可与支持，旅游业才能真正得以可持续发展。

(二) 研究假设

(1) 居民认同感与旅游发展意愿

认同理论基于个体认知和社会机制之间的交互关系解释个体社会行为，将参与者的个体特征和地方性社会结构联系起来。认同是自我意识的产物，是个人或群体在感情上、心理上趋同的过程，它来源于某人或某个群体对不同于他人或其他群体的地方的意识。[2]源于地方性文化情境和个人情感特质的"认同感"，是促使居民参与社区事务的原动力。旅游领域关于"认同"的探讨主要依托心理学和社会学基础，形成了包含民族、社会、地方（环境）、政治，以及自我认同的理论框架。[3]

---

[1] 颜玉凡、叶南客：《认同与参与——城市居民的社区公共文化生活逻辑研究》，《社会学研究》2019年第2期，第147—170、245页。
[2] Raymond W., *Culture and Society*. London: Penguin, 1966, pp. 58-69.
[3] 余向洋、吴东方、朱国兴、李德明：《旅游视域下的认同研究——基于文献综述的视角》，《人文地理》2015年第2期，第15—22页。

根据文献梳理并结合农牧区实地调研，本研究将农牧区居民认同感分为民族、文化、社区、环境四个维度。民族认同是指个体对本民族的态度、信念以及对其民族身份的承认，且这种群体水平上的认同一般由群体认识、群体态度、群体行为和群体归属感等基本要素构成，普遍存在的旅游活动对民族内部认同的形成发挥了强化作用[1]，民族身份使族群中的个体产生较为一致的认同，最终形成民族认同。产生于族群生产生活及适应环境的各种活动之中的文化认同，是个体自觉接受某种文化的态度和行为，并将价值体系与行为规范不断进行自我内化的过程。[2]文化是认同的基础，它使"自我"概念在有意义的对话中与其他认同成分相适相容。少数民族地区的旅游活动对族群边界的保持、转化和重建具有重要作用，居民对特定社区的强烈认同感不仅塑造了与社区的心理纽带，还会以社区的名义来确认和维护自我形象。[3]通过旅游形成的社区自主参与机制能够强化其特殊的族群身份。[4]居民的社区认同感越强，支持旅游发展的意愿可能也会越强烈。环境认同是居民与环境相联系的自我特征意义，对居民的环境行为产生直接影响，通过环境态度间接影响现实环境。[5]已有研究发现，边缘型地区旅游地居民拥有较高的环境认同度，以相对谨慎的态度对待旅游开发，他们的旅游支持取决于对旅游积极影响的感知状况。[6]环境认同具有建构作用[7]，居民的环境认同越强，对环境的态度越趋于积极。[8]据此，提出如下假设：

H1 居民认同感对旅游发展意愿有正向影响

H1a 民族认同正向影响旅游发展意愿

---

[1] Jamison D., "Tourism and Ethnic: The Brotherhood Coconuts", *Annals of Tourism Research*, 1999, 26(4), pp. 944-967.

[2] 〔英〕特瑞·伊格尔顿著，方杰译：《文化的观念（全球文化系列）》，南京：南京大学出版社，2006年。

[3] 胥兴安、孙凤芝、王立磊：《居民感知公平对社区参与旅游发展的影响研究——基于社区认同的视角》，《中国人口·资源与环境》2015第12期，第113—120页。

[4] 薛熙明、叶文：《旅游影响下滇西北民族社区传统生态文化变迁机制研究》，《贵州民族研究》2011年第5期，第108—113页。

[5] Stets J. E., Biga C. F., "Bringing Identity Theory Into Environmental Sociology", *Sociological Theory*, 2003, 21(4), pp. 398-423.

[6] 路幸福、陆林：《边缘型地区旅游发展的居民环境认同与旅游支持——以泸沽湖景区为例》，《地理科学》2015年第11期，第1404—1411页。

[7] 陆邵明：《上海古典园林诗意生成的机制——以古漪园为例》，《上海交通大学学报（农业科学版）》2011年第6期，第73—80页。

[8] McCool S. F., "Tourism in the Northern Rockies: Preserving the Product, Protecting the Future", *Western Wildlands*, 1992, 18(3), pp. 4-8.

H1b 文化认同正向影响旅游发展意愿

H1c 社区认同正向影响旅游发展意愿

H1d 环境认同正向影响旅游发展意愿

(2) 居民认同感与社区依恋、社区参与

社区依恋的定义主要是围绕居民、社区以及两者之间的关系而展开的，它是居民对社区的一种亲密感和义务关系，这其中还包含了经济关系及社会关系[1]，代表着居民对社区的接受程度和归属感。[2]已有研究证实社区依恋受到民族文化原真性、文化认同、文化体验、社会连接、社区参与、自然环境和开放空间等因素的影响。[3]一般而言，具有丰富文化旅游资源的民族旅游目的地往往更能吸引那些认同当地文化的旅游者，这些地方也通常作为某种文化的载体而成为该文化的象征和代表，无论是旅游者还是当地居民会更容易对该地产生依恋感和归属感。从社会学的角度，社区认同体现了居民对社区的一种特殊情感，居住在同一社区的居民基于生活和发展的需要互帮互助，最终形成心理上的依恋和归属感。[4]并且，社区居民的情感联系越紧密，参与社区活动的积极性越高，越能有效提高居民对社区的依恋感。人与人的关系如此，人与环境的关系亦是如此，社区居民关心并热爱身边的环境，倾向于主动参与环保行动，从而培养更强的社区依恋感。[5]据此，提出如下假设：

H2 居民认同感对社区依恋有正向影响

H2a 民族认同正向影响社区依恋

H2b 文化认同正向影响社区依恋

H2c 社区认同正向影响社区依恋

H2d 环境认同正向影响社区依恋

---

[1] Sundblad D. R., Sapp S. G., "The Persistence of Neighboring as A Determinant of Community Attachment: A Community Field Perspective", *Rural Sociology*, 2011, 76(4), pp. 511-534.

[2] Matarrita-cascante D., Luloff A. E., "Profiling Participative Residents in Western Communities", *Rural Sociology*, 2008, 73(1), pp. 44-61.

[3] Kim J., Kaplan R., "Physical and Psychological Factors in Sense of Community New Urbanist Kentlands and Nearby Orchard Village", *Environment and Behavior*, 2004, 36(3), pp. 313-340.

[4] 王潇、焦爱英：《"村改社区"居民主观幸福感、社区认同与社区参与关系的实证研究》，《兰州学刊》2014年第11期，第71—80页。

[5] Ramkissoon H., Smith L. D., Weiler B., "Testing the Dimensionality of Place Attachment and Its Relationships with Place Satisfaction and Pro-environmental Behaviours: A Structural Equation Modelling Approach", *Tourism Management*, 2013, 36, pp. 552-566.

20世纪60年代末，阿恩斯坦（Arnstein）指出，社区参与是实现权力再分配的途径，能够使社会合理公平地获益并承担成本。[1]社区参与旅游发展主要体现在参与发展决策和旅游收益分配两方面，[2]前者是实现社区参与的关键过程和保障程序，后者是激励社区居民参与旅游发展的重要动因。纽尼（Nunkoo）等运用社会交换理论和社会认同理论，从性别认同、职业认同、环境认同等维度，检验了旅游业的社区支持结构，结果表明居民的认同与支持旅游业发展态度之间具有直接联系。[3]认同是居民在公共文化生活中归属感的体现，是实现自身价值和推动持续参与的重要动力机制。社区认同是居民对社区认可程度以及居民与社区间情感联结强度的体现，它是驱使社区居民参与社区各项事务的原动力，因此社区认同被认为是社区参与的前提。居民对于社区群体的认同感越高，其参与组织活动的动力就会越强。据此，提出如下假设：

H3 居民认同感对社区参与有正向影响

H3a 民族认同正向影响社区参与

H3b 文化认同正向影响社区参与

H3c 社区认同正向影响社区参与

H3d 环境认同正向影响社区参与

（3）社区依恋、社区参与和旅游发展意愿

认同理论认为社区依恋属于个人价值系统范畴，它描述了居民参与并融入社区的程度和方式，是影响居民支持旅游开发最稳定、最重要的因素。旅游领域的研究证实，旅游地居民的地方依恋对旅游发展支持度有显著的正向影响。并且，居民对社区的依恋程度不同，其旅游发展意愿存在差异[4]，社区依恋正向调节消极旅游影响感知与支持旅游开发的负向关系。[5]依恋程度高的居民倾向于负面评价旅游开发带来的影响，因而对支持旅游发展的意愿较低；而依恋程度低的居民则乐

---

[1] Arnstein S. R., "A Ladder of Citizen Participation", *Journal of the American Institute of Planners*, 1969, 35(4), pp. 216-224.

[2] Tosun C., "Limits to Community Participation in the Tourism Development Process in Developing Countries", *Tourism Management*, 2000, 21(6), pp. 613-633.

[3] Nunkoo R. and Gursoy D., "Residents' Support for Tourism: An Identity Perspective", *Annals of Tourism Research*, 2012, 39(1), pp. 243-268.

[4] Um S., Crompton J. L., "Measuring Residents' Attachment Levels in a Host Community", *Journal of Travel Research*, 1987, 26(1), pp. 27-29.

[5] 郭安禧、郭英之、李海军、姜红：《居民旅游影响感知对支持旅游开发的影响——生活质量和社区依恋的作用》，《经济管理》2018年第2期，第162—175页。

见旅游发展带来的变化,从而积极支持旅游开发。[1]

社区参与的核心是社区每一位居民都有权利和机会决策、执行社区事务,谋求社区利益。[2]社区参与的主体并非只有政府和非政府组织,还包含社区居民,它反映了居民对社区发展承担的责任。[3]社区参与在一定程度上不仅彰显了居民的主体意识和权利,同时还充分吸收了居民的意见和建议,确保旅游发展的可持续性,形成旅游开发与社区发展的良性互促。据此,提出如下假设:

H4 社区依恋对旅游发展意愿有正向影响

H5 社区参与对旅游发展意愿有正向影响

综上,研究模型如图3-1所示:

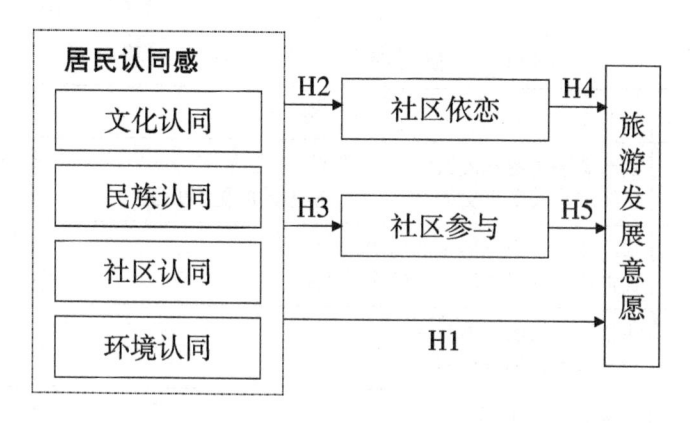

图3-1 研究模型

二、居民旅游影响感知研究设计与数据收集

(一)量表开发

量表分为两部分,第一部分为被访者基本信息调查,包括被访者的性别、年龄、政治面貌、宗教信仰、受教育水平等人口统计特征。第二部分为正式量表,测量被访者居民认同感、参与社区旅游发展的程度、对社区依恋的程度以及参与旅游发展的意愿。

测量变量主要借鉴国内外文献的成熟量表,并结合研究实际对问项进行了优

---

[1] Deccio C. and Baloglu S., "Garfield County Resident Perceptions of the 2002 Winter Olympics: The Spillover Effects", *Journal of Travel Research*, 2002, (1), pp. 45-56.
[2] 于燕燕:《社区自治与政府职能转变》,北京:中国社会出版社,2005年。
[3] 徐永祥:《社区发展论》,上海:华东理工大学出版社,2001年,第27—31页。

化,如表3-1所示。民族认同包括"我愿意去了解本民族的历史、传统、习俗""我经常与其他人交流,学习关于本民族的更多知识",文化认同包括"本民族具有十分悠久的历史""我很尊重本民族历史上的重要人物",社区认同包括"我认识本村的其他村民""我喜欢本村的其他村民",环境认同包括"我很关心自然环境""我对自然环境充满了感情",社区依恋包括"我经常与本村的村民相互联系""我与本村大部分村民具有相似的生活习惯",社区参与包括"我认为本村的村民愿意参与旅游发展""我认为本村的村民能够及时了解旅游发展的信息"等,旅游发展意愿包括"我愿意到景区和旅游企业工作""我支持本村发展旅游"等。

表3-1 调查问卷题项设计和参考来源

潜变量	测量变量	题项来源
民族认同	我愿意去了解本民族的历史、传统、习俗等 我经常与其他人交流,学习关于本民族的更多知识	Phinney, J. S. (2007)
文化认同	本民族具有十分悠久的历史 我很尊重本民族历史上的重要人物	He (2015)
社区认同	我认识本村的其他村民 我喜欢本村的其他村民	Ellemers (1999)
环境认同	我很关心自然环境 我对自然环境充满了感情	Nunkoo (2012)
社区依恋	我经常与本村的村民相互联系 我与本村大部分村民具有相似的生活习惯	Buta (2014)
社区参与	我认为本村的村民愿意参与旅游发展 我认为本村的村民能够及时了解旅游发展的信息 我认为本村的村民有能力参与旅游发展的相关活动	Tosun (2016)
旅游发展意愿	我愿意到景区和旅游企业工作 我愿意自主经营一些旅游接待项目 我支持本村发展旅游 我认为旅游开发能够促进本村的全面发展 我认为旅游开发对本村经济发展具有重要作用 我对本村未来的旅游开发前景充满信心	黄国庆 (2012)

由于西藏农牧区大多地处偏远,农牧民普通话程度普遍不高,日常用语主要为藏语,故不仅将量表全部翻译为藏文,而且为降低被调查者的辨识难度,采用

Likert 3点量表测量。数据处理采用 SPSS 26.0 和 Amos 24.0 软件。

（二）数据收集

课题组在西藏拉萨墨竹工卡县、林周县、堆龙德庆区、达孜区、尼木县抽样发放780份问卷，回收问卷692份，同时对回收的问卷进行数据预处理，剔除与本研究直接相关变量数据全部缺失和样本标准差为0的两个受访家庭，有效样本690份，问卷有效率为88.46%。有效样本中男性占46.2%，女性占53.8%。76.5%的居民政治面貌均属于群众。20世纪90年代及其以后的居民占比很少，仅有6.6%。93.4%的居民年龄处于20世纪50年代到20世纪90年代之间。从受教育程度上来看，40.2%的居民属于文盲，没有上过学，44.6%的居民虽然上过学，但只有小学水平，可见整体受教育程度普遍较低，如表3-2所示。

表3-2 人口统计特征

参数类别	样本特征	频率	百分比%
性别	男	319	46.2
	女	371	53.8
政治面貌	共青团员	21	3.0
	民主党派	2	0.3
	群众	528	76.5
	中共党员	139	20.1
年龄	20世纪50年代及以前	155	22.5
	20世纪60年代	182	26.4
	20世纪70年代	175	25.4
	20世纪80年代	132	19.1
	20世纪90年代及以后	46	6.6
受教育程度	没上过学	277	40.2
	小学	308	44.6
	初中	66	9.6
	高中	11	1.6
	中专/职高	2	0.3
	大专/高职	5	0.7
	大学本科	9	1.3
	其他	12	1.7

续表

参数类别	样本特征	频率	百分比%
宗教信仰	佛教	625	90.6
	无信仰宗教	61	8.8
	其他宗教信仰	4	0.6

三、居民旅游影响感知研究实证分析与结论

（一）测量模型

在检验结构方程模型之前先进行了验证性因素分析，重点对测量问卷的信度和效度进行分析。表3-3显示量表的Cronbach α=0.730，明显高于可接受的最小临界值0.7，表明该量表具有较好的信度；各变量的组合信度值（CR）均大于0.4的最小临界值，表明各变量的组合信度能够接受。

如表3-3所示，各变量题项的因子载荷量在显著性水平$p<0.05$的情况下均大于1.96，表明各变量具有良好的聚合效度证据。

表3-3　信度检验

潜在变量	题项	因子载荷	Estimate	t值	P	组合信度(CR)	Cronbach α
民族认同	Ha01	0.62	1.105	9.113	***	0.581	0.730
	Ha02	0.66	1.000				
文化认同	Hb01	0.65	1.371	5.790	***	0.474	
	Hb02	0.46	1.000				
社区认同	Hc02	0.56	2.418	4.794	***	0.420	
	Hc03	0.47	1.000				
环境认同	Hd02	0.59	1.192	2.291	*	0.452	
	Hd03	0.49	1.000				
社区依恋	He01	0.69	1.000			0.418	
	He02	0.32	0.373	4.507	***		
社区参与	Hf01	0.54	0.794	8.802	***	0.548	
	Hf02	0.53	1.120	8.695	***		
	Hf03	0.54	1.000				

续表

潜在变量	题项	因子载荷	Estimate	t值	P	组合信度(CR)	Cronbach α
旅游发展意愿	Hg01	0.66	1.000			0.684	
	Hg02	0.56	0.904	11.017	***		
	Hg03	0.52	0.465	10.474	***		
	Hg04	0.46	0.438	9.572	***		
	Hg05	0.37	0.299	7.806	***		
	Hg06	0.51	0.442	10.302	***		

注：***P<0.001，**p<0.01，*p<0.05。

如表3-4所示，Bartlett球形检验的统计量为1826.115，显著性概率为0.000，量表通过球形检验，KMO值为0.76，表明各变量具有较好的结构效度。

表3-4 效度检验

KMO取样适切性量数		.760
巴特利特球形度检验	卡方值	1826.115
	自由度	171
	显著性	.000

（二）共同方法偏差检验

通过Harman单因素检测对量表题项进行因子分析，取特征根大于1的公因子共计6个，其中最大方差贡献率为17.814%，低于临界值40%，表明共同方法偏差对本研究影响不大。

表3-5 Harman单因素检测

成分	初始特征值		
	总计	方差百分比	累积 %
1	3.385	17.814	17.814
2	1.854	9.758	27.571
3	1.438	7.570	35.142
4	1.280	6.738	41.879
5	1.130	5.948	47.827
6	1.050	5.528	53.356
7	0.976	5.137	
8	0.911	4.795	

（三）数据分析与检验

（1）假设检验

各变量的平均值、标准差和各变量间的相关系数如表3-6所示。社区参与同民族认同（r=0.235，p<0.001）、文化认同（r=0.133，p<0.001）、社区认同（r=0.281，p<0.001）显著正相关，与环境认同（r=0.055，p>0.05）系数为正但不显著，社区依恋与民族认同（r=0.240，p<0.001）、文化认同（r=0.089，p<0.05）、社区认同（r=0.115，p<0.05）、环境认同（r=0.089，p<0.05）显著正相关，旅游发展意愿与民族认同（r=0.170，p<0.001）、文化认同（r=0.095，p<0.05）、社区认同（r=0.123，p<0.05）、环境认同（r=0.150，p<0.001）、社区参与（r=0.193，p<0.001），社区依恋（r=0.453，p<0.001）显著正相关。结果与理论预期的关系相符合。

表3-6 均值、标准差和相关系数

变量	均值	标准差	社区参与	社区依恋	旅游发展意愿
民族认同	2.886	0.319	0.235***	0.240***	0.170***
文化认同	2.921	0.248	0.133***	0.089**	0.095**
社区认同	2.864	0.287	0.281***	0.115***	0.123***
环境认同	2.986	0.096	0.055	0.089**	0.150***
社区参与	2.915	0.471	1		0.193***
社区依恋	2.579	0.248		1	0.453***
旅游发展意愿	2.801	0.311			1

注：***P<0.001，**p<0.01，*p<0.05。

通过极大似然法检验，分析模型的路径系数及显著性，如表3-7所示。民族认同、文化认同、社区认同和环境认同均对旅游发展意愿影响显著，H1得证。民族认同、文化认同、社区认同和环境认同对社区依恋影响显著，H2得证。民族认同、文化认同、社区认同对社区参与影响显著，H3a-c得证，环境认同对社区参与系数为正，但不显著，故H3d不得证。社区依恋和社区参与对旅游发展意愿影响显著，H4、H5得证。

表3-7 假设检验

假设	路径系数	T值	结论
H1a 民族认同→旅游发展意愿	0.165	4.534***	支持
H1b 文化认同→旅游发展意愿	0.119	2.502*	支持
H1c 社区认同→旅游发展意愿	0.134	3.264***	支持
H1d 环境认同→旅游发展意愿	0.486	3.987***	支持
H2a 民族认同→社区依恋	0.353	6.478***	支持
H2b 文化认同→社区依恋	0.170	2.356*	支持
H2c 社区认同→社区依恋	0.189	3.045**	支持
H2d 环境认同→社区依恋	0.439	2.355*	支持
H3a 民族认同→社区参与	0.182	6.333***	支持
H3b 文化认同→社区参与	0.133	3.519***	支持
H3c 社区认同→社区参与	0.243	7.698***	支持
H3d 环境认同→社区参与	0.142	1.447	不支持
H4 社区依恋→旅游发展意愿	0.298	13.320***	支持
H5 社区参与→旅游发展意愿	0.242	5.167***	支持

注：***P<0.001，**p<0.01，*p<0.05。

（2）中介效应

使用贝叶斯估计检验社区依恋和社区参与的中介效应，如表3-8所示，两条路径的95%置信区间均不包含0，表明社区依恋和社区参与在居民认同感与旅游发展意愿之间存在部分中介作用，分别占总效应的比值为20.9%和46.2%。

表3-8 中介效应检验

中介变量	路径	Effect	95%置信区间 LLCI	95%置信区间 ULCI	比例
社区依恋	居民认同感→旅游发展意愿	0.170	0.092	0.244	
	居民认同感→社区依恋→旅游发展意愿	0.045	0.018	0.071	20.9%
社区参与	居民认同感→旅游发展意愿	0.115	0.046	0.182	
	居民认同感→社区参与→旅游发展意愿	0.099	0.068	0.133	46.2%

（四）研究结论

（1）研究结论

第一，居民认同感、社区依恋、社区参与对旅游发展意愿具有积极影响。西藏农牧区旅游资源丰富，既有绮丽的自然风光，也有独特的人文风俗，让置身其间的游客能够产生强烈的身心体验。作为世代居住本地的农牧区居民在长期的共同生活中对本民族、文化，以及社区、环境等产生了深厚的认同感，这种根植于集体意识的认同感在游客、投资商、从业者等外来文化主体的积极刺激和反馈中得到进一步强化，从而实现了对自我身份的认同。社区依恋是由个体情感及行为而展现出被概念化为个体对于社区的认同与评价，包含了个体对社区的认知、偏好或判断，或是一种情绪或情感上的联结与归属。社区参与是公众参与社区治理与发展的形式，意味着居民对旅游社区责任的分担和成果共享。旅游开发显著改善了社区的基础设施状况，极大提升了交通、医疗、信息等社区服务能力和水平，加强了对社区具有强烈认同感和参与意识的居民满意程度。因此，农牧区居民的社区依恋和参与水平对旅游发展意愿具有直接影响。

第二，居民认同感对社区依恋和社区参与具有正向影响。社区依恋是居民与社区的情感联结，社区参与是居民与社区的行为互动，二者均反映了居民与社区的关系。因此，居民对社区的认同程度越高，在情感和行为上与社区的联系也越紧密。西藏农牧区居民的自我认同构建了与所在社区的心理归属感，促使其形成与社区一致的价值评判标准，并主动承担社区责任，以支持旅游开发、保护环境等行为促进社区经济社会的持续发展。实证检验中，环境认同对社区参与的影响不显著，可能是由于社区进行的旅游开发对生态环境造成了一定程度的影响和改变，这是部分社区居民不愿意看到的，从而对社区参与持保留态度。

第三，社区依恋、社区参与在居民认同感与旅游发展意愿之间具有中介作用。实证分析表明社区依恋具有部分中介效应，社区参与的中介效应大于社区依恋。西藏农牧区居民对所在社区的情感和责任意识是其认同感与旅游发展意愿的中间桥梁，激发了农牧区居民通过旅游开发实现自我与社区共同增权的美好期待。其中，农牧区居民对社区的责任意识和行动能力具有更强的认同感——行为意愿转化作用。

（2）研究启示

研究表明拉萨农牧区居民旅游影响感知的各结构要素对其旅游发展意愿有不同程度的影响，为了更好促进旅游业发展，使农牧区居民能够更积极支持并参与

到旅游发展活动中,可采取以下措施:

第一,注重保护民族特色,同时不断挖掘民族文化内涵,增强农牧区居民的文化认同。拉萨作为西藏自治区首府,拥有布达拉宫、罗布林卡、大昭寺、小昭寺、西藏博物馆等闻名遐迩的景区景点,还有热振寺、格日寺、扎叶巴寺、达东村等众多历史悠久、景色秀美但鲜为人知的小众文化和旅游资源,不仅吸引了藏传佛教文化爱好者,同时也成为游客朝圣之旅的打卡之处。在旅游开发过程中,要注重特色传统民族文化与风俗的保护,不断挖掘和丰富文化内涵,对其进行整合、继承与发扬,维系文化的本真性,增强农牧民的文化认同,使其对旅游发展持更加积极的态度。

第二,政府及旅游部门制定政策时应兼顾农牧区居民利益。政府及相关部门在制定旅游开发、管理政策时要充分考虑居民的利益,减少因旅游发展带来的负面影响。随着拉萨旅游的快速发展,旅游基础设施建设滞后,造成目的地居民对迅猛增长的旅游人口、交通堵塞、环境压力等负面影响产生消极的旅游影响感知,进而降低居民的旅游发展意愿。政府及相关部门应加强旅游基础设施建设,一方面改善交通设施、住宿条件、餐饮条件等,合理规划,尽可能降低旅游活动对本地居民的生产生活及生态环境的影响;另一方面,积极促进农牧民参与旅游就业,增加旅游收入,丰富文化休闲生活,提升其积极的旅游影响感知。

第三,提高农牧区居民参与旅游发展决策的程度以及发展旅游的个人能力。居民是旅游发展的主要利益相关体之一,其对旅游发展的态度直接影响目的地旅游发展的可持续性。拉萨市农牧区可以合作社为组织载体,积极探索"农牧区居民+合作社+政府+旅游公司"等多种模式,让农牧区居民及时了解政府旅游开发规划及政策等信息,选择有效的方式参与旅游。通过各类旅游开发合作模式,为农牧区居民参与旅游提供资金、技术、信息等方面的支持。同时,政府或旅游企业可采取针对性的就业技能培训,因地制宜、因人制宜地开展精准帮扶,增强农牧区居民的旅游服务意识、农副特产品的生产能力以及旅游接待能力等,使更多的农牧区居民有能力参与旅游发展,并从旅游开发中获得经济、文化、社会等多重增权。

本章小结

社区参与是社区居民、社区组织直接或间接地参与社区发展与治理的行为及过程，以实现社区共建、共治与共享，参与旅游发展是社区参与的表现形态之一。社区参与旅游的实质是一种建立在发展目标、市场规则、共同利益与价值认同基础上的相关利益主体的分工合作。社区参与旅游常见的模式有"公司+农户""政府+公司+农户"、社区参与"轮流制"、股份制、政府主导的社区参与、企业主导的社区参与等多种模式。西部少数民族传统社区参与旅游发展，既能促进旅游产业的可持续发展，还能推动建立多元主体共建共治共享社区治理新格局，产生了积极的经济效应、文化效应、社会效应和环境效应。少数民族传统社区参与旅游发展的时空形态可分为三种类型，包括共时态强介入、历时态强介入，共时态弱介入、历时态弱介入，以及共时态强介入、历时态弱介入。社区参与旅游的不同的时空形态会对文化产生差异性影响，比如强—弱介入对文化产生螺旋型影响，弱—弱介入对文化产生离散型影响，强—强介入对文化产生聚集型影响。少数民族传统社区可以根据所处的时空形态和文化影响方式因地制宜、因时制宜采取保护发展措施。

由于信息不对称、能力技术有限、资源匮乏等因素，少数民族传统社区居民在旅游开发中常常处于弱势地位，在以人民为中心的思想指导下，旅游开发必须充分考虑社区居民的利益，为其带来增权效益。田野调查研究发现在少数民族传统社区参与旅游的不同层次，居民的增权过程具有差异性，是一个动态变化的过程，呈现出复杂交错的多种形态，具体表现为无参与层次：无权与去权；弱参与层次：去权到增权；强参与层次：增权中的去权。通过对少数民族传统社区居民的实证研究发现，社区参与、社区依恋、环境认同、文化认同及旅游发展能力对居民的旅游发展意愿有不同程度的正向影响，所以，提高少数民族传统社区居民的文化认同、环境认同、社区依恋，以及文化自觉意识与旅游发展并不矛盾，而是具有相辅相成的重要作用。当然，要从根本上提高少数民族传统社区居民参与旅游发展、保护社区文化的能动性，就必须使其从旅游发展中获得实实在在的全面增权，产生获得感和幸福感。

第四章 休戚与共：少数民族传统社区文化保护与经济社会协同发展

第一节 少数民族传统社区文化保护与经济社会发展的关系

旅游开发带来巨大经济效益，使其受到各个国家或地区的青睐，成为经济社会发展的有效路径。进入大众旅游时代后，全球旅游业发展速度十分惊人。根据世界旅游城市联合会（WTCF）和中国社会科学院旅游研究中心共同发布的《世界旅游经济趋势报告（2020）》统计数据显示，2019年世界旅游总人次（包括国际和国内）达到123.1亿人次，是全球总人口的1.6倍，同比增长4.6%，全球旅游总收入（包括国际和国内）达5.8万亿美元，约占全球GDP的6.7%。2019年我国旅游业对GDP的综合贡献为约占总量的11.05%，达到10.94万亿元。对大部分西部少数民族地区而言，旅游是第三产业发展的核心支柱。在旅游产业经济繁荣发展的背后，其所带来的社会、文化、生态问题也日益凸显。一方面，旅游发展为少数民族地区的经济增长注入了新的发展动力，带来了更多的就业机会，增加了居民收入，改善了区域基础设施等；另一方面，对旅游目的地的文化保护、社会治理等方面也产生了显著影响。纵观旅游发展背景下的文化保护与经济社会发展之间的关系研究，主要有冲突范式的对抗观与辩证视角的协同观，前者强调旅游开发对社会文化产生的负面效应，后者侧重于旅游对社会文化的促进效应。随着实践与研究的深入，两者的关系逐步从对抗发展转变为相互促进，进而走向协同，事实上，它们不是简单的二元单向关系，如果方法正确、措施得力，二者可以构成一种和谐互生、协同发展的关系。[①]

[①] 王京传、李天元：《世界遗产与旅游发展：冲突、调和、协同》，《旅游学刊》2012年第6期，第4—5页。

2018年4月，根据中央对政府机构改革的统一部署，原国家旅游局与文化部合并，成立了文化和旅游部，标志着在中国特色社会主义新时代背景下，文旅走向了深度融合之路，诗和远方走到了一起。秉承宜融则融，能融尽融，以文塑旅，以旅彰文的原则，共同打造高质量发展的新文旅产业。2021年6月，文化和旅游部发布的《"十四五"文化和旅游发展规划》明确提出，坚持把保护放在首位，推进文化遗产资源调查和系统性保护，在保护中发展、在发展中保护，发挥文化遗产在传承中华文化、铸牢中华民族共同体意识方面的重要作用，使文化遗产保护成果更多惠及人民群众。坚持把社会效益放在首位，实现社会效益和经济效益相统一。

一、冲突范式的影响观

早期对文化保护与社会经济之间的关系研究，主要集中在经济社会发展与文化保护的单向关系。持文化保护绝对论的学者认为旅游业固有的经济功利属性对文化保护具有天然破坏性，经济发展与文化保护之间存在反向关系。[1]景区景点一旦走上了开发的历程，在染上资本利益的同时，也会加速目的地社区文化的商业化进程，在这一进程中，传统民风民俗正在消失，传统社会结构被逐步瓦解，自然生态环境也会遭到不同程度的破坏。旅游者在与传统社区居民互动过程中，伴随着文化信息的交流，旅游者的文化价值观直接影响到目的地社区居民的文化价值观，一方面，为少数民族传统文化注入了新鲜血液，另一方面也在消解与同化少数民族传统社区文化的某些成分。[2]在某种程度上，这是人性中逐利本能的驱使，导致了经济利益最大化与文化保护之间的冲突。

（一）传统生产生活方式的消融

少数民族传统社区居民、外来旅游从业者、旅游者等各方利益主体有着各自的利益诉求。在这场利益角逐中，旅游业的快速发展使得越来越多的社区居民开始转向旅游业，或者逃离原有社区，加速了少数民族传统社区社会结构的解体，以及传统的生产生活方式、艺术形式、设计和生产技术等的消融。在旅游开发

---

[1] 田俊迁：《关于旅游开发中的少数民族传统文化保护问题——由喀什部分老城区被拆除引发的思考》，《西北民族研究》2005年第4期，第161—168页。
[2] 〔英〕斯蒂芬·威廉斯、〔美〕刘德龄著，张凌云译：《旅游地理学：地域、空间和体验的批判性解读（第三版）》，北京：商务印书馆，2018年，第143页。

前，社区具有相对稳定的社会结构，然而，随着参与旅游获得相对丰厚的收入，使得部分从事旅游业而富起来的社区居民，逐步抛弃并脱离原有的传统生产生活方式，形成一种介于传统与现代之间的新形态。

与此同时，旅游业也促使了部分传统社区的居民逃离社区，譬如丽江居民为了获取稳定的利益与安宁的生活，纷纷将自有房屋出租，"逃离古城"。丽江古城自1997年被列为世界文化遗产名录后，旅游业快速发展使得大量旅游移民开始涌入古城，或居住，或开客栈或经商，这些旅游移民取代了社区的原有居民，成为"新丽江人"，这对传统社区的社会文化造成了极大的影响。当地管理部门采取了相关措施对此现象加以抑制，比如收回古城内政府直管公房铺面的使用权和经营权，用于传统民族文化的保护以及对传统民族院落的恢复与修缮、政策扶持原有居民进行民族文化经营等。可是，依旧无法阻挡原有居民的退出与"新丽江人"的涌入。数据显示，自2003年以来，古城的核心区基本完成了新旧丽江人的"人口置换"。在社区旅游符号化不可逆转的背景下，新式的旅游移民逐渐取代原有居民成为古城居民的主体。大量原有居民的搬迁，使古城原有的纳西婚丧嫁娶等习俗几乎完全消失，现有的东巴传统婚礼，已演变成纯舞台化的表演。传统文化、传统生产生活方式的原始主体缺位，以及推动了古城商业繁荣的"新丽江人"，对少数民族传统社区文化的认同缺乏主观上的能动性，加速了传统生活方式的消融。

（二）传统价值观受到现代化冲击

文化合流理论认为，当两种或多种不期而遇的文化形态随时间的推移，彼此之间会因相互影响而变得更加相似，强势文化往往会影响并改变弱势文化。尤其是发达国家或地区的价值观会伴随着旅游活动进入欠发达国家或地区，影响目的地社区的价值观与行为。旅游者对目的地社区的消费行为与模式具有示范效应，尽管有时会起到积极作用，但大部分学者认为示范效应更具有破坏性。[1]一些研究表明，随着旅游的发展，目的地居民的核心价值观正在被侵蚀，拜物主义日趋盛行，传统的民风民俗面临着生存土壤的逐渐丧失。

社会交换理论认为个体明了自身与他人的社会交往中的收益代价，社会交往的双方主体都希望获取最大利益。当收益大于成本时，利益主体对旅游的参与会

---

[1] 〔英〕斯蒂芬·威廉斯、〔美〕刘德龄著，张凌云译：《旅游地理学：地域、空间和体验的批判性解读（第三版）》，北京：商务印书馆，2018年，第143页。

表现得更加积极，并对旅游所带来的不利影响表现出更高的忍耐性。[①]那些参与旅游并从中获取收益的社区居民更是自发掌握了"社会交换理论"的要领，"收益—成本—利润"的市场逻辑成为居民行为的导向。随着介入旅游的程度越来越深，原有的庄稼地被人为荒芜，因为从事旅游业的收入远远超过传统农业活动所带来的收益。传统社区的经济结构也随之发生巨变，部分居民依靠旅游业发家致富，成为社区新的经济精英，引发了原有社区阶层的分化。以参与旅游的程度为标准，社区居民分化为无参与、轻度参与、中度参与、完全参与等不同群体。没有能力以及条件的社区居民依旧从事传统农业生产，轻度与中度参与者将旅游接待作为其营生的组成部分。而完全参与者群体，几乎以旅游业为生。旺季在家从事旅游接待服务，小淡季的闲暇时间在县城度过，大淡季则在省会大城市度过，为其他社区居民树立了一种新的现代生产生活方式。在田野调查中有被访者谈到，自己利用冬天旅游淡季，放下所有接待业务，带着全家七口人到成都、昆明和海南三亚玩了十几天，在三亚时包租了一艘小游艇出海游玩，还玩了潜水。城乡一体化在休闲生活领域得到了充分体现，旅游精英阶层的示范效应比任何政策文件更有说服力，让越来越多的社区居民怀着美好的期待纷纷投入旅游接待服务，在传统生产生活基础上形成的社区价值观念也受到强烈冲击。

（三）心理失衡诱发反旅游情绪

詹姆斯·布扎德对英美旅游活动的研究中发现，反旅游可追溯到19世纪初旅游业本身的起源。[②]部分旅游者、旅行者、旅游作家等人士构成反旅游的主体，他们认为旅游活动是对目的地的破坏，只有在未开发的地方才能体验到原始的风光、原生态的民俗风情，因而，更愿意去追寻未开发的旅游处女地。此外，在旅游发展的进程中，部分社区原住民也成为反旅游的主体。旅游开发的最大受益者往往是当地政府、旅游开发商以及社区精英阶层，但旅游溢出的负面影响却需要全社区居民共同承担，过度的旅游发展，挤压了社区居民的日常生活空间，使得本应处于后台的私域空间被迫公开成为游客凝视的公域对象，而大量旅游者的涌入对社区居民的日常生活产生了诸多不便，引起旅游失权的居民心理失衡，由此

---

① 彭丽娟、徐红罡、刘畅：《基于社会交换理论的西递古村落私人空间转化机制研究》，《人文地理》2011年第5期，第29—33页。

② Mee C., "Che brutta invenzione il turismo!: Tourism and Anti-tourism in Current French and Italian Travel Writing", *Comparative Critical Studies*, 2007, 4(2), pp. 269-282.

激发反旅游的思想与行为。

2016年，西班牙旅游者数量突破了7560万人次的历史纪录，巴塞罗那自1992年成功举办奥运会以后，一跃成了西班牙东北部集艺术、文化、享乐为一体的大都会，跻身于欧洲仅次于英国伦敦和法国巴黎的第三大旅游城市，2017年涌入巴塞罗那的过夜旅游者高达3000万人次，本地居民不过163万人，游客人数超过本地居民人数的18倍。快速发展的旅游业让本地居民承受着巨大的生活代价，被迫与旅游者分享有限的公共资源和日渐拥挤的公共空间。在欧洲的另一座著名城市威尼斯，反旅游情绪也在社区居民中不断滋生。大量旅游者的到来，破坏了社区居民宁静的生活，威胁着传统的生活方式。威尼斯原住民从20世纪50年代的17.5万人下降到如今的5.5万人，不足历史人口的三分之一。然而，每年到访这个旅游名城的旅游者却超过2000万人次，旅游空间严重挤压着当地社区居民的生活空间，公共设施长期超负荷运作，历史古迹无法得以有效修缮，生态环境严重失衡。2017年7月，威尼斯爆发了大规模的反旅游抗议，喊出"威尼斯是一个城市，不是主题乐园"的口号。对此，政府发起了"享受、尊重威尼斯"运动，为管控旅游者的数量及行为颁布了系列法规，比如征收入城税、设置城区重要街道闸口以限制游客在特定时段的通行、禁止在距离历史遗迹较近的城市中心新开酒店、对游客在广场台阶和运河等景点的露天饮食行为处以高额罚款、禁止在街头身穿比基尼、禁止在圣马可广场喂鸽子等。尽管如此，旅游者从惯常环境进入了旅游活动的非惯常场域，与目的地社区居民的日常生活空间在地理上高度重合，使得昔日宁静祥和的街道和熟络小店渐渐从居民的视野中消失，取而代之的是喧闹与陌生的面孔。原住民的家越搬越远，曾经的近邻也被迫分离，留下的社区居民只能在有限的范围内，忍受旅游活动产生的喧嚣，努力维系着传统的日常生活空间。

（四）过度商业化引发文化失真及通胀压力

自20世纪90年代末伊始，旅游业的触角延伸到西部少数民族传统社区，这里良好的自然生态资源、悠久独特的传统文化，受到旅游者、开发商与当地政府的青睐。但是，部分旅游企业为迎合旅游者猎奇的需要，获取最大化的经济利益，往往将少数民族传统社区的文化精神意义置于不顾，根据商业化需要恣意改变传统艺术的表现形式，过度的商业化和舞台化破坏了传统文化原有的符号内涵，尤其是具有丰富意义的民俗节庆活动被割裂了与特定仪轨、时间、地点的关联，成为现代文化工业的规模化复制品。为了最大限度地将文化资源变现，面向大众市场的旅游工艺品制作机械化批量生产，质量低劣、粗制滥造，失去了传统的文化艺术形象和价值。部分因旅游活动而诞生的文化产品正在脱离传统文化，随着时间的推移，艺术表演的次数无限次增加，使原本庄重神圣的文化仪式感在表演者心中逐渐淡化，传统文化失去了原有的符号意义，转变为舞台的表演文化。[1]比如，原本在民间戏剧、节庆仪式上使用的斯里兰卡魔鬼舞蹈面具，在长期反复的商业化表演中丧失其本真意义，成为供游客消遣的娱乐表演活动。

与此同时，旅游业的快速发展直接或间接地抬高了目的地社区的物价与消费水平，使日常生活成本逐步提高。里奇（Ritchie）研究发现，物价会因旅游目的地社区的重要标志性事件而上涨[2]，吴学品等的实证研究也表明，旅游业正引起并推动当地的通货膨胀。[3]旅游者通常具有较高的消费能力与消费水平，对高消费有着较强的承受能力，但对社区居民，尤其是无法从旅游活动中直接受益的居民而言，却不得不承担上涨的房价、物价通胀、交通拥堵、流动人口增大等各种压力，旅游业的蓬勃发展无疑是一场噩梦般的叨扰。

二、辩证视角的促进观

尽管冲突范式在一定程度上客观反映出旅游与社会文化等领域的现实关系，但随着研究的深入，学者们逐步意识到旅游发展并不意味着社会文化的破坏，冲突范式将旅游发展与文化保护绝对对立，并没有全面地反映两者关系。事实表明，社区参与旅游发展有利于传统文化的保护，参与强度越强，文化保护的程度也越高。[4]文化一旦形成，就具有相对的稳定性，与此同时，文化的内外适应性也会随着时代和环境的变化呈现出动态发展的生命过程。因此，保护是动态发展中的保护，而不是要求文化绝对的一成不变。旅游业的发展，不仅带来了良好的经

---

[1] 邵志忠、杨通江：《人文生态旅游开发与西部乡村社会发展》，《广西民族研究》2004年第3期，第93—96页。
[2] Ritchie J. R. B., "Assessing the Impact of Hallmark Events: Conceptual and Research Issues", *Journal of Travel Research*, 1984, 23(1), pp. 2-11.
[3] 吴学品、李骏阳：《旅游业增长与通货膨胀的关系——来自海南岛的证据》，《旅游学刊》2012年第9期，第9—16页。
[4] 孙九霞：《社区参与旅游与族群文化保护：类型与逻辑关联》，《思想战线》2013年第3期，第97—102页。

济社会收益，也对传统社区的文化产生了积极的作用。

（一）提高社区居民生活质量

旅游带动了目的地公共基础设施如铁路、公路、机场、港口、电力、水利、医疗和通信设施等的投资，新建、扩建和完善了各类设施设备，一方面服务旅游者，另一方面也为本地居民的生产生活提供了便利，提高了目的地社区居民的生活质量。道路交通运输条件的改善，加强了城乡网络（空、水、铁路、公路）的联动效率，使得人员、物质、信息等的流动性极大提高，进而提升了本地区的综合竞争力和生活便利程度。诸如餐厅、酒店、酒吧、咖啡馆、零售场所，以及其他旅游相关企业，在为游客提供服务的同时，也惠及了目的地社区居民。尤其是全域旅游主客共享理念的提出，使得目的地公园绿地、艺术场馆、体育设施、休憩场所、公共文化空间等休闲旅游吸引物，不再区分游客或居民，成为满足人民日益增长的美好生活需要的普惠设施场所，显著提高了目的地社区的整体生活质量。

（二）妇女角色的转变与地位的提升

旅游业的发展为少数民族传统社区女性带来了家庭以外的工作机会，使女性的权利与社会经济地位得到了前所未有的提高。[1]受传统观念影响，西部少数民族传统社区普遍存在明显的性别角色观念，与男性相比，女性的自主权、决定权、经济权等权利处于弱势地位。按照传统的角色分工，女性分担着"女主内"这一角色，担负着养儿育女、赡养老人，打理家务的责任，在经济上往往依附于男性，类似"嫁汉，嫁汉，穿衣吃饭"的民间习语成为女性生活角色的直接反映。近年来，不断有研究表明，旅游显著提升了妇女的社会地位。如云南大理从事蜡染旅游制品的妇女的自主权较旅游开发之前更大[2]，旅游开发使得壮族妇女经济上更独立，从而摆脱了对男性的完全依赖，以往的生产生活方式以及社会地位得到了转变。壮族妇女通过参与旅游活动，得以不断改善自身的经济条件，在与外界的接触过程中，自身的能力与素质也不断得到提高。[3]农村妇女与乡村资源之间的分配关系因旅游发展而重构，传统的权利与责任的社会性别也因旅游发展而发生

---

[1] Kinnaird V., Hall D. R., "Tourism: A Gender Analysis". *Economic Geography*, 1994, 72(1), p. 2.
[2] Ateljevic I., Doorne S., "Culture, Economy and Tourism Commodities-social Relations of Production and Consumption", *Tourist Studies*, 2003, 3(2), pp. 123-141.
[3] 吴忠军、贾巧云、张瑾：《民族旅游开发与壮族妇女发展——以桂林龙脊梯田景区为例》，《广西民族大学学报（哲学社会科学版）》2008年第6期，第99—104页。

了再次分配。产业结构的变化与社会性别再分配的变迁，推动着妇女角色与地位的变迁，为其自我发展提供了有利条件。[1]通过旅游业的发展，少数民族传统社区的女性在一定程度上摆脱了传统家庭主妇的角色，从家庭走向充满挑战的社会发展空间，成为社区参与旅游的主角，同时也有机会成为新的社区精英。

（三）增加社区居民就业机会

旅游消费贯穿了餐饮、住宿、交通、游览、购物、娱乐等多个行业，不仅直接影响地区经济的发展，还产生了广泛的旅游乘数效应。与其他行业相比，旅游服务业对劳动力的需求相对较高。旅游产业发展可以创造出更多的就业岗位，促进大众创业、万众创新。西方国家的发展实践表明，在产业转型升级过程中，第三产业对劳动力的需求将大幅增加，超过第一、二产业成为吸纳就业人口最多的领域。根据世界旅游组织（WTO）测算，旅游业的就业乘数效应十分明显，每增加1个直接就业岗位，就能带动增加5—7个间接从业机会。2019年，世界旅游业创造了3.34亿个就业岗位，其中，中国旅游业创造了近8000万个工作岗位。到2025年，世界旅游业将创造3.57亿个工作岗位，约占总就业岗位的10.7%。由于旅游业天然具有的流动性，使其非常容易受到外部环境的影响。近几年由于新冠疫情在全世界的肆虐，降低了人口流动性，旅游业遭受重创，目前正在逐步恢复与发展，2022年旅游就业人数3.3亿人次，基本与2019年持平，可以肯定的是，旅游业是未来经济发展的重要动力。阿科韦尔（Alcover）等人对游艇旅游在巴利阿里群岛的经济影响研究发现，巴利阿里游艇租赁活动有助于在群岛上产生大约866个工作岗位。[2]少数民族传统社区的旅游业发展，为社区居民提供了更多的就业机会，对脱贫攻坚产业扶贫具有积极的作用。

（四）增强社区居民文化自信

旅游发展有利于增强少数民族传统社区居民的文化自信，麦肯（Mccann）在对巴厘岛的研究中发现，旅游开发对传统文化产生了积极的推动作用，显著增强了社区居民的文化自信和族群认同。[3]亚当斯（Adams）在《旅游和尼泊尔夏尔巴人：相互关系的重建》中提出，目的地居民之间的相互协作关系和雇佣劳动关系

---

[1] 冯淑华、沙润：《乡村旅游中农村妇女就业与发展研究——以江西婺源为例》，《妇女研究论丛》2007年第1期，第27—31页。

[2] Alcover A., Alemany M., Jacob M., et al., "The Economic Impact of Yacht Charter Tourism on the Balearic Economy", *Tourism Economics*, 2011, 17(3), pp. 625-638.

[3] 马晓京：《旅游开发与民族传统文化保护的主体》，《青海民族研究》2003年第1期，第1—3页。

在旅游开发中得到加强。文化与经济是旅游活动的二元属性,一方面,以文塑旅,文化搭台经济唱戏,用文化资源增强经济发展的动力;另一方面,以旅彰文,经济的引导和刺激效应也会给文化保护带来积极影响。旅游场域能够为少数民族传统社区即将消失的文化提供复兴的机会,赋予传统文化新的内涵,为其保护与发展提供支持。如甲居藏寨、色尔古藏寨等少数民族传统社区的居民,已然充分认识到传统文化对于旅游可持续发展的重要性,对民族记忆保护和本土文化传承给予了前所未有的地位,推动传统文化与外来文化元素的有机融合,为民族传统文化注入新的活力,不断增强社区居民的文化自信,在旅游市场经济的冲击中竭尽全力保持本土文化体系的独立性和延续性。

三、可持续视角的协同观

(一)文化保护与经济社会协同发展的理论模式

旅游业的"无烟工业"神话,随着其带来的负面经济、社会、文化、环境等方面的影响日益突出而破灭。西部少数民族传统社区既有寻求现代化发展的迫切需要,也有对传统文化本真性保护的要求,在旅游开发背景下,二者之间如何有效协同,实现"鱼与熊掌"的兼得,建立良性循环的共生协调关系具有十分重要的意义。已有研究表明,文化资源与旅游经济之间具有双向互动关系,文化资源是旅游发展的重要基础,同时旅游经济的增长又会促进文化的保护与发展。[1]文化遗产、环境与各种利益相关者之间是一种共生关系,以社区为基础的文化遗产资源管理模式是实现社会经济文化协同发展的重要路径。[2]并且,蒂莫西(Timothy)等通过建立一般均衡结构模型,比较地区旅游专业化和经济多元化的福利效应,发现当旅游业快速增长时,承载力有限的旅游目的地容易受到旅游副作用的影响,通过利用旅游业收入积极实现经济多元化,推动文化多样化发展,有助于社区的可持续发展。[3]因此,在旅游情境中,良好的社区居民参与、科学的传统文化保护与发展是社会、经济、文化三大资本之间实现良性互动与循环的重要条

---

[1] 胡小海、黄震方:《江苏区域文化资源与旅游经济耦合特征及其作用机制》,《江苏社会科学》2017年第1期,第254—259页。
[2] Susan K., "Cultural Resources as Sustainability Enablers: Towards a Community-Based Cultural Heritage Resources, Management (COBACHREM) Model", *Sustainability*, 2013, 6(01), pp. 70-85.
[3] Timothy D. J., Nyaupane G. P., "Cultural Heritage and Tourism in the Developing World: A Regional Perspective", *Tourism Management*, 2011, 32(05), pp. 1236-1237.

件，通过人、物与时空整合的文化整体性保护，实现文化保护的动态平衡与可持续，进而达到文化与经济的共赢。①兰斯蒂（Loulanski）等梳理出影响文化遗产和旅游业可持续整合发展的15个重要因素，如地方参与、教育和培训、真实性和解释、以可持续性为中心的旅游管理、综合规划、纳入更广泛的可持续发展框架、控制增长、治理和利益相关者参与、市场和产品多样化、国际互联网国家治理和支持系统、遗产资本方法、有效的现场管理等，为建立文化与经济协同发展模式提供了可借鉴的基础。②

　　随着研究与实践的深入，利益相关者理论广泛应用到少数民族传统社区文化保护与发展领域，成为协同发展的理论基础。"利益相关者"概念于1963年由斯坦福研究所首次提出，所谓利益相关者是指那些没有他们的存在，企业就无法生存的利益群体。1965年，安索夫（Ansoff）将利益相关者概念引入经济与管理学领域，他认为一个企业如果想要制定理想的企业目标，就必须考虑企业众多的利益相关者之间相互冲突的索取权。③1984年，弗里曼（Freeman）对利益相关者的定义进行了扩大，他认为利益相关者是"那些能够影响企业的目标实现，或者能够被企业实现目标的过程影响的任何个人和群体"④，把那些会受到企业活动影响的个人与群体纳入利益相关者范围，比如社区、环境保护主义者等，丰富与扩展了利益相关者内涵。1998年，惠勒（Wheeler）将社会性维度引入利益相关者界定，根据各利益相关者是否直接与企业中"实际存在具体的人"发生关系而划分其是否具有社会性，并结合紧密性维度，将利益相关者划分为四类：第一类是一级社会性利益相关者，他们与企业有直接关系并有人的参与；其次是二级社会性利益相关者，他们通过社会性活动与企业形成间接联系；第三类是一级非社会利益相关者，他们对企业有直接的影响，但不与具体的人发生联系；第四类是二级非社会性利益相关者，他们对企业有间接影响，也不包括与人的联系。⑤

　　利益相关者理论强调少数民族传统社区在内的利益相关者相互之间的利益均

---

① 艾菊红：《人、物与时空整合视域下的文化遗产保护——以湘西凤凰文化遗产保护与传承为例》，《中州学刊》2017年第3期，第71—77页。
② Loulanski T., Loulanski V., "The Sustainable Integration of Cultural Heritage and Tourism: A Meta-study", *Journal of Sustainable Tourism*, 2011, 19(07), pp. 837-862.
③ Ansoff H. I., *Corporate Strategy*. New York: McGraw Hill, 1965.
④ Freeman R., Edward, *Strategic Management: A Stakeholder Approach*. America: Pitman, 1984.
⑤ Wheeler D. and Maria S., "Including the Stakeholders: The Business Cade", *Long Range Planning*, 1998, 31(2), pp. 201-210.

衡，以促进社区经济社会文化协调发展。基于利益相关者理论，在旅游目的地政府的引导规范下，确定作为文化创造者、传播者的社区及居民的主体地位，以人为本充分调动其主观能动性和参与积极性，实现旅游活动中各利益相关者之间的角色协调和均衡发展。普卢默（Plummer）等进一步提出适应性协同管理（adaptive co-management）模型，为协调少数民族传统社区生态旅游利益相关者之间复杂多变的利益关系提供了指导路径。[1]适应性协同管理模型以社区经济社会文化的可持续性为目标，强调协同发展需要遵循基本的原则，包括秉承可持续发展理念、一定的条件约束、利益相关者的积极参与、最优化利用环境资源等，建立相关利益者的命运共同体，从社区综合发展的视角，增进旅游发展带来的经济、社会和文化增权效用。

（二）文化保护与经济社会协同发展的实现路径

1995年，联合国教科文组织（UNESCO）、联合国环境规划署（UNEP）和世界旅游组织（UNWTO）在西班牙召开旅游可持续发展世界会议，通过了《可持续旅游发展宪章》和《可持续旅游发展行动计划》，将可持续旅游定义为：在满足当代旅游者和旅游地居民需求的同时，保护并增强未来发展机会的一种旅游方式。通过对资源的管理满足人们经济、社会和审美的要求，同时维护文化完整、保持生态系统的完整性和生物多样性。可持续旅游的实质就是旅游与自然、文化和人类生存环境成为一个整体，即旅游、资源、人类生存环境三者的统一，以形成一种旅游业与社会经济、资源、环境良性协调的发展模式。以可持续旅游理念为指引，西部少数民族传统社区不断探索文化保护与经济社会协同可持续发展的实现路径，生态博物馆、生态旅游、负责任旅游、志愿者旅游等现代旅游形式被实践证明是行之有效的路径。

生态博物馆（ecomuseum）是在现代社会文化意识和生态环境意识日益增强的背景下应运而生，探索在特定的时空范围内，建立没有围墙的"活态博物馆"，将目的地社区文化与自然环境融合保护发展，以充分展示并延续自然与文化的完整性和真实性，以及人、文化与自然的原生关系。1971年，弗朗索瓦·于贝尔和乔治·里维埃首先提出了生态博物馆概念，认为生态博物馆的核心功能是融合目的地社区的文化和自然遗产的保存、展现和诠释功能，以此为指导，建立了"法

---

[1] Plummer R., Fennell D. A., "Managing Protected Areas for Sustainable Tourism: Prospects for Adaptive Co-management", *Journal of Sustainable Tourism*, 2009, 17(2), pp. 149-168.

国地方天然公园""克勒索蒙特索矿区生态博物馆"等首批生态博物馆。20世纪90年代生态博物馆理念传入中国,并在贵州省六盘水市六枝特区梭嘎乡建立了梭嘎苗族生态博物馆,进行了卓有成效的保护实践。生态博物馆能够以活态化保护的方式保存少数民族传统社区的文化多样性,培育少数民族传统社区居民的文化认同与文化自信,鼓励社区旅游的适度有序开发,引导旅游者对原生态文化的体验,以文化保护引导旅游开发,以旅游开发带动文化保护。

生态旅游(ecotourism)最早提出于20世纪80年代末,早期主要涉及生态环境保护领域。进入21世纪后,随着生态旅游理论体系的不断健全,生态旅游逐步向综合管理方向转变,越来越注重社会经济和环境协调发展的综合效益,将旅游者与目的地社区居民作为关注的主体。生态旅游提供的旅游体验不仅使旅游者能够去探寻自然生态地域,而且有效保护了自然生态的完整性,并通过对目的地社区文化环境的解说与教育,使旅游者能够理解该地的自然和文化意义。生态旅游为旅游业健康可持续发展提供了可借鉴的有效路径,它在客观上实现了经济社会、文化事业和生态环境的协调发展,实现了各领域的发展平衡;在主观上积极培育了旅游者和社区居民等利益相关主体对目的地文化、传统、价值及环境的尊重,反映出可持续的商业实践,为社区创造社会经济利益,同时,在一定程度上成功约束了旅游者的非理性行为,抑制了大众旅游带来的消极影响。

1987年,克里本道夫(Krippendorf)首次提出负责任旅游(responsible tourism)概念,引起学界业界的广泛关注,其后学者们围绕负责任旅游展开了广泛的探索,提出控制旅游人数规模、独特的运营模式以确保环境影响最小化、尊重目的地文化、提高目的地经济利益和游客满意度等建议措施。比如,马凌等基于人文主义视角,对旅游的功能进行了再认识研究,提出对旅游功能更深层次的认识是实现"负责任旅游"的基础。①在负责任旅游发展中,所有旅游利益相关者都是旅游的主体,都有责任与权利参与负责任旅游,相互尊重与理解是不同利益相关者必须把握的原则,只有通过彼此间的相互尊重与理解,才能有效实现彼此利益的均衡,将旅游负面影响最小化。②南非在旅游发展中积极践行负责任旅游,处理

---

① 马凌、朱竑:《面向人的存在的旅游功能再认识研究:基于人文主义的视角》,《旅游学刊》2018年第6期,第14—23页。
② Tosun C., Timothy D. J., "Tourism Growth, National Development and Regional Inequality in Turkey", *Journal of Sustainable Tourism*, 2003, 11(2-3), pp. 133-161.

旅游经济发展与地方性文化保护二者的关系取得了良好的效果，为其他国家或地区可持续发展提供了思路。2002年，南非开普敦召开首届国际性负责任旅游会议，吸引了来自亚洲、非洲、欧洲、北美、南美的二十余个国家及地区的政府官员、企业领袖、专家学者等代表，对负责任旅游的实施问题展开深入探讨。会议签署了在旅游目的地进行负责任旅游的《开普敦宣言》，该宣言指出：负责任旅游目的在于"为人们创造更加美好的生活之地与更加美好的旅游之地"的旅游，是实现持续旅游的有效途径。

负责任旅游者应该遵循的旅行道德规范包括：不能干扰野生动物及其栖息地，自然地域的旅游业必须限定在资源可以承受的程度范围之内，废物处理既不能危害环境也不能有碍观瞻，旅行者出游过程中的体验要能够丰富人们对自然、环保以及环境的欣赏和感恩之情，旅程安排要有助于强化环境保护工作、有助于加强所访问地区的自然环境的完整性，不能买卖那些威胁野生动植物种群数量的产品，必须尊重目的地的文化和习俗等。[①]西部少数民族传统社区在长期的生产生活中，演变形成了自身独特的处理人与人、人与自然、人与社会关系的经验体系，以及社区稳定的社会文化结构。因此，旅游规划发展需要运用负责任的旅游理念，充分尊重少数民族传统社区的文化环境、自然环境和生态环境，建立灵活协调的运行控制机制，探索政府主导、旅游者驱动、旅游企业带动、社区引领等多种形式的运行模式，最大程度避免旅游活动破坏传统社区在长期的演变与发展中形成的生态平衡状态。

志愿者旅游（volunteer tourism）又称为义工旅游，是志愿者服务与旅游活动相互融合的产物，以维尔伦（Wearing）的《志愿者旅游：与众不同的体验》为代表，标志着志愿者旅游理论体系的成熟。它以自我发展、服务他人、保护自然生态和传统文化等为主要目的，组织旅游者前往目的地并无偿提供能促进其经济、社会、文化及环境发展的劳动及体验过程，志愿者旅游能够有效将可持续农业发展、社区经济文化的健康发展有机结合。[②]志愿者旅游最早起源于英国和欧洲，其后扩大到全世界，越来越多的游客开始积极参与有组织的志愿者旅游，根据组织

---

① 〔美〕克里斯多弗·R. 埃延顿、德波若·乔顿等著，杜永明译：《休闲与生活满意度》，北京：中国经济出版社，2009年。
② Terry, William, "Solving Labor Problems and Building Capacity in Sustainable Agriculture Through Volunteer Tourism", *Annals of Tourism Research*, 2014, 49, pp. 94-107.

的形式主要可以分为四种类型，即非营利性组织型、政府组织型、自发组织型和混合组织型。非营利性组织型是由不以盈利为目的的非政府组织开展的志愿者旅游活动，是目前最主要的组织形式，比如斯里兰卡环境保护义工项目、摩洛哥拉希迪耶英文教学项目、秘鲁库斯科残疾儿童关怀项目、泰国清迈大象照料项目等。政府组织型是根据教育、科普、会展、赛事、扶贫等需要而由政府组织的志愿者旅游活动，比如大学生志愿者暑期"三下乡"活动、社会实践调研活动等。自发组织型是由具有共同目标和兴趣爱好的志愿旅游者自行组织的非正式活动，具有临时性、松散性和小规模的特征。混合组织型是以上三种组织的结合，根据实际情况采取政府联合非营利性组织，或者非营利性组织联合自发组织等组合形式开展活动。志愿者旅游通过把旅游者与当地社区的发展有机地联系在一起，既促进了社区的综合发展，又满足了志愿者学习知识、体验真实、服务社会的价值需求。对西部少数民族传统社区而言，积极利用志愿者旅游是一种可持续的专项旅游活动及实现文化与经济社会系统发展的新模式。

第二节　少数民族传统社区文化与旅游经济发展个案镜像

四川省甘孜藏族自治州甲居藏寨是依托旅游开发而成长起来的新型社区，甲居藏寨旅游发展的历程，也是传统社区文化与经济社会协同演变的过程。甲居社区的旅游接待始于2000年左右，这个身处横断山脉深处名不见经传的小山村，由此走上了与相邻社区截然不同的发展道路。在2005年的《中国国家地理》选美中国系列活动中，甲居以秀美的风光摘得中国最美乡村的桂冠，2016年，又正式跻身国家4A级旅游景区之列。随着知名度和影响力的扩大，甲居吸引了越来越多的外来投资者，早期以家庭旅馆、客栈为主要形式的接待服务产品逐步升级更迭为精品民宿，地理范围也从甲居社区拓展到甲居所在的聂呷乡大部分区域，称之为大甲居。地方政府制定的旅游发展规划提出，建设以嘉绒藏族风情为特色的首个社区型国家级旅游度假区。回顾甲居社区二十余年的旅游发展历程，社区文化与社会经济发展之间的关系错综复杂，既有旅游带来的经济、文化、社会增权收益，也有对传统习俗流逝的惋惜。中央电视台曾以甲居为主题拍摄了纪录片《格玲·德雅》，反映出社区居民对未来发展的困惑与希望，他们在理性与非理性之间所努力探索的一条适合甲居的发展之路。

一、旅游对甲居社区带来的文化冲击

（一）远去的地名"甲井卡"

少数民族传统社区的地理标识是居民对生产生活意义符号的外显，不仅是社区文化的凝聚，还承载着民族的记忆，然而，旅游活动打破了甲居社区传统的命名习俗，各户居民为旅游接待纷纷冠以"客栈、酒店、接待站、民宿"等后缀名与店主电话号码的各种招牌地名，使得原有的"甲井卡""洛窝""日窝""依玛"等社区聚落名称逐渐消失。在访谈中，一位正在为一栋新建房进行传统绘画装饰的本地画匠说道："现在整个寨子的地名全变完了，我都搞不清楚。有一次游客问我'某某人家'在那里，我居然搞不清楚，后来我才发现，我正在画画的那家就是'某某人家'。"打开百度、高德等电子地图，与甲居周围非旅游社区相比，这里的地图上密集地标注着各类客栈、民宿，以致旅游者感慨"客栈、民宿遍布了整个村庄，一切正在被商业化""这是一个由客栈酒店组成的景区"。远去的地名"甲井卡""洛窝""日窝"等，意味着传统农耕时代形成的社会聚落地理标识不断瓦解，以现代旅游活动为主体的新名称重构着社区的标识意义符号系统。

（二）失传的古碉营造工艺

甲居社区所在的丹巴县位于西南边陲地区，嘉绒藏族世居于此。勤劳智慧的藏族先民创造了丹巴古碉工艺，具有强烈地方特色的古调营造技艺入选国家第二批非物质文化遗产。古碉历史始于秦汉，盛行隋唐及以后，千百年来延续不绝。据统计，丹巴县境内现存古碉数量562座。从建筑式来看，有四角、五角、八角、十三角之分，四角尤为常见，丹巴古碉的数量、集中度、类型多样性，位居中国乃至世界之最。"叠石技艺"是丹巴古碉的突出代表，工匠以当地的天然石材为原材料，黄泥作为黏合剂，自然运用建筑力学原理，建造出造型优美、屹立千年而不倒的古碉。甲居传统房屋称为碉房，均采用碉楼营造技艺建成。碉房依山而建，错落有致，充分展示了藏民族悠久的居住文化。

但是，这项国家级非物质文化遗产丹巴古碉石砌技艺正面临着失传，因其所需石料开采成本增加，再加之修砌费时费力，不便于新建扩建旅游接待民宿。使用传统建材，需要开采石料，并将大的石料按照砌墙要求打成大小不等的块头，再运输到建房工地。按传统工艺修砌一层楼的墙面需要耗费十余名工人一个月左右的工时，而采用现代建材，由砖厂直接将砖瓦运送到建房地，不仅免去了开采石料的麻烦，而且在修建过程中仅需耗费四五天工时。尽管传统工艺与建材具有隔音隔热、冬暖夏凉、韧性强、较好的抗震功能等优点，但受实用主义影响，不少社区居民已然抛弃传统的碉楼营造技艺，转向经济便捷的现代建筑工艺。在甲居社区的核心区域，已有十余栋钢筋混凝土建筑，甲居社区的边缘区域如聂呷村一带，现代水泥建筑比比皆是。越来越多的居民在新建扩建中纷纷效仿，传统的建房技艺一去不返。

（三）被客房掩埋的"锅庄"

锅庄房，被誉为甲居传统社区藏式碉房的灵魂。以前一家人的生活起居都在锅庄房，烧火做饭的锅庄具有至高无上的地位，构成藏民日常生活空间的核心，锅庄也成为农耕时代社区居民生活仪式的重要组成。锅庄的铁三角具有丰富寓意，分别代表火神、家神和祖先，构成家庭的精神中心。社区居民千百年来始终延续着传统的禁忌，不能在锅庄旁边裸露身体，不能跨过锅庄，不能脚踏锅庄，甚至还有专门的祭祀锅庄舞，以显示对锅庄的敬重。然而，旅游接待改变了这一切，新式厨房引进后，锅庄房的传统功能正在弱化。为了适应游客接待的需要，社区居民自发对传统房屋进行了全新的改造修葺，新建了独立的现代化厨房以满足数量日益增多的游客餐饮需要，原本向西开的锅庄房大门改成了朝南开，以便更好地采光，原有的楼梯间也改造成为客房。有的居民保留了传统的锅庄，但更多的家庭为了在有限的空间内设置更多的接待床位，不得不将已无实用价值的锅庄移除。同时，新建的房屋很少独立设计锅庄房，几乎都被客房所取代。伴随着锅庄的掩埋，围绕锅庄从事一切家务的女性主人的角色与地位也发生了变化，加速了农耕生产关系上建立的传统家庭结构的解体，女性主人的家庭地位和角色不再局限于单一的家务事与农活，从幕后走向前台，改变了对男性的依附，成为旅游接待的主力军，在经济决策与家庭事务上拥有更大的话语权。

（四）传统休闲活动的衰落

休闲活动不仅是人们放松心情、颐养身体的途径，也是个体在闲暇时间追寻自由的存在状态和精神需要，反映出社区居民精神风貌、习俗信仰和文化水平。在旅游开发之前，转经、烧茶、跳锅庄舞等活动是甲居社区居民传统的休闲方式。尤其是以转山、转湖（水）、转佛塔为主的转经，更是农闲时节最为常见的佛事休闲活动，社区居民往往会提前做好可口的酸菜馍馍，备好香猪腿，约上亲朋好友左邻右舍，一同前往约定俗成的地方转经。挨家挨户轮流坐庄烧茶，也是农闲时节一项重要的休闲活动。在这一天坐庄的居民家会准备好酥油茶、包子、馒头、炒菜、咂酒、奶渣等丰富的饮食，邀请朋友一起"开轩面场圃，把酒话桑麻"。烧茶饮酒，拉拉家常，成为构建小世界熟人社会社交网络的常见方式。传统锅庄舞是节日或农闲时居民自发组织的舞蹈聚会，社区居民各自带上米酒聚集到广场，大家手拉手围在一起，即兴边唱边跳边喝，有时甚至通宵达旦、歌舞不休。

往昔的转经、烧茶、跳传统锅庄舞等休闲活动，让参与其中的居民们其乐融融，真切感受到社区的集体归属与价值认同。现在走上旅游致富道路的居民们，虽然告别了以前农忙下庄稼地、农闲做手工与外出务工的"苦日子"，但也在不知不觉中远离了传统的休闲方式。旅游接待以外的闲暇时间，大家更倾向于像游客一样选择现在流行的麻将、扑克等大众化娱乐方式，这类功利性、刺激性更强的娱乐方式，正在消解以农耕社会人际关系为核心的社交娱乐网络。有的小卖部敏锐嗅到了商机，迅速扩大店面，新增麻将机供居民娱乐之用，从每年10月底的旅游淡季开始，几乎每天座无虚席，小卖铺老板借机还推出包饭业务，提供餐饮娱乐一条龙服务。转经、烧茶对年轻居民早已没有吸引力，就连喜闻乐见的锅庄舞也濒临消失，除了婚庆仪式或者应旅游者需求而表演的新式锅庄舞蹈，社区居民几乎很少自发组织传统锅庄舞聚会，以往大家争抢前往的巴旺乡松安寺庙会跳锅庄，现在应者寥寥。

二、旅游对甲居社区产生的增权效应

（一）传统文化意识觉醒

甲居传统社区居民经历了旅游开发早期的彷徨与迷茫后，不断摸索寻找适应环境变化的新生产生活方式，通过与旅游者的主客互动，社区居民的传统文化意识逐渐觉醒，意识到丰富多彩的传统文化元素是甲居旅游赖以发展的必要资源，是吸引寻求跨文化体验的外来游客最重要的吸引物。一度被废弃的传统生产生活工具走出尘封的库房，作为挂件饰品呈现给旅游者。昔日的藏式会客厅如今被装饰得更加豪华，充满浓厚的民族风情，牦牛头、玛尼石刻等传统饰物也重新成为民居的装饰品，时尚感十足的巴洛克式茶几被移出客房，放回了画着鲜艳的吉祥八宝图案的藏式条桌。新建的房屋虽然采用了新工艺和新材料，但居民意识到传统建筑形式对游客的吸引力，自觉保留了与传统相一致的建筑外形，房顶的碉楼修旧如旧，象征私房神灵的屋顶四角以及煨桑用的祭祀性塔炉完整地保留下来。在一些新房中，锅庄又重新出现，为游客体验传统生活创设出物质符号场景，做到文化形式可变，文化内涵不变。

旅游接待使得社区居民的经济收入显著增加，"中国最美乡村"这张名片的含金量妇孺皆知，居民们十分珍惜良好的发展环境和机遇，几乎没有人离开社区外出打工，在社区指导下积极通过民宿、制作售卖特色手工艺品等方式参与旅游接待服务，还吸引了不少外地人投资经营民宿旅游，整个社区人丁兴旺，朝气蓬勃，与其他村寨居民大量涌入城市打工留下的"空心村"截然不同。社区居民发自内心地保护让他们走上致富道路的生态环境和民族文化，民族英雄"阿弥各尔东"的形象广泛宣传，每逢嘉绒藏历年各家都会隆重举行刷墙仪式，迎接英雄"阿弥各尔东"。一年一度的"普鲁窝"跑马盛会不仅吸引了大量的游客参加，也成为社区居民祈求事业兴旺发达的聚会联欢。大家又像以往一样郑重其事地对待跑马会，身着全套嘉绒服饰，佩戴镶嵌了玛瑙、蜜蜡、绿松石等各种珍贵物品的传统金银首饰，大方自信地向外人展示本民族的服饰文化。这种文化自信对年轻一代居民也产生了积极影响，除了现代流行服饰的婚纱照外，越来越多的社区新婚伉俪还会专门再拍一套传统民族服饰结婚照以作留念。

（二）社区生活环境显著改善

在甲居社区参与旅游接待初期，接待设施处于比较原始的状态，原有公共基础设施无法满足游客的需要，比如传统的吊脚楼旱厕虽然具有本地特色，但承载量有限，造成了一定的环境污染，容易滋生细菌。其后，社区对旱厕进行了系统改造，参照内地经济型酒店改建了冲水厕所并自挖粪池排污。随着旅游业的迅速发展，政府对甲居社区环境及基建进行了统一规划，修建了污水处理池及主污水管，各家的污水直接连入主污水管，排到专门的污水池进行无害化处理。基础设施的改善，让社会的生活环境变得更加美好，居民的环境意识也随之而提升，有被访者谈到"现在的环境卫生比以前好多了。以前主要从事农业生产，不太在乎清洁卫生，脏衣服也许不会及时洗，随处乱扔。房间里外、房前屋后清洁卫生也不是那么到位。如今从事旅游接待了，不弄干净自己不好意思，一个好的环境卫生习惯养成了，对身体健康也是个好事"。

（三）红色遗址得到有效保护

不少西部少数民族传统社区都曾有着光荣的革命历史，尤其是具有中国革命转折意义的长征在西部崇山峻岭的民族村寨留下了大量足迹，丹巴县是当年红军长征途中停留时间最长的藏族地区。红军在这片古老的土地上发生了许多可歌可泣的英雄故事，甲居社区至今保留着红五军团政治部、首支藏族红军丹巴藏民独立师师部两处红军遗址。一直以来，社区居民忙于农牧生产，对红色遗址并没有刻意关注，导致遗址年久失修，有的建筑甚至部分坍塌，毁坏较为严重。随着旅游业的发展，社区文化得到全面复兴，红色文化也是甲居社区文化的重要组成部分，在县政府支持下，甲居社区重新修复了红军遗址，还按照历史老照片，复原了红五军团政治部遗址旁的一座古碉楼，再现了峥嵘岁月的真实场景，使红色文化在社区居民与游客中得以延续和传承。

三、甲居社区文化与旅游的协同发展

甲居社区在长期的发展与探索中，逐步摸索形成了一条由政府引导、监督，社区、景区、居民共同参与的文化与旅游协同发展路径，即以注重传统文化特色为核心，以保护社区生态环境为基础，以协调配置各类资源为手段，以实现社区可持续发展为目标。

（一）注重传统文化特色，保护社区生态环境

独具特色的传统文化是甲居旅游的灵魂，甲居始终将发掘和保护传统文化放在首要位置，以文化作为旅游发展的核心要素，由政府、社区、景区运营方、投资方等各利益相关体共同参与制定的《景区旅游总体策划及运营规划方案》明确提出，引导景区（四川旅游发展集团有限责任公司）、政府、社区居民等多方合作经营，共建以嘉绒藏族风情文化为特色的首个社区型国家级度假区，保护并发展东女文化、红色文化、农耕文化、民俗文化、建筑文化等少数民族传统社区特色文化，促进大甲居景区"休闲乡居、风情乡居、农创田园、美育桃谷"组团优势互补、错位发展。为保护甲居最具特色的民居建筑文化，丹巴县政府专门颁布了《民居接待管理暂行办法》，要求政府部门加强对民居传统风貌的监督管理，突出

本民族的建筑特色，整治不符合社区整体环境风格的建筑，禁止居民擅自进行不合理的环境改造。在大甲居景区范围内，同样要求所有建筑外形必须与传统风格保持一致，禁止未经许可的环境风貌改造，维持甲居原生态的自然环境。此外，对于非物质文化遗产等工艺、习俗，甲居也通过培养文化传承人、开发特色体验项目等多种形式进行发掘传播，借助社区的文旅融合协同发展，提升社区文化旅游的体验性，积极推动少数民族传统社区文化的保护与传承。

（二）协调配置各类资源，实现社区可持续发展

资源是各类物资、信息、能量和关系的综合，是社区和居民生存与发展的依托，文化与旅游的协同发展必须依托计划与市场共同有效配置使用各类资源。首先是合理分配物质资源。甲居社区位于大金川河畔，大渡河的上游，属于干热河谷气候，年降雨量500—1000毫米，致使水资源成为稀缺资源，并且甲居的土质耐旱性较差，灌溉需求旺盛。在早期的农耕时代，用水需从地理位置比甲居更高的卡恰社区导流。社区对水资源具有严格的分配管理制度，通过轮流排号的方式进行灌溉。轮到某户居民用水时，需在特定时点与上一户交接，将水贮存到公用蓄水池，再引流到自家土地。虽然程序烦琐，但大家约定俗成，各取所需也能相安无事。不过，旅游业的兴起，使社区用水量呈几何数级增长，有限的水资源多次成为各类冲突的导火索，影响了社区的和谐发展。除水资源外，电力资源的消耗也随着游客规模扩大而成倍增加，现在一户较大民宿的旅游接待用电量堪比以前整个社区的用电量，停电成为社区日常生活的常态。

2018年梨花节期间，社区用电量远超出额定负荷，结果"电饭煲煮不熟饭，电饼铛烙不熟饼"，严重影响了正常的生产服务活动。资源的超负荷消耗，给社区的生活带来了极大不便，同时也滋生了社区居民的不满情绪。针对水电资源紧缺问题，社区一方面协调政府及景区管理方对水电设施设备进行扩容，另一方面邀请专家科学合理评估社区旅游接待的有效容量，避免游客超限对资源环境造成破坏。

其次，适度开发文化资源。社区对于民族文化、传统文化的核心元素坚定地加以保护，尤其是传统建筑的外部特质、节庆活动的仪式仪轨、祭祀崇拜的意义符号等，避免外来文化元素的干扰而引起文化失真。在保护核心文化元素的基础上，充分挖掘民族特色文化内涵，与现代时尚元素相结合，推陈出新，利用新技

术、新媒体和新活动，赋予新价值和新形态，讲好甲居故事，传播好甲居声音，增强居民与游客的情感体验，促进少数民族传统社区经济社会的全面发展。

此外，各利益主体之间的协调均衡发展，是实现社区可持续发展的根本保障。在旅游发展过程中，政府机构、投资者、经营者、旅游者、社区及居民等相关利益者的利益诉求都需要统筹考虑。在早期发展中，利益关注的焦点往往是政府、投资商和旅游者，社区和居民处于弱势地位。由于信息、技术、资金、能力的缺失，社区居民常常被排斥在旅游价值链之外。然而，文化是人的主体性活动的产物，少数民族传统社区居民是特色文化的创造者和传承者，理应是旅游产业发展的受益者。因此，在旅游发展中要创造条件，将社区及居民纳入旅游产业链体系，使其有机会和能力成为旅游接待服务市场的主体，获得实实在在的收益，充分调动他们参与社区文化保护与发展的积极性和能动性，与政府、企业、旅游者等利益主体共同推动社区可持续发展。

本章小结

旅游开发改变了西部少数民族传统社区的生产生活状态，在带动社区经济发展的同时，也潜移默化地影响着社区传统文化。少数民族传统社区文化保护与经济社会发展的关系，从冲突范式的影响观到辩证视角的促进观，再发展为可持续视角的协同观，经历了一个不断探索发现的过程。一方面，旅游发展是少数民族传统社区建设美丽乡村，实现全面小康社会的有效路径。另一方面，乡村振兴内在要求对传统文化实施保护和发展，文化振兴是乡村振兴的精神基础，为乡村振兴提供持续的精神动力。加强农村思想道德建设和公共文化建设，培育文明乡风、良好家风、淳朴民风，充分激发居民的文化创新创造活力，以文化振兴带动产业振兴、人才振兴和生态振兴。

以四川省甘孜藏族自治州甲居藏寨为对象的案例分析表明，旅游开发对甲居社区带来了不小的文化冲击，比如"甲井卡""洛窝""日窝""依玛"等传统地名的消失，非物质文化遗产古碉营造工艺面临失传，"锅庄"等传统习俗被埋没，社区休闲方式趋于大众化，等等。但另一方面，旅游产生的增权效应也十分明显，包括社区居民传统文化意识的觉醒，文化自信、文化自豪感的增强，社区生活环境显著改善，红色遗址得到有效保护等。在政府引导和市场力量的双重作用下，旅游发展的各利益相关主体都充分意识到，文化与旅游是一体两翼，二者的有机融合是实现甲居可持续发展的关键。因此，政府部门、外来投资者、开发商、旅游者、社区及居民对社区文化与经济社会发展的关系达成共识，即注重传统文化特色是核心，保护社区生态环境是基础，协调配置各类资源是手段，实现社区可持续发展是目标。

要真正实现少数民族传统社区文化与经济社会的协同发展并非易事，甲居社区通过二十余年的探索找到一条可行的道路。在旅游开发背景下，必须做到相关利益者之间的利益均衡，尤其要关注作为弱势群体的社区居民。地方政府和旅游企业需要为传统社区居民提供信息、技术、资金等要素支持，帮助他们成为旅游产业发展的参与者和受益者，充分调动居民对社区文化保护的主体责任意识，在获得经济、社会增权的同时，积极成为少数民族传统社区文化的保护者、发扬者和传承者。

第五章 吐故纳新：少数民族传统社区文化环境适应性保护与发展路径

第一节 基于时空视角的少数民族传统社区文化保护发展路径

一、螺旋适应型与直线渐变型文化

（一）少数民族传统社区的换工习俗[①]

换工是少数民族传统社区典型的人情交往形式，通过交换劳动力满足社区居民建房、婚丧嫁娶等家庭重大活动的用工需求。就建筑房屋而言，由于各种资源匮乏，单凭居民自身力量很难完成这项庞大工程，需要获得外部支持，出工出力共同完成。围绕这些互助活动，社区内部熟人社会逐步形成以社会取向为主导的换工模式，表现出明显的中国传统农业社会族群集体主义特征。换工对象由亲而疏分为两类，一类是直系血亲，他们在换工中付出最多，既要提供劳力，还要担负饮食物资供给。另一类是亲朋好友以及社区内的其他居民，换工时根据建房主人安排付出劳力。不仅在西藏少数民族传统社区，换工习俗还广泛存在于西部各少数民族传统社区，比如泸沽湖畔的摩梭人建房时，主人只需提供饮食，由氏族各本家出人出力，相互记录姓名工时，互免工酬。随着旅游业的发展，各种外来经济、文化因素不断冲击少数民族传统社区，换工等社区原有生产生活习俗也逐步发生改变。

（二）甲居与甘堡社区换工习俗演变

（1）甲居社区的螺旋适应型文化变迁

在四川省甘孜藏族自治州丹巴县甲居社区，换工习俗的历史和寨子建立的时

[①] 李文勇、何花、王娜：《时空视角的少数民族传统社区文化变迁研究——以甲居和甘堡藏寨"建房换工"习俗为个案》，《西藏大学学报》2017年第4期，第169—177页。

间一样悠久，换工的操作方式简单易行。田野调查中被访谈者克鲁说道："修新房前，我的兄弟姐妹会聚到一起，商量各自承担的任务，最重要的内容是分配劳动期间所有人的伙食安排，如果我准备修三层楼，那么大家就会协调由哪些人分别承担修建某一层楼时的伙食。快要到建房时，我会提前传出消息，告诉大家将在啥时候建房，到时各家就会派人来帮忙。建房时，我的主要任务是给帮忙的人分配工作，还要记好大家的名字和干活时间。以后，等到他们修房的时候，我就要去帮忙，相互都不要钱。"

换工时妇孺老幼齐上阵，边劳动边唱歌，其乐融融，这种活动是社区熟人社会强关系（strong ties）的典型表现。代代相传的换工习俗，不仅能满足社区居民对劳动力的需求，还能加强寨内居民间的情感纽带，营造亲密的社区氛围。旅游开发后，甲居的换工习俗发生了改变，游客的出现打破了原本默契的换工模式。"刚开始的时候，还是把客人推掉，去帮忙修房子，但是客人很不高兴，以后就不联系我了，损失比较大。后来看到有的家不去帮忙了，碰到客人多的时候，我也不去了"。"其实大家心里想去帮忙，毕竟自己也有修房盖屋的时候，也需要人手来帮忙干活，但是如果正好有客人来，不接待也不行，主人家不高兴也没办法，做生意要有做生意的样子，不能想开就开想关就关"。类似这样的想法，在社区居民中普遍存在。当游客接待与换工要求发生时间冲突时，居民面临艰难的双趋抉择，一边是赚钱的任务取向，一边是人情的社会取向，如果仅仅耽误一两天尚可适当调整，但很多时候是整个建房过程都无法参与。进一步而言，任务取向的背后还有旅游经济所引导的契约精神，既然接受了游客的预订，就理应在约定的时间内提供相应的接待服务。一开始，有的社区居民会推掉游客接待，选择换工，但随着市场价值观的普及，大多数居民都无法抗拒经济利益的吸引，越来越多地倾向于接待游客。面对逐步壮大的市场经济，换工这类自然经济时代的文化产物似乎就要走向消亡。然而，文化变迁是一个复杂的过程，看似寻常的旅游淡旺季现象，却直接影响甲居换工习俗的变迁轨迹。

调查发现，甲居社区的换工习俗并没有因旅游经济的发展而消失。"现在（11月）一直到明年开春，都没啥客人来，大家都在忙些家务农活，寨子里有人修房就要去帮忙。换工是甲居的习俗，我小时候就跟着父母一起去帮亲戚修房子，现在的年轻人比较懒，不想去劳动，要喊他们去，冬天又没客人，正好去帮忙"。

"夏秋季节是我们这里的旺季，客人来得多，尤其是五一和十一期间，过来看花看树的人很多，这时候哪家修房子，去帮忙的人就很少，要修只有花钱雇人。国庆过后客人就少了，时间也比较多，现在修房子都尽量选在这些时候，大家又像以前一样去帮工"。

从时空结构视角，甲居社区处于历时态弱参与，半年左右的旅游旺季结束后，社区居民不得不进入游客稀少的淡季，大部分居民又重新回到旅游开发前的生活轨迹。经过一段时间的调适，社区居民不约而同地将建房等家庭重大事件放在旅游淡季，大家依旧会像往常一样，恢复传统换工模式，传统习俗得以再次延续。以甲居社区为代表的换工习俗变迁方式可称为螺旋适应型变迁。

(2) 甘堡社区的直线渐变型文化变迁

四川省阿坝藏族羌族自治州理县的甘堡社区和甲居社区相似，均属嘉绒藏族传统社区，在旅游开发之前，换工同样是社区居民传承多年的风俗习惯。被访谈者说："我家现在住这个房子，就是以前通过换工修的，来了二三十个亲戚朋友帮忙，几天时间就把一层楼盖好了。以后亲戚朋友修房，我也要去帮忙，人多力量大，又不要工钱，能省一大笔钱。"

甘堡社区实施旅游开发后，社区居民在政府扶持引导下，通过提供餐饮住宿、售卖特色农副产品等形式参与旅游活动，并从中获得较大的经济收益。但随着生产生活方式的改变，历史悠久的换工习俗也受到影响。"以前挣钱太难了，粮食卖不起价，就靠花椒、苹果卖点钱，年轻人都出去打工挣钱。现在搞旅游，客人自己送上门来，挣钱比以前容易多了。粮食基本上不种了，地里就种点菜，城里人喜欢吃山里的农家菜"。"刚开始客人来得不多，如果寨子里有人修房子，我都要去帮忙，以前我修房子时别人也帮过忙，不去不好。2008年地震后，政府把到汶川的高速路修起了，成都、德阳、绵阳这些城市到我们这里开车只要几个小时，来的客人就多起来了，帮工的人就越来越少了"。

在市场经济的影响下，大部分少数民族传统社区表现出相似反应，第一阶段为茫然期，社区居民或惊奇地看待社区变化，或漠不关心地继续惯性从事原有劳作，只有个别具有市场意识和开创精神的社区精英，抓住机会主动参与旅游经济活动；第二阶段为探索期，在社区精英的表率作用和政府鼓励引导下，社区居民开始试探性参与旅游；第三阶段为发展期，社区居民从旅游活动中获得比传统生产更多的经济收益，全心全力发展旅游事业，不惜改变习以为常的生产生活方式。甲居如此，甘堡亦是如此。在调查中，有被访者说："平均每天我家都要接待三四拨客人，我们规模算小的，多的一天有十几拨客人，别人宣传搞得好，我们没文化，搞不来宣传。不过客人再多人手就不够了，现在家里有4个劳动力基本能够应付，遇到客人多的时候就要雇人，一般150元/天，还不好找人。换工我都有几年没去了，现在修房子基本上不换工了，都是花钱雇人来修，没办法啊，大家都知道客人多忙不过来。""我们这里空气好，环境好，路也好，很多客人来了还会来，有些还帮我们做宣传，带新的朋友来耍。客人多当然好，挣的钱也多了，就是比较辛苦，藏历新年和春节都没法休息，要接待客人。换工这些就更没时间了，这两年好像大家都不搞换工了，去年我家扩建客人住的房间也是自己出钱请人来修的。"

与甲居社区不同的是，甘堡社区由于地理位置优越，交通条件便利，始终处于历时态强参与，游客终年络绎不绝，社区居民忙于旅游接待，传统的换工习俗也渐行渐远，没有得到重新恢复的机会，原本由血缘、亲缘和地缘组成的社区人际关系网，受到旅游带来的新的业缘关系冲击，在利益驱使下，社区的内部熟人社会逐步被解构，以东道主和游客"主—客"关系为主的陌生人社会开始建构。以甘堡社区为代表的换工习俗变迁方式可称为直线渐变型变迁。

二、时空维度的适应性保护与发展

（一）不同时空形态下社区文化的自组织适应性

人类通过文化媒介适应所处的生存环境，根据他们拥有的可用资源形成各种做事的方式，生活在类似环境中的人们往往相互借用在那些环境中看起来很有效的风俗习惯（Bates & Plog）。[1]文化没有优劣之分，但却有影响力大小之别。对大多数少数民族传统社区而言，强势的外来现代文明伴随旅游者涌入原本宁静的民族山村，少数民族传统社区居民在观望和好奇中试探性接触旅游这个新事物，市场经济就像一块具有魔力的吸铁石，将那些有资源和意识的居民首先卷入旅游产业，在示范效应和政府、企业的引导下，越来越多的少数民族传统社区居民开始从事与旅游直接或间接相关的工作，外来文化与民族文化在旅游这一特定场域

---

[1] Bates D. G., Plog F., *Human Adaptive Strategies*. New York: McGraw Hill, 1991.

第五章 吐故纳新：少数民族传统社区文化环境适应性保护与发展路径

中强烈碰撞。在长期的历史发展过程中，社区居民很少遭遇到如此巨大的变革，在外来文化面前，居民的民族自信和民族自觉经历了反复的考验。有的地区趋于保守，继续维系着原有的文化传统；有的地区趋于开放，被具有更强吸引力的现代文明所同化；更多的地区介于两者之间，在变与不变间探寻着自身的位置。

少数民族传统社区文化的变迁，实质是社区居民在生产关系受旅游开发等因素影响而发生改变后，对新环境产生的适应性调适。卡西尔指出，人就是符号，就是文化，作为活动的主体就是符号活动、符号功能，作为这种活动的实现就是文化、文化世界。同样，文化无非是人的外化、对象化，无非是符号活动的对象化和具体化。[①]在社会长期进化过程中，人类形成了高度的自适应能力，能够根据环境的变化对自身进行调整，实现对新变化的良好适应。任何文化都是由人创造的，由于旅游开发等因素引起环境改变时，人对环境的自适应能力外显为所在文化系统的自适应调整。对于具有自组织适应能力的系统而言，在一定的强度范围内，适当的外部刺激有助于系统的自我更新和发展。旅游开发带来的新观念、新思想、新信息、新物质等，都作为新的文化要素对少数民族传统社区文化产生冲击，在不同文化的碰撞交流中，产生文化涵化等自适应现象，外来新文化特质被民族文化吸收、积累、沉淀，最终成为少数民族传统社区文化系统的组成部分，促进了传统文化的自我更新与发展，赋予了文化更强的时代生命力，这是旅游开发对少数民族传统社区文化的积极影响。但这种良性状态的存在需要有两个基本条件：一是外来新文化刺激的程度在文化系统可控范围之内；二是给予原有文化系统充分的调适时间。如果在一定时间内持续向一个原本处于半开放状态的文化系统导入大量的新文化要素，在经历短暂的停滞期后，文化系统会启动自适应机制，自适应机制调适作用的强弱取决于源文化的包容能力及新文化与源文化的异质性。

甲居和甘堡社区的换工习俗因居民参与旅游接待而发生改变，但甲居社区的历时态弱参与形态使其获得半年左右的旅游空置期，社区居民在一定程度上回到旅游开发之前的生产生活状态，换工习俗得以部分恢复，并且社区居民约定俗成地将建房等需要换工的大事件放在旅游淡季开展，通过社区文化生态系统的自组织调适，换工由原来的全时域换工转变为现在的半时域或约定时域换工，呈现出

---

① 〔美〕恩斯特·卡西尔著，甘阳译：《人论》，上海译文出版社，2004年，第9页。

螺旋适应型演变，既适应了旅游市场经济在社区的发展，在一定程度上又维系了社区长期延续的换工传统。甘堡社区无论是横向共时态还是纵向历时态均处于强参与形态，旅游活动对甘堡社区居民的生产生活方式产生颠覆性改变，使其从第一产业的农牧生产者彻底转变为第三产业的服务从业者，农牧生产社会关系伴生的换工习俗不再适应商业社会的新环境，即便个别年长的甘堡社区居民依然十分留恋换工习俗，但换工却与社区渐行渐远从居民的生活中淡出，呈现出直线渐进式演变。

（二）时空维度的少数民族传统社区文化调适缓冲区

旅游开发是少数民族传统社区经济社会发展的重要途径，民族文化是人们在长期生产生活中创造和积累的宝贵财富，民族文化也是全人类共同的财富，是全球文化多样性系统中不可或缺的一元，保护少数民族多元文化是我们共同的责任和义务。以甲居和甘堡社区为代表的两种换工变迁模式，反映出社区文化生态系统具有的自组织调适能力，并且，社区能否为文化生态系统适应提供充分的时间和空间，对社区文化发展变迁具有重要影响。如果有足够的时间和空间，少数民族传统社区就可能在一定程度上更好实现外来文化与本土文化的有机融合，既能适应新环境的变化，又能部分保留传统文化核心特质。因此，可以从时间和空间两个维度建立少数民族传统社区文化自组织调适缓冲区，为社区文化生态系统的自组织活动提供必要保障。

（1）建立时间维度的少数民族传统社区文化自组织调适缓冲区

用类似于"休渔期"这样的旅游接待空置期，使社区生态系统得到休养生息及自我调适的时间。类似于甲居这样处于历时态弱参与的农牧社区，由于交通、季节等因素，天然存在淡旺季之分，淡季游客稀少，如果取消淡季招徕游客的促销措施，进一步控制游客流量，就可以形成有效的时间缓冲区。对于其他可进入性介于甲居和甘堡之间的少数民族传统社区，可通过价格杠杆、政策导向等经济手段进行引导，比如旅游旺季（每年4月至10月）不提高门票价格，引导游客在这段时间前来旅游。淡季（11月至来年3月）取消门票优惠，甚至适当提高价格抑制游客人数，将少数民族传统社区导向历时态弱参与状态，形成社区文化生态系统自我调适的时间缓冲区。建立时间缓冲区并不是简单地控制游客数量，而是要通过调控游客进入少数民族传统社区的时间，创造出文化生态系统自组织调适的"休旅期",在一定时域内部分恢复社区居民原有生产生活方式。

少数民族传统社区文化自组织调适缓冲区的建立,运行措施并不难,难在观念扭转。几乎所有实施旅游开发的民族地区都以吸引到更多的游客,产生更大的利润为经营目标,譬如近年来西藏自治区政府为开发淡季旅游市场,隆重启动"冬游西藏"活动,出台了西藏旅游发展历史上优惠力度最大的促销政策,西藏所有3A级及以上景区全部免费,星级酒店房价按不高于旺季价格的5折执行等。因此,要限制游客数量,旺季降价或不涨价、淡季提价,完全与现行策略反其道而行之的新观念,肯定会让各方难以接受。然而,诸如少数民族传统社区这样的人文景区,与单纯的自然风景区完全不同,自然景区只有生物生态系统,而人文景区除了生物生态系统之外,还有民族文化生态系统,十年树木,百年树人,观念和思想的改变虽然缓慢,但是一旦发生变化,要想再重新恢复,就并非易事了。所以,对于少数民族传统社区旅游的运营管理,不能完全一概而论,采取与自然风景区相同的管理办法。从短期来看,自组织调适缓冲区的建立可能会造成一定时期内旅游收益的降低,但从长远来看,它能让少数民族传统社区文化消化吸收旅游带来的新特质,通过文化涵化与积淀保持旺盛的生命力和民族特色。并且,这种策略仅适用于历时态弱参与的少数民族传统社区,需要注意的是,社区增权是包含经济、文化、社会、环境、心理等在内的综合增权,短期可控的经济损失,如果能换来社区全方位的协调平衡增权,那么这种代价就是完全值得的。

建立少数民族传统社区文化自组织调适缓冲区,减少少数民族传统社区居民暴露在外来文化刺激场域中的时间长度,让少数民族传统社区文化系统有时间进行自我思考和自我调适。少数民族传统社区参与旅游的共时态弱参与—历时态弱参与形态与共时态强参与—历时态弱参与形态,在共时态上为少数民族传统社区居民提供了文化反思的机会,认真思考在应对旅游发展中,民族文化产生的内在适应性和外在适应性改变是否合理。比如,时间观念的改变,让大家办事更有效率,不仅适用于游客接待,在非旅游活动中也同样适用,观念改变使社区居民更有效地利用时间,从而获得更有价值的回报,因而,这种改变是积极的。工作取向—社会取向的改变,在旅游活动中似乎工作取向更具有现实的价值,但是,当一定时期内旅游活动减弱时,少数民族传统社区居民不得不短暂地恢复到原有生活场景中,类似于换工这样的社交活动又会重新引起他们对团结互助邻里关系的重视，这种短期恢复虽然是一个小事件，但它会促使传统文化的基因在少数民族传统社区居民中重新萌发，也许下一次就是烧茶和锅庄舞的恢复，不积跬步无以至千里，当这样的事件不断地发生，就会由量变产生质变，进而激发文化自信与文化自觉，少数民族传统社区居民能够自觉控制文化维度发生改变的方式与强度，保留民族传统文化的核心要素，维系和传承民族传统文化的根本特质。

（2）建立空间维度的少数民族传统社区文化符号意义保护区

空间维度上的少数民族传统社区文化意义符号保护区包括了有形的地理空间和无形的心理空间，可以分别建立地理空间结构的文化意义符号保护区和心理空间结构的文化意义符号保护区，适用于甘堡这类共时态和历时态都处于强参与状态的少数民族传统社区。戈夫曼的戏剧理论提出社会就像一个舞台，社会成员就是舞台上的演员，舞台的表演区域分为前台和后台。[①]麦康纳进一步将前台和后台由外到内分为6个区域，包括游客希望能够体验和分享的空间，称之为戈夫曼的前台。经过舞台化包装，在形式和功能上与后台相似的空间，称之为游客的前台。面向游客的经过精心加工，以假乱真，几乎与后台完全类似的空间，称之为前台。可以让游客进入，但没有进行舞台化修饰的空间，称之为后台。进行轻微改造以满足旅游者猎奇探寻需要的空间，称之为加工的后台。不对游客开放，保持原生态生活状态的空间，称之为戈夫曼的后台。[②]杨振之在麦康纳的基础上，针对旅游开发与少数民族传统文化保护提出了"前台、帷幕、后台"模式，以协调二者的发展平衡关系。前台是完全呈现给游客的舞台化空间，后台是民族原生文化的核心区，帷幕是前台与后台之间的缓冲区，它是前台与后台的过渡空间，将前台与后台分割，使文化的商业化在这一区域逐渐减弱，真实性逐渐增加，作为后台的屏障发挥文化保护作用。[③]

地理空间结构上的少数民族传统社区文化意义符号保护区，其目的在于将可供游客体验消费的舞台化空间区域与少数民族传统社区居民的核心生活区域区分开，建立前台与后台的过渡隔离区域，让少数民族传统社区文化系统有空间进行

---

① 〔美〕欧文·戈夫曼著，冯钢译：《日常生活中的自我呈现》，北京：北京大学出版社，2008年，第12—26页。
② 〔美〕麦康纳著，张晓萍译：《旅游者——休闲阶层新论》，南宁：广西师范大学出版社，2008年，第114页。
③ 杨振之：《前台、帷幕、后台——民族文化保护与旅游开发的新模式探索》，《民族研究》2006年第2期，第39—46页。

自我调适。譬如，四川省阿坝藏族羌族自治州桃坪羌寨在旅游开发中就探索出传统社区文化意义符号保护区的途径，即将老寨作为核心区保护，不接待旅游者住宿餐饮，仅限观光，使之成为后台或戈夫曼的后台，在老寨旁边修建新寨，并在设计上与老寨保持完全相似的建筑风格和布局，为游客提供参观、娱乐、住宿、餐饮、表演等各种旅游接待服务，使其成为前台或戈夫曼的前台，从而有效建立舞台空间和核心文化空间的过渡隔离带，使老寨的原生态生产生活方式得以保留，传统社区的文化生态系统得到有效的自我调适与恢复。

少数民族传统社区居民心理空间文化符号意义保护区，是地理空间文化意义符号保护区的补充，让少数民族传统社区居民从自我认识上，区分二元角色，适应旅游场域中的商业活动者与少数民族传统社区文化共同体的组成者之间的转化，在外来文化的交往交流过程中，自觉树立文化自觉与文化自信，坚定本土文化选择的权力，避免核心文化要素的消失，保护文化的多元性。正如亨廷顿所说，西方化和现代化密切相连，非西方社会吸收了西方文化相当多的因素，并在走向现代化中取得缓慢进展，然而，当现代化进程加快时，西方化的比率下降了，本土文化终将获得复兴。[①]

前文关于少数民族传统社区文化符号原真性与舞台化研究，提出文化的四种符号化形态，对少数民族传统社区居民而言，保留传统社区文化符号意义的形态有两种，即符号能指真实—所指真实，与符号能指舞台化—所指真实，最为重要的是维系文化符号的所指真实。四川省凉山彝族自治州盐源县泸沽湖镇是母系氏族社会的摩梭人世居之地，这里的摩梭人木楼建筑同传统样式相比，在建筑材料、建筑方式上都发生了改变，比如原来的屋顶是用木片瓦，现在改用烧制的青瓦，原来的建筑材料主要为木材，现在普遍使用水泥。然而，表现摩梭人母系氏族传统习俗的祖母屋、男柱女柱以及花楼在新建筑中依然存在，当地民族仍然认可建筑原有的文化内涵，尽管建筑符号的能指发生了改变，但所指还是真实的，就不会对民族文化产生根本性改变。

地理空间结构上的少数民族传统社区文化符号意义保护区，其实质就是要在少数民族传统社区建立类似于杨振之提出的前台、帷幕和后台区域。该理论从总体

[①]〔美〕塞缪尔·亨廷顿著，周琪、刘绯等译：《文明冲突与世界秩序的重建》，北京：新华出版社，1998年，第67页。

规划上为少数民族传统社区文化空间保护区域的建立提供了有效指导，但是对已经实施旅游开发的少数民族传统社区，要将已成为前台的区域转为后台，或者重新划定后台范围，可能会涉及少数民族传统社区居民现有旅游收益的变化，面临较大的变革阻力。并且，要从地理空间上阻止游客进入后台区域并不现实，拿着高像素智能手机，挂着大头单反相机的游客如同蚂蚁一样，顽强的四处寻觅未曾见过的目的地环境，出现在他们感兴趣的一切区域，如果硬性规定后台区域不能进入，只会激发游客的好奇心理，诱使他们想尽一切方法进入，反而失去保护效果。因此，对已进行旅游开发的少数民族传统社区，从民族文化的符号意义层面上，将帷幕进一步划分为前帷幕和后帷幕两个区域，文化能指舞台化、所指舞台化区域属于前台，能指真实、所指舞台化区域属于前帷幕，能指舞台化、所指真实区域属于后帷幕，能指真实、所指真实区域属于后台，形成空间结构上的前台、前帷幕、后帷幕和后台四个区域。这种划分既是少数民族传统社区地理空间意义上的划分，也是针对少数民族传统社区居民心理空间的划分。少数民族传统社区文化符号意义保护区的前台区域，是民族地区向游客完全展示的符号空间，各种语言、行为、物质符号的能指和所指都经过舞台化包装，以商品的形式供游客消费，在该符号区域内，少数民族传统社区居民扮演着完全的旅游活动参与者角色。前帷幕区则开始脱离前台，慢慢进入后台的过渡区，游客能够接触到少数民族传统社区居民真实生活中的部分场景，但为了适应游客对这部分真实生活区域的影响，少数民族传统社区居民必须将其同原生态符号意义区分开，即认识到区域内语言、行为和物质符号所指的舞台性。经过前帷幕，进入后帷幕区域，游客的影响依然存在，为了避免游客对后台的冲击，这一区域设置了舞台化的符号能指作为缓冲，但少数民族传统社区居民已能够认识到符号所指的真实性。最后到达后台，虽然也会有游客出现，但经过前台、前帷幕、后帷幕区域的缓冲，此时的少数民族传统社区居民重新恢复真实生活场景中的民族身份，赋予符号能指和所指的真实性，将外来文化的影响降至最低，从而实现对少数民族传统社区文化的保护。

综上，一方面，构建时间维度的少数民族传统社区文化自组织调适缓冲区，其目的在于为社区文化系统的自我调适提供充足的时间保障，控制外来文化元素的刺激时间。这种控制区别于对信源，即带来新文化特质的旅游活动的控制，而是着眼于信宿，即作为新文化特质影响对象的少数民族传统社区居民。另一方面，构建空间维度的少数民族传统社区文化符号意义保护区，其目的在于从地理空间结构和民族心理空间结构控制外来旅游文化的刺激强度，构筑一个符号意义层面上的保护缓冲空间，控制外来文化元素的刺激强度，避免少数民族传统社区文化自适应功能在外来文化的高强度刺激中丧失自我调适功能。符号意义保护区借助前台、前帷幕、后帷幕区域的缓冲，层层消减游客带来的文化影响，保护带有一定原真性的后台生活空间不受过多干扰，同时也控制了对其产生影响的信息数量，以免信息过载影响民族文化自组织调试的能力。在民族自信和民族自觉意识指引下，依靠传统文化对行为的惯性作用，少数民族传统社区居民能够逐渐适应旅游活动中的"二元化"身份，区分旅游接待与少数民族生活中不同的符号意义，避免产生角色认同混淆，在获取旅游发展带来的文化正能量同时，也能够有效保持少数民族传统社区的核心文化特质。

第二节 基于多重增权的少数民族传统社区文化保护发展路径

在少数民族地区的旅游开发中，涉及的主体相对比较广泛，比如少数民族传统社区居民、政府、投资商、运营商、社区、第三方以及游客等，他们对少数民族传统社区文化变迁产生直接或间接的影响，因而，在少数民族传统社区文化保护与发展过程中，需要充分调动多主体的积极性和能动性。

一、树立社区与居民对文化保护发展的主体意识

（一）增强少数民族传统社区居民的民族自信和民族自觉意识

少数民族地区具有秀美多样的自然景观资源，也有在长期生产生活中形成的民族文化资源，二者共同构成了旅游开发的核心吸引物体系。因此，少数民族传统社区居民不仅要保护好社区生态环境，更要保护好特色文化资源，为旅游产业开发和社区可持续发展提供根本的资源保障，决不能竭泽而渔，断绝子孙后代的发展道路。亚丁村的益西达瓦因为按民族传统改造民居后，没有吸引到预期的游客，而认为"大家对藏族文化没有太大兴趣"，事实上这是有偏差的。游客选择有卫生间、24小时供应热水的现代化旅馆，只是他们对长期形成的现代生活方式的惯性选择，试图以在家的方式完成离家的"朝圣"，并不表示对藏族传统居住文化的否定。反而，正是因为有这些独具特色的藏文化特质，才吸引到越来越多的游客。作为民族文化的创造者和共享者，少数民族传统社区居民对本民族文化有着最敏锐的感知能力。"春江水暖鸭先知"，在旅游强参与层次，亚丁村的不少藏民已经感受到旅游发展所带来的文化影响，"越来越计较利益"，"攀比心理增强"，"神话、故事都失传了"是他们对这种文化变化现象的直观描述。而在游客眼里，"当地居民越来越看重钱，什么东西都要钱，给路边的小孩拍个照片，他竟然也伸手要五块钱"，"商业化太严重了，很多民族文化展示看起来很假，没啥意思"，也许游客并不知道真正的民族文化是什么，但民族文化的展示想通过舞台化包装并没有让游客产生共鸣。正是这些潜移默化的改变，一方面侵蚀着传统的少数民族文化，造成少数民族传统社区居民的文化失权，另一方面也对旅游文化资源构成威胁，影响到少数民族传统社区居民的经济失权。

因此，从民族文化的真正主体出发，以文化增权为目的的民族文化保护，即提高少数民族传统社区居民的文化自觉与文化自信，在维持本民族文化传承的同时，享受到民族文化旅游开发带来的切实利益，只有这样，才能真正调动民族文化保护最重要力量的积极性，使民族文化生态系统得以长期可持续发展。过去那种单纯以维持民族文化原生态为目的的保护不切实际，谁都没有权力将少数民族传统社区居民隔绝于现代化发展之外。对少数民族传统社区而言，迫切需要增强居民的文化自觉和文化自信。费孝通先生认为，文化自觉指生活在一定文化中的人对其文化有"自知之明"，明白它的来历、形成过程、所具有的特色和它的发展趋向……文化自觉是一个艰巨的过程，首先要认识自己的文化，理解所接触到的多种文化，才有条件在这个正在形成中的多元文化的世界里确立自己的位置，经过自主的适应，和其他文化一起，取长补短，建立一个有共同认可的基本秩序和一套各种文化能和平共处、各抒所长、联手发展的共处条件。[1]在少数民族传统社区，旅游活动的开展带来了广泛的影响，使得少数民族传统社区居民不得不面对外来文化的碰撞，尤其是在具有吸引力的大都市文化面前，社区居民在主客互动中需要学会适应。[2]在适应过程中，缺乏对外部文化认识的少数民族传统社区居民很可能会被看上去更具有吸引力的大都市文化所征服，一如改革开放打开国门

---

[1] 费孝通：《对文化的历史性和社会性的思考》，《思想战线》2004年第2期，第1—6页。
[2] 〔美〕瓦伦·L.史密斯著，张晓萍、何昌邑译：《东道主与游客：旅游人类学研究》，昆明：云南大学出版社，2002年，第44页。

后，很多人接触到西方现代文明为之震撼，一度出现西化崇洋之风，而忘记了中国有自己的国情，早在一百多年前的洋务运动时期，晚清重臣张之洞就提出中学为体，西学为用。每一个民族都是社会大生态系统中不可或缺的组成部分，都有存在的价值和必要，在面对强势外来文化时，少数民族传统社区居民要有充分的民族自信和自觉，既不妄自菲薄，也不盲目自大。每个民族都有自身的特点，淮南为橘，淮北为枳，对别人好的东西未必就一定适合自己，找准适合本民族发展的道路极为关键。旅游目的地的少数民族传统社区居民，可以去享受现代文明的物质成果，但在精神上应该始终保持本民族意识，维系民族文化的发展与传承，并以此作为民族地区旅游可持续发展的重要依托。

（二）以多重增权为目的的少数民族传统社区参与旅游

少数民族传统社区参与旅游是旅游活动发展的趋势，作为民族文化资源的创造者和拥有者，旅游开发不可能将少数民族传统社区居民排斥在外。孙九霞的研究发现，社区参与旅游强度与文化保护程度呈正相关，社区参与有效提升了少数民族传统社区居民的文化认同和社区认同，自我意识的觉醒为文化保护与发展提供了源源不竭的动力保障，社区参与的程度越强，对文化保护的积极性就越高，效果也越显著。[1]在不同的民族地区，社区参与旅游的强度会随着旅游发展的形式和程度有所区别，一般而言，在市场经济利益向心力的趋势下，会由弱参与向强参与方向发展。在旅游开发初期，少数民族传统社区参与旅游的主要目的是经济增权，期待通过旅游接待等活动，获取更多的经济利益。旅游活动能够给居民带来比传统生产活动多数倍的现金收入，迅速提高他们的生活水平，这是旅游带来的立竿见影的现实利益。

然而，旅游增权不仅仅是经济增权，还包括文化增权、心理增权、社会增权以及环境增权等，不能只关注经济增权而忽视了其他方面。比如亚丁居民雪狼在访谈中说："现在虽然整体收入提高了，但以前淳朴自然的生活方式被改变了，人与人的攀比心理增强了……年轻一代对藏传佛教的信仰减弱了，民族文化的传承出现危机，许多藏族神话、故事都失传了。"实质上，雪狼描述的现象就是社区在旅游参与中过度追求经济增权而导致的心理和文化失权，雪狼这类最早获得经济增权的社区居民，开始自觉反思在旅游发展过程中所带来的文化变迁。根据木桶

---

[1] 孙九霞：《传承与变迁——旅游中的族群与文化》，北京：商务印书馆，2012年，第278页。

原理，一只木桶盛水的多少，不取决于最长的那块木板，而取决于最短的木板，旅游增权是一个整体，就像一只木桶，如果只有经济增权，而心理、文化、社会失权，这些短板会极大减弱整体旅游增权的效果，甚至最后还会导致经济失权，影响整个社区的可持续健康发展。在社区参与旅游初期，各种新鲜事物和利益使社区居民应接不暇，无法周全考虑，但随着参与程度的加深，社区应该统筹兼顾，不仅关注经济增权，更要将重心放到文化、社会和心理增权等方面，使其相辅相成最终实现旅游全面增权。

二、强化政府与企业对文化保护发展的责任行为

（一）地方政府深度介入少数民族传统社区文化保护

自20世纪80年代以来，改革开放已有四十余年，但计划经济时代的影响依然若隐若现，在中国西部的部分少数民族地区，大政府、小社会的发展模式仍旧明显，政府尤其是党政机关主要负责人的意志对民族地区旅游发展的方向影响巨大。目前，政府主导、企业主导、政府与企业联合主导、社区与政府联合主导、NGO主导、社区自主开发、社区与企业或NGO联合开发等是少数民族传统社区旅游开发模式的主要类型。不管以何种形式的开发，政府都具有举足轻重的地位和影响。世界旅游组织认为，政府在发展中国家的旅游开发中应发挥协调、立法、规划与投资四项职能。比如政府强力实施的非物质文化遗产传承人制度，选拔和认定传统手工技艺、民间文学、美术、传统医药等领域的非遗传承人，并为其延续发展提供各类支持，抢救了上千种濒临失传的技艺习俗，这种由政府意志推行的制度化、常态化保护机制产生了积极的效果。在缺少工业、科技、金融等资源的民族地区，丰富的旅游文化资源成为当地政府发展经济的重要途径，被各级领导寄予重托。一时间各种旅游发展规划、各色投资商、各路专家学者粉墨登场，经过精心包装和运作，民族地区的旅游产业便拉开了序幕。以丹巴县甲居藏寨为例，甲居藏寨坐落于卡帕玛群峰起伏的山峦上，因其掩映在绿树丛中连绵不绝的红白相间藏式楼房而闻名于世，曾被《中国国家地理》评为"中国最美的六大乡村古镇"之首。甘孜州和丹巴县早在20世纪90年代就将甲居列为旅游开发的重点项目，但是由于甲居地处偏远，交通极为不便，又属于民族地区，本地企业没有能力开发，外地投资商又望而却步，而政府财政能力有限，落后的道路基础

设施极大限制了游客进入。直到2005年政府才提出建立甲居旅游发展基金,向游客收取20元的门票纳入基金,以此为抵押向银行贷款,修通了从丹巴县城到甲居藏寨的十余公里柏油路,由此才拉开了甲居旅游快速发展的序幕。在民族地区旅游发展中,政府的重要性不言而喻。

近年来,政府积极筹划并组织"政府搭台,企业唱戏""文化搭台,经济唱戏""文化搭台,旅游唱戏"等各种活动,表现为民族地区颇为流行的各类旅游节日,比如"中国拉萨雪顿节""中国西藏当雄'当吉仁'赛马节""中国凉山彝族国际火把节""中国四川丹巴嘉绒藏族风情节",这些节庆活动在一定程度上的确扩大了地区影响,吸引了更多游客,作为旅游开发的主导者,政府看重的是如何将文化资本转化为促进地方发展的经济资本,但是文化有其自身的存在、发展逻辑,民族文化成为发展经济的一种手段,作为"引诱资本之物"被引向市场后,其发展的方向必然会有所变化。[1]因此,随着旅游产业发展的深入,政府在解决旅游市场、利益分割、区域发展等问题的同时,也要更加重视民族文化保护问题,采取实质性措施深度介入民族文化保护,而不仅仅是口头表态。在文旅融合发展中,要尊重文化和旅游的发展规律及客观差异,找准文化和旅游融合发展的切入点,因地制宜地推进文旅融合,注重文旅融合的效果。民族文化既是可再生资源,又是不可再生资源。如果得到有效的开发保护,民族文化就能代代相传,成为民族地区招财纳宝的可持续资源。反之,如果一味过度开发而不重保护,最后不仅会丧失吸引游客的文化独特性,连本民族自身的文化认同也会陷入危机。

(二)旅游企业树立真正的民族文化保护意识

在民族旅游目的地,旅游企业对文化保护的作用也不可小觑。不可否认,实现利益最大化,是所有企业经营的根本目的,民族地区旅游企业也不例外。任何资源都必须转化为商品才能进入市场销售,企业在旅游产业中扮演着旅游资源商品化的重要角色。为了迎合游客对民族旅游凝视的需要,有的企业往往不顾对民族文化的过度商业化和庸俗化。西双版纳傣族园景区的泼水广场每天都有泼水节活动,每天两场:第一场14:50,第二场16:30,美其名曰"天天欢度泼水节",将一个民族节日包装成为主题公园的亲水娱乐节目,满足了游客即时体验民俗活动的需求。泼水节原本是傣族的新年,也是傣族、德昂族最盛大的传统节日,人们

---

[1] 〔英〕迈克·费瑟斯通著,刘精明译:《消费文化与后现代主义》,南京:译林出版社,2000年,第156页。

在欢声笑语中互泼清水，展示对朋友的祝福，洗去不洁，迎来幸福美满的新年。由于反复持续的商业化表演活动，至少对于直接或间接涉及活动的傣族员工而言，泼水节的神圣意义已经消失殆尽，剩下的只是民族文化外壳下日复一日的标准化程序性服务工作。

随着游客对民族旅游原真性认识的深入，在旅游活动中排斥过度商业化的民族文化产品，这使不少企业逐步认识到越接近原生态的东西越能吸引游客，开始有意识地保护文化原生态。比如，在甘堡藏寨如果居民修建现代样式的楼房，会被加以劝阻或改建，以维持藏寨统一的传统石头民居风格。文化从结构上包括物质文化、行为文化、惯制文化和精神文化，由浅入深对居民的价值观和行为发挥引导作用。但大部分旅游企业对少数民族传统社区的文化保护停留在外显物质层面的初级保护，对行为文化、惯制文化和精神文化等更深层面的文化缺乏认识和关注。事实上，如果少数民族传统社区文化的内核产生较大变化，依靠人为干预很难阻挡外显物质文化的改变。就像甲居藏寨的社区青年，从思想上已经被外来游客的价值观同化，那么喝可乐、吃快餐、上网、玩手游等事情就变得自然而然了。因此，旅游企业应该树立系统的民族文化保护意识，在旅游经营中避免文化过度商业化和空心化，竭力保护民族精神文化的内核不受过度冲击，同时协助少数民族传统社区和居民建立时间维度的文化自组织调适缓冲区和空间维度的文化符号意义保护区，实现少数民族传统社区的可持续发展。

三、激发游客与第三方参与文化保护发展能动性

（一）引导游客自觉维护民族文化生态环境

在民族旅游地区的文化变迁中，游客是最重要的影响因素，也是外来新文化因素的主要载体，他们在与少数民族传统社区居民的交往中，无时无刻不在传播着自身的价值观、信仰、行为和意识，对少数民族传统社区居民产生直接影响。科恩认为，现代的大众旅游者逐渐放弃了传统的、神圣的宇宙形象，对他者的文化、社会生活和自然环境日益觉醒，试图离开惯常环境，逃离熟悉的生活环境，去寻找非惯常的、特殊的、不一样的环境和事物。[1]通过对民族地区文化的探索，现代游客在物欲横流的都市文化之外，寻找到一种接近于自然社会的原生态文

---

[1] 〔以色列〕科恩著，巫宁等译：《旅游社会学纵论》，天津：南开大学出版社，2008年，第84页。

明，从短暂的旅行中获得心理上的朝圣体验，相对于一般的观光度假旅游更能吸引身处现代文明的中青年游客。各民族旅游目的地每年接待的游客数量都在逐年上升，直接增加了民族地区的旅游收入，但对民族文化而言，这却是一把双刃剑。

一方面，旅游业会对地方文化产生积极的影响，旅游者对地方文化的兴趣，如历史、艺术品等，在某种条件下会增强少数民族传统社区居民的文化自信与文化自觉意识等；另一方面，为了旅游而对民族性进行包装并使其商品化，在一定程度上对原生态的本土文化进行了改变，使得文化的内涵加入了新的商业化元素。[1]游客在欠发达地区的旅游活动，引发了强势外来文化对弱势本土文化的涵化，尤其是来自发达地区的游客所展示的消费行为方式，使得欠发达地区居民盲目地学习和模仿，丧失文化自我认同感和独立性。[2]很多游客的无意行为往往会导致意想不到的效果，比如，游客在亚丁看见藏族小孩很可爱，拍了张照片，随手给了孩子5块钱的小费，这种行为在早以适应市场经济的现代游客看来并无不妥。但是对少数民族传统社区居民而言，却如同打开了潘多拉之盒，原来举手之劳也能挣钱，而金钱可以让他们买到自己喜欢的东西。市场经济一旦引入，就像爬山虎一样迅速生根发芽，下次，拍完照后社区居民可能就会主动向游客要钱。好客是少数民族的天性，游客到家中参观会受到主人的热情招待，现在，进门就得交钱。游客从开始的饱含欣喜，到逐步抱怨少数民族传统社区居民唯利是图，事实上，这一切的起因和游客也有莫大关系。为了维护民族地区良好的文化生态环境，保护这些为数不多的"圣地"，游客在旅游过程中，应尽可能地避免自身价值观和行为对少数民族传统社区居民的过多影响，做一个伍德提出的"好旅游者"。所谓好旅游者是从个体社会行为的角度提出，其理念最初来源于学术界和环保组织等对环境保护的呼吁和良好的旅游形式及行为的倡导，而后发展为采用一种新的旅游伦理和方式进行旅游，如果多一位游客成为一名好旅游者，少数民族传统社区文化的保护和传承就会多一分力量。

（二）鼓励第三方积极参与民族文化保护

在少数民族旅游目的地，活跃着一大批非政府组织（NGO）、非营利组织

---

[1] 〔美〕瓦伦·L.史密斯著，张晓萍、何昌邑译：《东道主与游客：旅游人类学研究》，昆明：云南大学出版社，2002年，第161页。
[2] 王宁：《旅游、现代性与"好恶交织"——旅游社会学的理论探索》，《社会学研究》1999年第6期，第93—102页。

（NPO）以及各类研究机构，他们独立于当地政府和旅游市场之外，根据各自不同的目的在民族地区开展活动。孙九霞认为，第三方力量在民族地区的旅游开发中扮演着协调者的角色，首先是联系政府、企业和社区居民，协调各种关系；其次，对居民开展相关培训指导；再次，对地方政府和企业的开发管理提供咨询服务；最后，开展各类宣传活动。①以NGO为例，它兴起于20世纪80年代，其诞生是与工业化进程中全球人口、贫困和环境问题的日益突出密切相关，为了弥补政府和市场在处理这些问题上的不足，民间出现了一批既非政府分支机构，也非经济实体的组织，致力于解决全球可持续发展等各种社会问题，活动的经济来源主要依靠社会和私人的捐赠。随着现代化进程的加速，我们遇到越来越多的新问题，而"大社会、小政府"的发展趋势，使得很多问题不再依靠政府解决，NGO的出现不仅是社会进步的标志，也探索出一条解决现实问题的新途径。在稻城亚丁，"自然之友"组织早在多年前就已经介入亚丁自然环境的保护，为当地旅游开发中的环境保护提供了非常有益的指导和帮助。目前，以NGO为代表的第三方组织，在民族旅游地区的活动主要集中于环境保护，提高少数民族传统社区居民收入，帮助居民摆脱返贫风险，救助失学儿童，劳动力技能培训，医疗健康救助等方面，相对这些工作而言，民族文化保护实施难度大，开展的周期更长，短时间能够看到的效果也不明显，因此，部分NGO没有将其纳入工作范围。民族文化是维系民族根本存在的重要精神力量，在旅游产业快速发展的背景下，更需要获得第三方专业组织的关注。

此外，与民族旅游相关的专家学者也应该积极发挥自己的专业能力，通过项目规划、参观指导等途径，向民族地区政府和旅游企业建言献策。当今社会是知识经济时代，知识在认识自然和改造自然过程中发挥的巨大力量已被大众所认可，诸多事实表明，只有遵循规律才能事半功倍，专家学者依靠丰富的知识储备和专业的探索能力，具备寻找和总结规律的能力，因而备受社会尊重。高级知识分子作为社会文化精英，较普通人享有更大的影响力，同时也更有义务去担当维持社会文化生态平衡的历史责任，因此，专家学者不仅要通过研究积极探索民族文化保护与发展的合理建议，更要身体力行尽可能参与到民族旅游地区文化保护的实践中，帮助地方政府、少数民族传统社区和居民在受益于旅游开发的同时也

---

① 孙九霞：《传承与变迁——旅游中的族群与文化》，北京：商务印书馆，2012年，第263页。

能维系本民族文化的长久传承。

四、建立耗散性少数民族传统社区综合管理理念

（一）少数民族传统社区的耗散性结构特征[①]

比利时物理化学家普利高津（Prigogine）提出耗散结构理论(dissipative structures)，提出一个开放系统在从平衡态到近平衡态再到远离平衡态推进的过程中，当到达远离平衡态的非线性区时，一旦系统的某个参量变化达到一定的阈值，通过涨落，系统就可能发生突变（即非平衡相交），由原来无序的混乱状态转变为一种时间、空间或功能有序的新状态。这种有序的新结构需要不断与外界交换物质和能量才能维持，而这种需要耗散物质和能量才能维持的有序结构被称之为耗散结构。[②]耗散结构要求系统必须是开放的、孤立的，系统只有远离平衡态才能产生负熵，以抵消系统内的熵增。系统要有持久的涨落动力，外部因素的干扰推动系统发生质变，跃迁到新的稳定有序的耗散系统。[③]

从耗散性结构视角审视，首先，少数民族传统社区具有开放性。在现代语境下，任何文化为了更新自己或影响其他文化，不可避免地会失去一些自身的东西，但这并不意味着民族文化特质的去除，反而表明了民族文化的发展。[④]只有保持开放，才能获得发展的活力。综观少数民族传统社区的发展历史，那些地处交通要道，或者具有盐、茶、烟、铁、煤等丰富资源的社区，往往能够获得比其他社区更强的发展动力，成为历史文化名村，无论是其发展规模还是生命力都更为强大，其原因在于这些少数民族传统社区通过客流、商流、物流、资金流、信息流等形式，与外部环境始终保持频繁联系，从而形成经久不衰的社区文化经济活动系统，为社区发展提供了源源不绝的动力支撑。其次，少数民族传统社区需要远离平衡态。现代服务经济形态逐步改变和取代原有的传统农业经济形态，在传统与现代的激烈碰撞中，外来文化与社区文化交往、交流、交融、涵化，使得少数民族传统社区系统进入一种非平衡状态，激发社区的自组织系统，逐步适应新

---

① 李文勇、咸兴宇：《少数民族文化村寨动态耗散性保护发展模式研究》，《成都工业学院学报》2014年第1期，第45—47页。
② 湛垦华、沈小峰：《普利高津与耗散结构理论》，西安：陕西科学技术出版社，1998年。
③ 陈戈止：《信息系统与管理》，成都：西南财经大学出版社，2001年。
④ 龚锐：《断裂与重建：民族旅游开发与民族文化的再构建》，《贵州民族学院学报》2007年第5期，第5—7页。

的环境。再次，少数民族传统社区需要有内在的涨落动力。旅游开发打破了传统社区原有的内外平衡，其作为一个稳定的社会生态机制会被外部环境的各种信息、人员、物质和价值导入所破坏，在发展运行中受到众多内外因素的干扰，可能偏离常态形成涨落。在各种涨落作用下，社区系统内部及其与外部环境之间的物质、能量与信息的不断相互作用，构成系统整体演化的内在动力。

作为耗散性结构系统，少数民族传统社区的发展过程可以解释为系统熵的变化过程。熵的变化分为两部分：一部分是系统本身由于不可逆过程引起熵产生（diS），另一部分是系统与外界交换物质和能量引起熵流（deS），系统熵变化dS为两项之和，dS=deS+diS。在开放系统条件下，少数民族传统社区的熵dS由deS和diS两部分组成，即dS=deS+diS，deS为社区系统与外界产生的熵交换，diS为社区内部产生的熵增。旅游开发等现代化进程中的一系列活动，为少数民族传统社区引入了新的机制和新的文化，促使社区系统不断输入负熵。当系统达到一定开放程度时，少数民族传统社区系统的熵交换deS<0，为负熵，当|deS|>diS时，dS=deS+diS<0，此时，少数民族传统社区系统就会从低序的组织演化到高序的组织，具有更强的可持续发展性。此外，还可以用函数y=f(x)表示少数民族传统社区系统的非线性特征，假设X0是系统平衡态，Δx是对平衡态的偏离，Δx对系统y的影响是非线性的，在平衡态附近将f(x)按泰勒级数展开，即y=f(x+Δx)=a+b(Δx)+h(Δx)。当Δx足够小时，系统处于平衡态，非线性的影响h(Δx)是可以忽略不计的干扰，y由b(Δx)决定，系统具有近平衡结构，此时不会产生自组织结构。但随着Δx的增加，非线性因素的作用也在增加，线性项b(Δx)的影响逐步降低，非线性项h(Δx)成为影响系统特性的主要因素，少数民族传统社区内部自组织形成耗散结构。[①]

旅游开发背景下的少数民族传统社区综合管理，其实质在于将社区各子系统有机地自我组织起来，实现从无序到有序、从简单向复杂、从粗放向精细的系统进化，不断提高自身的复杂程度和精细程度，以社区可持续发展为目标，有效利用内外资源，实现文化、经济、社会、环境效益的良好协调。因此，少数民族传统社区应以系统开放为前提，通过与外界环境进行的客源流、资源流、信息流等多种形式交换，输入适应社会发展的新文化特质，形成较强的负熵流，用以消除

---

① 苗东升：《系统科学概论》，北京：中国人民大学出版社，2007年，第250—254页。

少数民族传统社区在旅游开发低序期管理粗放性和盲目性带来的系统熵增，通过系统各要素的不断改进和发展，在非线性的相互作用中，实现传统社区系统自组织的有序化演变，推动文化环境适应性保护与发展。

（二）建立少数民族传统社区动态耗散性保护发展模式

基于耗散性结构的发展规律，建立少数民族传统社区动态耗散性保护发展模式，有助于在复杂多变的环境中对传统社区实施系统综合管理，避免过度商业化、文化快餐化、传统断裂化等现象对少数民族传统社区造成的文化破坏。少数民族传统社区文化保护与发展是一个系统工程，需要少数民族传统社区居民、社区管理机构、政府以及相关企业等各利益相关体的共同努力，根据社区参与旅游发展的不同阶段采取差异化的保护策略：在实施旅游开发前，采取耗散性保护策略；实施旅游开发中，采取动态性保护策略；实施旅游开发后，采取系统性保护策略。

首先，在旅游开发前，采取耗散性保护策略。文化不是一个静态的系统，而是具有耗散性特征的开放系统，只有与外界时刻保持信息流、物质流、能量流的交换，才能为少数民族传统社区输入负熵，提供文化健康可持续发展的动力。在全球化的时代背景下，如果少数民族传统社区为了追求所谓的文化原真性而将自己封闭起来拒绝接受新事物，其结果必然是逐步丧失发展活力而走向衰竭。实践表明，少数民族传统社区参与旅游发展对文化传统保护产生了积极的正效应，旅游参与强化了少数民族传统社区居民的自我意识，增强了对社区的认同感，促进了民族文化的保护发展和传承，并且参与的程度越高，少数民族传统社区居民的文化保护意识越强，文化保护的效果越好。[1]因此，少数民族传统社区要积极与外界形成互动，通过外出务工、销售土特产、展示文化、直播视频等方式"走出去"，通过引入优秀文旅企业、农业产业化企业等方式"引进来"，主动推进社区与外界的信息、物质交换，采取耗散性保护策略以促进少数民族传统社区的文化、社会发展。

其次，在旅游开发中，采取动态性保护策略。旅游开发背景下的少数民族传统社区文化环境适应性保护与发展是一个新课题，西方有少数族裔保留地的先例，但其经验不能完全照搬。结合西部民族地区的实际情况，在旅游开发中可实

---

[1] 孙九霞：《传承与变迁——旅游中的族群与文化》，北京：商务印书馆，2012年。

施动态性保护策略，即根据环境动态变化实时采取针对性保护措施，比如限制对文化核心区域的商业开发，引导旅游文化产品的创新，增强少数民族传统社区对环境的适应能力。任何文化要具有长久的生命力，就必须根据环境的变化做出适应性调整，这种调整可能会丧失一些民族文化的特质，但从长远来看，吸纳环境变化带来的新元素，恰恰是民族文化得以不断传承的关键。

再次，在旅游开发后，采取系统性保护策略。少数民族传统社区文化保护不仅仅是保护某一传统、某项习俗或某种建筑、服饰等，而是从物质文化到精神文化的全面系统保护与发展。安德森和卡特（Anderson & Carter）指出，系统存在于从个人到文化乃至社会的各种层次，由直接或间接地在一个因果关系网络中联系着的诸要素或组成部分构成的综合体，每一部分在特定时期以大致稳定的方式同其他一些组成部分相联系。[①]换言之，少数民族传统社区文化系统是一些共同构成单个实体的相互联系着的活动的有界集合，如少数民族传统社区居民、家庭、组织、社区、社会和文化都包含其中。旅游市场化经营带来的生产生活方式的变化，游客持续进入带来的新价值、新观念，都会对少数民族传统社区文化系统产生影响和冲击。除了外显的物质文化保护，内隐的价值习俗保护同样重要。一方面，社区管理方要通过市场引导、政策导向等方式制止民族文化的过度商业化、低俗化、快餐化等不良趋向。另一方面，积极引入文化保护专家、非政府组织（NGO）、有社会责任意识的企业等专业人士或组织定期检测评估少数民族传统社区的文化生态状况，建立社区监测体系和问题解决机制。

此外，少数民族传统社区作为耗散性结构，由于组织内的效率递减及熵增规律，其管理系统的运行过程会表现为正向能力的衰减而负向能量加大的特征。因而，少数民族传统社区需要产生负熵，使远离平衡态的组织能够抵消熵增，这就需要不断与外部环境进行信息、物质、能量的有效交换，促使组织由无序向有序的方向发展，保持对环境的适应能力，生成少数民族传统社区管理耗散结构。[②]因此，少数民族传统社区有必要从五个方面提升系统管理负熵的能力。一是环境感知能力（ability of adapt environment），即少数民族传统社区有效应

---

① 〔美〕安德森、卡特著，王吉胜等译：《社会环境中的人类行为》，北京：国际文化出版公司，1988年。
② Ren Peiyu, Zhang Li, Song Yong, "Complexity Science Based Theory of Management Enentropy & Management Dissipation Structure and Role in Business Organization and Decision Making", *Management World*, 2001, (6), pp. 142-147.

对外部环境变化并做出反应的能力，比如环境分析能力、市场感知能力和创新发展能力。少数民族传统社区面临的是一个动态变化的环境，必须能够迅速感知环境的非线性变化，通过对环境的分析和市场的感知，不断学习和创新，对现有资源和管理进行变革，形成再生性动态能力。二是资源协调能力（ability of coordinate resource），即少数民族传统社区对内外部资源的重构和协调能力，比如资源重构能力、内外协调能力。能够有效整合政、商、学等各类资源，在发展社区经济的同时，维系文化传统的传承与发展，营造生动活泼的社区文化环境，促进社区居民的全面发展。三是组织学习能力（ability of organize learning），即少数民族传统社区对新文化、新知识信息的学习接受能力。在信息时代，少数民族传统社区只有打造成为一个开放的学习系统，不断接受外来的新知识、新事物和新思想，才能使自身与外界保持信息平衡，避免信息不对称带来的发展损耗。四是危机处理能力（ability of crisis management），即少数民族传统社区对突发事件的应对能力。由于环境的变化速度日趋加快，少数民族传统社区也面临越来越多的挑战和不确定性，尤其在旅游发展背景下，更需要制定危机预案、建立危机预警等方式，增强社区对旅游活动等造成的文化、社会危机的处理能力，增强少数民族传统社区居民的文化自信与文化自觉。五是系统创新能力（ability of system innovation），即少数民族传统社区改革创新、开拓进取的能力，在社区管理中树立创新思维，勇于面对外来新事物，积极改变传统的观念模式，克服旧有思想束缚，用不同的创新思维方式，解决少数民族传统社区文化保护和发展的问题。

本章小结

西部少数民族传统社区文化的形成基础是生产力和生产关系，历史和现实的生产生活状态塑造了社区居民的价值理念和行为方式。社区居民在社会化过程中，逐步成为社区生活共同体的成员，这是经济基础决定上层建筑规律的体现。文化具有相对稳定性，但文化的发展与变化，是自然与社会演变的基本特征。任何一种文化都会在与环境的交互作用下，不断探索和改变自身的文化特质和文化形态，以适应环境的发展，维系文化的存在。现代化进程对少数民族传统社区的文化产生了极大影响，但这并非是对传统的毁坏，而是传统文化为适应现代化的发展要求，自觉对原有观念、习俗、制度的调整与完善，以增强文化的生命力。[①]近年来，如火如荼的旅游开发成为民族地区经济社会发展的重要途径，影响了少数民族传统社区的社会结构和传统形态，表现为换工等传统习俗的变化，出现了直线渐变型变迁与螺旋调适型变迁等多种文化变迁类型，这是少数民族传统社区文化系统根据外部环境变化而进行的自我调适。谁也无法阻挡旅游等现代产业发展的步伐，也没有权力干涉少数民族传统社区及居民追求美好幸福生活的合理诉求。社区文化是少数民族传统社区居民在长期的生产生活中产生的财富积累。并且，文明的繁盛、人类的进步，离不开求同存异，开放包容，离不开文明交流，互学互鉴。任何一种族群文化都是世界文明宝库的组成部分，是世界文化多元体系中不可或缺的一元，保护少数民族传统社区文化多样性是所有人的义务和责任。

通过建立少数民族传统社区文化系统自组织调适时空缓冲区，促进少数民族传统文化与现代文明的有机融合，实现文化保护与旅游经济的协同发展。具体而言，构建空间维度的少数民族传统社区文化符号意义保护区，其目的在于从地理空间结构和民族心理空间结构控制外来旅游文化的刺激强度，构筑一个符号意义层面上的保护缓冲空间，控制外来文化元素的刺激程度，避免少数民族传统社区文化自适应功能在外来文化的高强度刺激中丧失自我调适功能。构建时间维度的少数民族传统社区文化自组织调适缓冲区，其目的在于为社区文化系统的自我调适提供充足的时间及空间保障。通过科学有效的人为干预与引导，为少数民族传统社区文化自我调适创造条件，促进传统生产生活方式的恢复，让换工等习俗回归少数民族传统社区居民的日常生活，从而激发居民的文化觉醒和自觉意识，使得少数民族传统社区在现代化进程中，既能充分享受旅游产业发展带来的多重增权，又能维系社区文化的核心基因，保持文化的多样性和传承性。此外，树立社区与居民对文化保护发展的主体意识，强化政府与企业对文化保护发展的责任行为，激发游客与第三方对文化保护发展的参与动能，建立耗散视角的社区综合管理理念等，也是西部少数民族传统社区文化环境适应性保护与发展的有效途径。

---

① 〔美〕西里尔·布莱克著，杨豫译：《比较现代化》，上海：上海译文出版社，1996年。

结论与展望

第一节 研究结论

一、少数民族传统社区文化是一个动态流体

文化不是一个凝固不变的实体，而是一个发展变动的过程，是一个"活"的流体。少数民族传统社区文化的存在形式是动态的，在内外部因素的交互作用下不断变化发展，维系民族在长期生存与发展过程中凝聚的集体记忆的稳定性和延续性。譬如，华夏最古老民族之一的羌族，在历史发展中形成了"议事坪"习俗，体现羌族在游牧部落时期的军事民主议事制度，遇有重大事宜，首领在此召集会议，作出决策。平时，这里又成为青壮族人演练武艺，提升技能的场所。羌族传统社区流传着一句俗语："十五岁行成年礼，二十岁能在议事坪讲话，才算是好汉。"然而，随着环境变化，稳定的农耕生活取代了颠沛流离的游牧生活，"议事坪"习俗也逐渐消失。多样性是世界的基本特征，也是人类文明的魅力所在。不同文明包容共存、交流互鉴，在推动人类社会现代化进程、繁荣世界文明百花园中具有不可替代的作用。一切生命有机体都需要新陈代谢，否则生命就会停止。文明也是一样，如果长期自我封闭，必将走向衰落。交流互鉴是文明发展的本质要求。只有同其他文明交流互鉴，取长补短，才能保持旺盛生命活力。人类历史进程中没有一成不变的文化，民族文化体系的形成过程同样也是文化元素发展与变化的过程。各民族通过商贸、通婚、迁徙、杂居等多种形式的接触、联结和融合，促进了各民族文化之间的交往交流交融互鉴，构建出你来我往、你中有

我、我中有你的多元共同体，携手创造出辉煌灿烂的中华民族文化，正所谓"和羹之美，在于合异"。

在全球化、现代化的背景下，尤其是大众旅游、民族旅游的兴起，使得西部少数民族传统社区面临前所未有的环境变化，对社区文化产生了深刻影响。田野调查发现，少数民族传统社区居民的衣食住行、消费方式及教育方式都发生了改变。在反映人与人关系的文化内在维度上，如社会取向与任务取向、个人主义与集体主义、民族宗教信仰。在反映人与自然、社会关系的维度，如时间维度、语言维度、不确定性规避维度都发生了不同程度的改变。从文化意义符号层面，可以将少数民族传统社区文化主客二维原真性与舞台化的关系，分为象征性、指示性、意指性和隐喻性四类文化符号的表现形态，不同文化符号的组合反映出少数民族传统社区在旅游场域中的文化状态。调查还发现少数民族传统社区参与旅游的三种影响状态，即弱—弱介入对文化的离散型影响、强—强介入对文化的聚集型影响、强—弱介入对文化的螺旋型影响，并进一步总结归纳出以甲居藏寨社区为代表的螺旋适应性型文化变迁、以甘堡藏寨社区为代表的直线渐变型文化变迁。少数民族传统社区文化是一个开放、动态的有机体系，在遭遇内外环境变化时，即使初期由于传统和习俗的惯性而产生条件反射式的抗拒，但随着文化自组织调适机制的运行，少数民族传统社区会演变出新的生产生活方式和利益格局，吸纳新的文化特质，从而适应环境的变化。

二、文旅融合是传统社区可持续发展之路

西部少数民族传统社区由于地理区位偏僻、资源贫乏、劳动力匮乏等原因，发展不平衡不充分现象较为突出。当前，中国特色社会主义已进入新时代，在全面建成小康社会的背景下，旅游开发为西部少数民族传统社区提供了致富增收、高质量特色化发展的机遇，尽管部分传统社区参与旅游过程中，出现急于求成、过度开发等情况，对社区文化产生了不利影响，但整体上对少数民族传统社区的文化、经济、社会产生了积极的促进作用，尤其是对民族文化遗产保护，如历史建筑、风情习俗、传统手工艺、口头文化及非物质文化遗产等的发掘保护和开发利用发挥了显著功效，四川省阿坝藏族羌族自治州黑水县色尔古藏寨、汶川县萝卜寨等少数民族传统社区旅游开发前后的文化保护状况明显不同，旅游活动让社区居民的文化自信与文化自觉意识得到显著提升。以文化为内核，以旅游为载体，以文塑旅、以旅彰文。党的二十大指出，要以社会主义核心价值观为引领，发展社会主义先进文化，弘扬革命文化，传承中华优秀传统文化，满足人民日益增长的精神文化需求，巩固全党全国各族人民团结奋斗的共同思想基础，不断提升国家文化软实力和中华文化影响力，在社区层面上，实现文化和旅游的深度融合是少数民族传统社区可持续发展的有效路径。

大众旅游经过二十余年的发展，已经从旅游观光为主体，逐步转向集观光休闲度假为一体的特色化、个性化时代，在"吃、住、行、游、购、娱"的传统六要素基础上，进一步发展为融合"文、商、养、学、闲、情、奇"等新要素的旅游综合体系，特色文化、商务会展、养生健身、修学求知、休闲度假、情感体验、探险游乐等成为新的旅游业态和产品。西部少数民族传统社区的自然景观是外显吸引物，民族文化则是更具潜力的内在吸引物，对于丰富旅游产品类型，提升产品的文化内涵和品质，促进旅游产业的转型升级，增强旅游者消费体验具有重要意义。坚定文化自信、推动社会主义文化繁荣兴盛，发展面向现代化、面向世界、面向未来的，民族的、科学的、大众的社会主义文化。放眼全球化的发展趋势，结合本土实际，通过全面深化改革，加强产业化发展是文化事业发展的必然选择。国家为促进文化发展专门制定颁布了《关于实施中华优秀传统文化传承发展工程的意见》，进一步指出要积极发展文化旅游，使优秀文化传播与居民日常生活相结合，通过文化旅游休闲活动，发展弘扬优秀传统文化。党的二十大提出，要坚持以文塑旅、以旅彰文，推进文化和旅游深度融合发展。在此背景下，少数民族传统社区通过发展旅游产业，整合特色民族文化资源与自然景观资源，为旅游发展注入文化灵魂，提炼特色旅游文化品牌，以旅游产业发掘利用文化资源，弘扬传播优秀民族文化，进而推动少数民族传统社区文化的保护与发展，实现文化与旅游的深度互动，让"文旅融合"为少数民族传统社区文化与经济社会的可持续高质量发展注入新的活力。

三、文化环境适应性保护需要时空缓冲区

现代化进程中，任何一个民族都难以维系自我封闭的状态，只有与环境保持和谐，才能获取生存与发展。当文化在面对环境变化时，为了得到生存的机会，保持文化的延续传承，会自发通过文化成员的认知与改造，推动文化特质的新陈代谢，形成新的文化要素和结构。作为一个开放的耗散结构体系，少数民族传统社区文化需要通过与外部的能量、信息、物质交换，获取组织负熵抵消熵增，远离平衡态。同时，社区文化也是一个自组织系统，在文化成员的作用下，能够对旅游开发带来的新价值、新信息、新物质等进行吸收、涵化，转变为自身文化体系的新特质。因此，当少数民族传统社区面临旅游开发等现代化因素时，通过科学统筹的管理方式，引导社区文化系统与外部的信息交换，调整优化文化结构，就能使文化对于新环境的反馈由无序过渡到有序，从而达到与环境相适应。在这一过程中，原有的社区文化要素可能会因缺乏环境的适应性而被淘汰消亡，有的文化要素会经过改造而纳入新的文化体系，在不断地吸收、积累、沉淀与自我更新中，形成新的少数民族传统社区文化，具备了更强的生命力。

　　田野调查发现，少数民族传统社区文化自组织适应功能的有效发挥，需要将外来文化刺激的程度控制在一定范围，同时要有充分的调适时间，并且，文化自组织适应效果与源文化的包容力和新文化的异质性密切相关。因此，有必要在旅游开发的少数民族传统社区建立时间维度的文化自组织调适缓冲区和空间维度的文化符号意义保护区。前者利用旅游淡季所带来的旅游接待"休渔期"，控制社区文化场域接触外来文化刺激的时间长度，使得文化系统具有充分的自我调适时间，让社区居民能够暂时脱离旅游场域，回归传统的生活场景，得到休养生息及自我调适的机会，重新找到自我的传统精神状态和民族角色要求，从而保护文化的核心特质。后者利用地理空间结构和心理空间结构的文化符号意义保护区，划定文化核心区，明确区分文化展示的"前台"和"后台"区域，控制暴露在旅游商业场域中的空间范围，减少外来文化刺激的强度，建立缓冲地带，使得社区居民的传统生活空间与游客涉足的消费体验空间相互隔离，让社区居民能够分清二元文化角色，明确"自身"（self）和"化身"（avatar）的身份塑造与角色区别，适应旅游商业人员与社区文化成员之间的角色转化，坚定本民族文化选择权力，树立文化自觉与文化自信，正确处理社区文化与外来文化的关系，以平等、包容、尊重、创新的态度，在保持本土文化主体性的基础上，取长补短为我所用，实现少数民族传统社区文化适应性保护与发展。

四、多重增权是文化保护发展的动力保障

西部少数民族传统社区文化环境适应性保护与发展是一个长期的系统工程，需要各利益相关主体的共同参与，包括政府、投资商、开发商、涉旅企业、景区、旅游者、NGO／NPO、科研院所、社区，以及作为社区文化创造者的少数民族传统社区居民等。其中，政府作为公共文化事业的管理者，在少数民族传统社区文化保护中具有举足轻重的作用，要将过去单纯追求经济增长速度和规模的唯GDP论，转变为以人民为中心的新发展观，既要绿水青山，也要金山银山，而且绿水青山就是金山银山。在旅游开发中，优秀的民族传统文化同绿水青山一样，都是金山银山。通过科学规划，把少数民族传统社区文化保护与发展纳入经济社会发展总体规划，制定具体的保护发展规划及政策法规，严格监督管理，统筹协调文化保护与乡村振兴，使文、山、水、林、田等共同构成一个有机的人与自然生命共同体，让少数民族传统社区居民看得见山、望得见水、记得住乡愁，人与社会、自然和谐共生。

党的二十大报告指出，江山就是人民，人民就是江山。中国共产党领导人民打江山、守江山，守的是人民的心。治国有常，利民为本。为民造福是立党为公、执政为民的本质要求。必须坚持在发展中保障和改善民生，鼓励共同奋斗创造美好生活，不断实现人民对美好生活的向往。在以人为中心的发展思想指导下，少数民族传统社区明确了发展是为了人民，发展需要依靠人民，发展成果要由人民共享。因此，在少数民族传统社区的旅游开发中，必须完善利益分配机制，实现各利益相关体的多重增权，尤其要重视居民的切身利益，增进居民的福祉，让居民在旅游发展中得到实实在在的文化增权、经济增权、制度增权和社会增权等。少数民族传统社区居民是社区的主人，是文化的创造者和传承者，保护社区文化，建设美丽家园是每一位居民的责任和义务，只有让他们分享到社区文化、生态资源在旅游开发中带来的成果，产生切实的获得感和幸福感，才能真正激发居民的内在动力，增强文化自觉与文化自信，正确应对外来文化因素的影响，积极参与社区文化保护与发展。企业是少数民族传统社区旅游开发的实际推动者，但有的旅游企业为了商业利益的最大化，迎合旅游者求新求异求特的体验需要，对文化资源过度商业化开发，甚至背离文化习俗的传统内涵，导致文化快餐化、碎片化、庸俗化，失去了原真性，这种现象必须加以遏制。从商业发展角度，只有保护文化的原真性，才能使旅游产品具有长久的吸引力；从社会责任角度，维护少数民族传统社区的文化生态健康，协调经济效益、文化效益、社会效益、环境效益的平衡增权，促进社会可持续发展是企业必须承担的责任。此外，还要加强游客的文化保护思想教育和行为引导，充分发挥科研院所智库等机构对少数民族传统社区文化变迁保护的研究与规划，鼓励各类民间组织积极投入传统社区的文化生态保护实践，多方参与，形成合力，久久为功共同促进传统社区文化环境适应性保护与发展。

第二节　未来展望

一、调查对象范围力求丰富

少数民族传统社区文化研究是鲜活生动的，只有入村串户，俯下身子掌握一手的素材，才能真正了解文化变迁的实际过程，提出行之有效接地气的保护发展措施。本书主要选取了四川省甘孜藏族自治州丹巴县甲居藏寨社区、稻城县亚丁村社区，阿坝藏族羌族自治州理县甘堡藏寨社区、黑水县色尔古藏寨社区、汶川县萝卜寨社区，西藏自治区拉萨市墨竹工卡县甲玛乡赤康村社区等藏、羌少数民族传统社区进行实地调研访谈，同时借助西藏大学珠峰研究院的西藏民生发展调查项目对西藏自治区墨竹工卡县、林周县、堆龙德庆区、达孜区、尼木县等地开展了问卷调查。通过调查了解到这些社区在旅游开发背景下的文化发展现状及存在问题，但由于调查范围较为局限，对象也主要以藏族、羌族为主，没有涉及其他西部少数民族地区如云南、贵州的彝族、苗族、壮族、回族等民族及社区，使得研究结论的普适性和推广性受到一定限制。在未来的研究中，还需进一步扩大调查对象的范围，掌握分析多民族文化变迁的现象和规律，还可对具有相同发展经历，但民族类型不同的传统社区，如藏族传统社区与彝族传统社区进行横向对比研究，从社区文化变迁的类型、模式、特征等层面加以比较，寻找引起不同少数民族传统社区文化变化的共同因素，总结传统社区文化环境适应性保护与发展的规律，为少数民族传统社区可持续发展提供借鉴。

二、研究影响因素有待拓展

人类发展的历史过程就是创造文化、传播文化的过程,而文化活动是人类在改造自然、改造社会活动中面对各种问题时所做出的努力,发明一套器械、建立一项制度,甚至创立一种观念,每一种文化成果的出现都是为了解决人类生活世界问题的产物。[1]随着社会环境的变化,人们面临的问题也随之而变化,因此,文化必须传承和不断发展,才能更好地适应旅游开发中所出现的各种市场环境,同时更好解决所出现的问题。旅游开发是西部少数民族传统社区面临的重大环境变化因素,本研究主要考察了旅游背景下少数民族传统社区文化的变迁及环境适应性保护发展问题。但是,少数民族传统社区是一个开放系统,除了旅游因素外,现代化进程、市场经济、城镇化、人口流动、大众媒介,以及脱贫攻坚、美丽乡村建设、乡村振兴战略等因素,都会从各个层面对少数民族传统社区居民的生产生活产生影响,进而潜移默化地作用于少数民族传统社区文化变迁过程。仅仅通过一项研究,想要解释纷繁复杂的文化现象和规律并不现实,在未来研究中,对可能的影响因素进行分门别类,明确自变量的内涵范围,选择与其背景相匹配的少数民族传统社区继续开展深入调研,了解分析非旅游场域下社区文化变化发展的基本情况,抓住主要矛盾和突出背景,提出不同类型的少数民族传统社区文化环境适应性保护与发展路径。

三、研究内容亟须深化完善

本书各章节内容仍需进一步深化完善。通过实地调研,研究描述分析了少数民族传统社区文化的日常变化、内外部变迁现象,但对文化变迁的内部动力机制还需进一步挖掘阐释。研究提出了基于时空维度的少数民族传统社区文化保护与发展路径,包括建立时间维度上的少数民族传统社区文化自组织调适缓冲区和空间维度上的少数民族传统社区文化符号意义保护区,这仅仅是一个可能有价值的思路,但在多方利益主体共存的少数民族传统社区,如何从操作层面实现少数民族传统社区文化自组织调适缓冲区和文化符号意义保护区的构建需要细化,争取能在有条件的少数民族传统社区进行田野实验,通过实践检验可行性及效果,并

---

[1] 劳思光:《文化哲学讲演录》,香港:香港中文大学出版社,2002年,第58页。

根据反馈加以优化改进，形成一套具体可行的办法体系。此外，民族文化自我创新与发展的前提条件是文化自觉和文化自信，文化自觉不仅是对自身文化的正确认识和反思，还包括对自身文化与外来文化关系的正确认识。社区常见的文化保护宣传教育方式固然不错，但如何激发社区各利益主体的内在动力，尤其是如何长效激发作为少数民族传统社区文化创造者和继承者的少数民族传统社区居民的文化自觉还需要深入探索。比如，西南财经大学中国家庭金融调查与研究中心，对贫困户获得劳动收入给予现金奖励的"劳动收入奖励计划"和对贫困学生达到学习目标后给予现金奖励的"青少年教育促进计划"，在部分少数民族传统社区激发贫困人口自觉劳动和学习的内生动力实践取得了良好效果。中山大学旅游学院保继刚教授团队，在云南省红河哈尼族彝族自治州元阳县阿者科村实施的"阿者科计划"，通过"一个模式、两方参与、三个目标和四条底线"，帮助村民成立村集体旅游公司、发展乡村旅游经济、保护文化遗产、重塑文化认同。在驻村团队的持续推动下，"绿水青山就是金山银山"在阿者科村成为现实，不仅帮助阿者科村实现全村脱贫，为乡村振兴、传统村落和梯田文化遗产保护找到一条有中国特色的可持续发展之路，也为全球旅游减贫提供了中国方案。我们期待在少数民族传统社区文化保护与发展过程中，出现越来越多的类似这样能够激发主体内生动力的创新型机制和实践。

附录1 少数民族传统社区居民旅游影响感知及意愿调查问卷

访谈开始前，请访问员向受访对象明确说明：本问卷的信息将会被严格保密，受访户的个人信息在数据使用过程中将会严格被分离和隐藏，数据只会用于涉及旅游影响感知相关的学术研究，不会用于其他任何针对受访户个人与家庭的用途。

[Ha01]您愿意去了解本民族的历史、传统、习俗等吗？

1. 愿意
2. 一般
3. 不愿意

ཁྱེད་ཀྱིས་རང་མི་རིགས་ཀྱི་ལོ་རྒྱུས་དང་། སྲོལ་རྒྱུན། གོམས་སྲོལ་སོགས་ལ་རྒྱུས་ལོན་བྱེད་འདོད་ཡོད་པ།

1. མོས་མཐུན་ཡོད་པ།
2. སྤྱིར་བཏང་།
3. མོས་མཐུན་མེད་པ།

[Ha02]您愿意学习本民族的更多知识吗？

1. 愿意
2. 一般
3. 不愿意

ཁྱེད་ཀྱིས་དུས་རྒྱུན་དུ་རང་མི་རིགས་ཀྱི་རིག་གནས་མང་པོ་སློབ་སྦྱོང་བྱེད་འདོད་པ།

1. མོས་མཐུན་ཡོད་པ།
2. སྤྱིར་བཏང་།
3. མོས་མཐུན་མེད་པ།

[Hb01]您认为本民族具有十分悠久的历史?

1. 有

2. 一般

3. 没有

རང་མི་རིགས་ལ་ལོ་རྒྱུས་ཡུན་རིང་ཐུབ།

༡ ཡོད་པ།

༢ སྐྱིར་བཏང་

༣ མེད་པ།

[Hb02]您尊重本民族历史上的重要人物吗?

1. 尊重

2. 一般

3. 不尊重

ཁྱེད་ཀྱིས་རང་མི་རིགས་ཀྱི་ལོ་རྒྱུས་སྟེང་གི་གལ་ཆེན་མི་སྣ་ར་བརྩི་བཀུར་ཆེན་པོ་བྱེད་ཀྱི་ཡོད།

༡ ཡོད་པ།

༢ སྐྱིར་བཏང་

༣ མེད་པ།

[Hc01]您认识本村的其他村民吗?

1. 都认识

2. 部分认识

3. 大部分不认识

ཁྱེད་ཀྱིས་རང་གྲོང་ཚོའི་གྲོང་མི་གཞན་དག་ངོ་ཤེས་པ།

༡ ཚང་མ་ངོ་ཤེས་པ།

༢ ཁག་གཅིག་ངོ་ཤེས།

༣ ཕལ་ཆེ་བ་ངོ་མ་ཤེས།

[Hc02]您喜欢本村的其他村民吗?

1. 喜欢

2. 一般

3. 不喜欢

160

ཁྱེད་རང་གློང་ཆེའི་གློང་མི་གཞན་དག་ལ་དགའ་པོ་ཡོད་པ།

1. དགའ་པོ་ཡོད་པ།

2. སྤྱིར་བཏང་།

3. དགའ་པོ་མེད་པ།

[Hd01]您很关心自然环境吗？

1. 关心

2. 一般

3. 不关心

ཁྱེད་ཀྱིས་རང་བྱུང་ཁོར་ཡུག་ལ་དོ་ཁུར་ཆེན་པོ་བྱེད་ཀྱི་ཡོད་པ།

1. བྱེད་འདོད་ཡོད་པ།

2. སྤྱིར་བཏང་།

3. བྱེད་འདོད་མེད་པ།

[Hd02]您对自然环境充满感情吗？

1. 是

2. 一般

3. 否

ཁྱེད་རང་བྱུང་ཁོར་ཡུག་ལ་བརྩེ་བ་ཟབ་མོ་ཡོད་པ།

1. ཡོད་པ།

2. སྤྱིར་བཏང་།

3. མེད་པ།

[He01]您经常与本村的村民相互联系吗？

1. 是

2. 一般

3. 否

ཁྱེད་ཀྱིས་དུས་རྒྱུན་དུ་རང་གློང་ཆེའི་གློང་མི་དང་འབྲེལ་གཏུག་བྱེད་ཀྱི་ཡོད་པ།

1. བྱེད་ཀྱི་ཡོད་པ།

2. སྤྱིར་བཏང་།

161

༡ ཤེད་ཀྱི་མེད་པ།

[He02]您与本村其他村民生活习惯相似吗？

1. 相似

2. 一般

3. 不相似

ཁྱེད་དང་རང་གྲོང་ཚོའི་གྲོང་མི་གཞན་ཚེ་འཚོའི་གོམས་གཤིས་འདྲ་པོ་ཡོད་པ།

1. ཡོད་པ།

2. སྐྱེར་བཏང་།

3. མེད་པ།

[Hf01]您认为本村的村民愿意参与旅游发展吗？

1. 愿意

2. 一般

3. 不愿意

ཁྱེད་ཀྱིས་བསམས་ན། རང་གྲོང་ཚོའི་གྲོང་མི་ཡུལ་སྐོར་འཁྱམ་རྒྱས་ནང་ཞུགས་འདོད་ཡོད་པ།

1. ཡོད་པ།

2. སྐྱེར་བཏང་།

3. མེད་པ།

[Hf02]您认为本村的村民能够及时了解旅游发展的信息吗？

1. 能

2. 一般

3. 不能

ཁྱེད་ཀྱིས་བསམས་ན། རང་གྲོང་ཚོའི་གྲོང་མིས་ཡུལ་སྐོར་འཁྱམ་རྒྱས་སྐོར་གྱི་ཆ་འཕྲིན་དུས་ཐོག་ཏུ་ཤེས་ཐོགས་ཐུབ་པ།

1. ཡོད་པ།

2. སྐྱེར་བཏང་།

3. མེད་པ།

[Hf03]您认为本村的村民有能力参与旅游发展的相关活动吗？

1. 有

2. 一般

3. 没有

ཁྱེད་ཀྱིས་བསམ་ན། རང་གྲོང་ཚོའི་གྲོང་མི་ཡུལ་སྐོར་འཆལ་རྒྱུས་སྐོར་གྱི་འཛིན་ཡོད་བྱེད་སྐྱིའི་ནང་ཞུགས་པའི་རེས་པ་ཡོད་པ།

༡ ཡོད་པ།

༢ སྤྱིར་བཏང་།

༣ མེད་པ།

[Hg01]您愿意到景区和旅游企业工作吗?

1. 愿意

2. 一般

3. 不愿意

ཁྱུ་ཞིག་མཛོངས་སྐྱོངས་ཁུལ་དང་ཡུལ་སྐོར་ཞི་ལས་སུ་བྱ་བ་སྒྲུབ་འདོད་ཡོད་པ།

༡ ཡོད་པ།

༢ སྤྱིར་བཏང་།

༣ མེད་པ།

[Hg02]您支持本村发展旅游吗?

1. 支持

2. 一般

3. 不支持

ཁྱུ་ཞིག་གིས་རང་གྲོང་ཚོའི་ཡུལ་སྐོར་འཆལ་རྒྱུས་གཏོང་བར་རྒྱབ་སྐྱོར་བྱེད་པ།

༡ ཡོད་པ།

༢ སྤྱིར་བཏང་།

༣ མེད་པ།

[Hg03]您认为旅游开发能够促进本村的全面发展吗?

1. 能

2. 一般

3. 不能

ཁྱུ་ཞིག་གིས་བསམ་ན། ཡུལ་སྐོར་གསར་སྐྲུན་བཏང་བས་རང་གྲོང་ཚོ་ཕྱོགས་ཀུན་ནས་འཆལ་རྒྱུས་གཏོང་ཐུབ་པ།

༡ ཡོད་པ།

163

༢ སྐྱིར་བཏང་

༣ མེད་པ།

[Hg04]您认为旅游开发对本村经济发展重要吗?

1. 重要

2. 一般

3. 不重要

ཁྱེད་ཀྱིས་བསམས་ན། ཡུལ་སྐོར་གསར་སྐྱེར་བཏང་ཚེ་རང་གྲོང་ཚོའི་དཔལ་འབྱོར་རྒྱས་པར་ནུས་པ་ཆེན་འདོན་ཐུབ།

1 ཡོད་པ།

༢ སྐྱིར་བཏང་

༣ མེད་པ།

[Hg05]您对本村未来的旅游发展有信心吗?

1. 有

2. 一般

3. 没有

རང་གྲོང་ཚོའི་མ་འོངས་པའི་ཡུལ་སྐོར་འཕེལ་ཕྱོགས་ཐད་སྐུ་ཉིད་ལ་ཡིད་ཆེས་ཟབ་མོ་ཡོད་པ།

1 ཡོད་པ།

༢ སྐྱིར་བཏང་

༣ མེད་པ།

[Hh01]您认为自己有足够的资金参与旅游发展吗?

1. 有

2. 一般

3. 没有

སྐུ་ཉིད་ལ་ཡུལ་སྐོར་འཕེལ་རྒྱས་བྱེད་ཕྱོགས་ཤུགས་རྒྱུའི་མ་དངུལ་འདང་ངེས་ཡོད་པ།

1 ཡོད་པ།

༢ སྐྱིར་བཏང་

༣ མེད་པ།

[Hh02]您认为自己有足够的知识技术参与旅游发展吗?

1. 有
2. 一般
3. 没有

ཀླུ་ཞིང་ལ་ཡུལ་སྐོར་འབྲེལ་རྒྱས་གཏོང་ཞུགས་རྒྱུའི་བསམ་བྱ་དང་ལག་རྩལ་ཡོད་པ།

༡ ཡོད་པ།

༢ སྦྱིར་བཏང་།

༣ མེད་པ།

[Hi01]您认为旅游开发能够创造更多的就业机会吗？

1. 能
2. 一般
3. 不能

ཡུལ་སྐོར་གསར་སྤེལ་བཏང་བ་ལས་ལས་ཞུགས་གོ་སྐབས་མང་ཚན་བསྐྲུན་ཐུབ།

༡ ཡོད་པ།

༢ སྦྱིར་བཏང་།

༣ མེད་པ།

[Hi02]您认为旅游开发能够吸引更多的投资吗？

1. 能
2. 一般
3. 不能

ཡུལ་སྐོར་གསར་སྤེལ་བཏང་བ་ལས་མ་དངུལ་མང་ཚན་འགུག་ཐུབ་པ།

༡ ཡོད་པ།

༢ སྦྱིར་བཏང་།

༣ མེད་པ།

[Hi03]您认为旅游开发能够提高你们的收入吗？

1. 能
2. 一般
3. 不能

ཡུལ་སྐོར་གསར་སྤེལ་བཏང་བ་ལས་ཁྱེད་རང་ཚོའི་ཡོང་འབབ་རྒྱ་ཆེན་མཐོ་རུ་གཏོང་ཐུབ།

1. ཡོད་པ།

2. སྙིར་བཏང་།

3. མེད་པ།

[Hi04]您认为旅游开发能够促进文化活动的发展吗?

1. 能

2. 一般

3. 不能

ཡུལ་སྐོར་གསར་སྐྱེལ་བཏང་བ་ལས་རིག་གནས་ཀྱི་བྱེད་སྒོ་ཚོགས་འཕེལ་རྒྱས་གཏོང་ཐུབ།

1. ཡོད་པ།

2. སྙིར་བཏང་།

3. མེད་པ།

[Hi05]您认为旅游开发会导致犯罪率提高吗?

1. 会

2. 一般

3. 不会

ཡུལ་སྐོར་གསར་སྐྱེལ་བཏང་བ་ལས་ཞེས་གསོག་གི་བསྱུར་ཚད་ཇེ་མཐོར་འགྲོ་བ།

1. ཡོད་པ།

2. སྙིར་བཏང་།

3. མེད་པ།

[Hi06]您认为旅游开发会破坏环境吗?

1. 会

2. 一般

3. 不会

ཡུལ་སྐོར་བས་བསྐུར་བའི་གད་སྙིགས་ཀྱིས་བྱེད་རང་ཚོའི་ཁོར་ཡུག་ལ་གཏོར་བརླག་བྱེད།

1. ཡོད་པ།

2. སྙིར་བཏང་།

3. མེད་པ།

[Hi07]您认为旅游开发会影响你们的生活吗？

1. 会

2. 一般

3. 不会

ཡུལ་སྐོར་གསར་སྐྱེད་བགང་བ་ལས་ཁྱེད་རང་ཚོའི་སྐྱིད་འཛུགས་ཀྱི་འཚོ་བར་ཤུགས་རྐྱེན་ཞིབས་པ།

༡ ཡོད་པ།

༢ སྤྱིར་བཏང་།

༣ མེད་པ།

[B01]您的性别是：_____【访问员依据观察选择】

1. 男

2. 女

སྐུ་ཞེད་ཀྱི་ཡུལ་རྟེན་ནི་ ཡིན། 【བཅར་འདྲི་མཁན་གྱིས་ལྟ་ཞིབ་བཅུད་ནས་གདམ་རོགས།】

༡ ཟླ།

༢ ཟམོ།

[B02]您的出生年份是____（请填4位数字，如1980）

【若[B03]>2002，问卷提示：请更换受访的家庭成员，需大于16岁】

སྐུ་ཞེད་ཀྱི་འཁྲུངས་ལོར་ནི་（གངས་གནས་ཞ་འབྲི་རོགས། དཔེར་ན 1980|）

【གལ་ཏེ[B03]>2002ཡིན་ཚེ་བཅར་འདྲི་བྱ་ཡུལ་མི་གཞན་ཞིག་བརྗེ་བ་དང་ལོ（༠）ལས་ཆེ་བ་ཡིན་དགོས།】

[B03]请问您的民族是

1. 藏族

2. 汉族

3. 回族

4. 其他，（请注明）____

ཁྱེད་རང་མི་རིགས་གང་ཡིན་པ།

༡ བོད་རིགས།

༢ རྒྱ་རིགས།

༣ ཁ་ཆེའི་རིགས།

167

ང་ གཞན་དག（གསལ་པོར་འགོད་རོགས）____

[B04]请问您的政治面貌是

1. 中共党员（含预备党员）

2. 共青团员

3. 民主党派

4. 群众

5. 其他，（请注明）____

སློབ་ཞིབ་ཀྱི་ཁབ་ཁྱིབ་རྣམ་པ་ནི་ཡིན།

1 གུང་གུང་ཏང་ཡོན།（གྲ་སྒྲིག་ཏང་ཡོན་ཚུད་པ）

2 གུང་གཞོན་ཚོགས་པ།

3 དམངས་གཙོའི་ཏང་པོ།

4 མང་ཚོགས།

5 གཞན་དག（གསལ་འབྱེད་གནང་རོགས）____

[B05]请问您的受教育程度是

1. 没上过学，也未在寺庙正规学习过

2. 没上过学，曾经在寺庙正规学习过

3. 小学

4. 初中

5. 高中

6. 中专／职高

7. 大专／高职

8. 大学本科

9. 硕士研究生

10. 博士研究生

11. 其他，（请注明）____

【备注：访问员请将1、2选项必须读出来，具体正规教育程度让受访者自己回答】

སློབ་ཞིབ་ཀྱི་རིག་གནས་ཆུ་ཚད་ནི།

168

附录1　少数民族传统社区居民旅游影响感知及意愿调查问卷

1. སློབ་གྲྭར་འགྲིམས་མྱོང་མེད་ལ་དགོན་པར་ཡང་སློབ་སྦྱངས་བྱས་མྱོང་མེད།

2. སློབ་གྲྭར་འགྲིམས་མྱོང་མེད་ཀྱང་དགོན་པར་སློབ་སྦྱོང་བྱས་མྱོང་ཡོད།

3. སློབ་ཆུང་།

4. སློབ་འབྲིང་།

5. མཐོ་འབྲིང་།

6. ལས་གྲྭའི་སློབ་གྲྭ།

7. ཆེད་སློང་སློབ་མ།

8. དངོས་གཞི་སློབ་མ།

9. རབ་འབྱམས་པ།

10. འབུམ་རམས་པ།

11. གཞན་དག གསལ་འགྱེལ་གནང་རོགས།

附录2 旅游开发对少数民族传统社区的文化影响调查问卷

亲爱的朋友:

您好!我们是"西南少数民族传统社区文化环境适应性保护与发展"研究课题组,恳请您百忙之中予以协助支持!本问卷是一份针对少数民族传统社区文化影响的调查问卷,采用的是匿名调查,并且所有回收的问卷仅做整体性分析,不会显示您的个别信息。答案没有对错好坏之分,请您根据自己的实际感受放心作答。

第一部分(请您在符合自己情况的选项上打√)

题项	完全不同意	不同意	一般	同意	非常同意
不断增多的外来游客使我觉得不适应					
如果需要新建或翻新、重建家里的老房子,为了迎合游客的需求,对房屋建筑风格进行了改造(如外墙造型,窗户设计等)					
为了满足游客的需要,家里内部装修和生活基础设施条件发生了改变(如增加洗浴设施等)					
旅游开发后,我参与村集体事务(如植树等义务活动)的次数越来越少					
旅游开发后,我将更多的时间和精力花在自家的生产或生意上					
在与我有关的各项社会事务中,我把接待游客挣钱放在首位					

附录2 旅游开发对少数民族传统社区的文化影响调查问卷

续表

题项	完全不同意	不同意	一般	同意	非常同意
我清楚自己的服饰、节庆、礼仪等与其他地区（拉萨、昌都等地）是不同的					
我知道民族服饰、节庆、礼仪等的来由和变化					
我们应该继续举办各种传统节庆（如旺果节等）					
我们应该继续坚持穿着传统服饰					

第二部分（请您在符合自己情况的选项上打√）

1.性别：

①男

②女

2.年龄：

①16—25周岁

②26—35周岁

③36—55周岁

④55岁以上

3.学历：

①小学及以下

②初中

③高中或中专或技校

④大专及本科

⑤研究生及以上

4.民族：

①藏族

②汉族

③其他

5.您当前从事的职业是：

①从事旅游业(含服务业)的农牧民

②种地、放牧的农牧民

③个体工商户

④机关干部或村委会工作人员

⑤其他

问卷到此结束，非常感谢！

参考文献

1.阿拉腾：《文化的变迁——一个嘎查的故事》，北京：民族出版社，2006年。

2.车文博：《弗洛伊德主义原理选辑》，沈阳：辽宁人民出版社，1988年。

3.邓廷良：《羌文化的保护与传承》，成都：四川人民出版社，2009年。

4.费孝通：《中华民族多元一体格局》，北京：中央民族大学出版社，1999年。

5.费孝通：《论文化与文化自觉》，北京：群言出版社，2005年。

6.高永久编：《西北少数民族文化专题研究》，北京：民族出版社，2003年。

7.韩民青：《当代哲学人类学（第三卷）》，南宁：广西人民出版社，1998年。

8.何群：《环境与小民族生存——鄂伦春文化的变迁》，北京：社会科学文献出版社，2006年。

9.劳思光：《文化哲学讲演录》，香港：香港中文大学出版社，2002年。

10.罗康隆：《文化适应与文化制衡》，北京：民族出版社，2007年。

11.庞朴：《文化的民族性与时代性》，北京：时代和平出版社，1988年。

12.祁进玉：《群体身份与多元认同——基于三个土族社区的人类学对比研究》，北京：社会科学文献出版社，2007年。

13.童恩正：《人类与文化》，重庆：重庆出版社，1998年。

14.汪民安：《文化研究关键词》，南京：江苏人民出版社，2007年。

15.王明珂：《羌在汉藏之间——川西羌族的历史人类学研究》，北京：中华书局，2008年。

16.王宁：《全球化与后殖民主义批评》，北京：中央编译出版社，1988年。

17.汪琪：《文化与传播》，台北：三民书局，1982年。

18.乌丙安：《民俗学原理》，沈阳：辽宁教育出版社，2001年。

19.徐万邦、祁庆富：《中国少数民族文化通论》，北京：中央民族大学出版社，1996年。

20.俞可平：《全球化与国家主权》，北京：社会科学文献出版社，2004年。

21.张岱年、方克立主编：《中国文化概论》，北京：北京师范大学出版社，1997年。

22.张海洋：《中国的多元文化与中国人的认同》，北京：民族出版社，2006年。

23.张跃、何明：《中国少数民族农村30年变迁》，北京：民族出版社，2008年。

24.赵世林：《云南少数民族文化传承论纲》，昆明：云南人民出版社，2011年。

25.赵宗福：《青海多元民俗文化圈研究》，北京：中国社会科学出版社，2012年。

26.郑晓云：《文化认同与文化变迁》，北京：中国社会科学出版社，1992年。

27.周大鸣：《人类学导论》，昆明：云南大学出版社，2007年。

28.〔美〕爱德华·W.萨义德著，王宇根译：《东方学》，北京：生活·读书·新知三联书店，1999年。

29.〔美〕吉尔伯特·罗兹曼编，国家社会科学基金"比较现代化"课题组译：《中国的现代化》，南京：江苏人民出版社，1988年。

30.〔美〕克莱德·伍兹著，何瑞福译：《文化变迁》，石家庄：河北人民出版社，1989年。

31.〔美〕克里福德·格尔兹著，纳日碧力戈译：《文化的解释》，南京：译林出版社，2008年。

32.〔英〕雷蒙德·弗思著，费孝通译：《人文类型》，北京：华夏出版社，2001年。

33.〔美〕露丝·本尼迪克特著，何锡章、黄欢译：《文化模式》，北京：华夏出版社，1987年。

34.〔英〕罗宾·科恩、保罗·肯尼迪著，文军译：《全球社会学》，北京：社会科学文献出版社，2001年。

35.〔英〕马林洛夫斯基著,费孝通译:《文化论》,北京:华夏出版社,2002年。

36.〔英〕马林洛夫斯基著,梁永佳、李绍明译:《西太平洋的航海者》,北京:华夏出版社,2002年。

37.〔美〕托马斯·哈定著,韩建军、商戈令译:《文化与进化》,杭州:浙江人民出版社,1987年。

38.〔美〕威廉·A.哈维兰著,瞿铁鹏译:《文化人类学》,上海:上海社会科学出版社,2006年。

39.艾菊红:《文化生态旅游的社区参与和传统文化保护与发展——云南三个傣族文化生态旅游村的比较研究》,《民族研究》2007年第4期,第49—58页。

40.艾菊红:《人、物与时空整合视域下的文化遗产保护——以湘西凤凰文化遗产保护与传承为例》,《中州学刊》2017年第3期,第71—77页。

41.白晋湘、万义、白蓝:《乡村振兴战略背景下村落体育非物质文化遗产保护的治理研究》,《北京体育大学学报》2018年第10期,第1—7页。

42.保继刚、孙九霞:《雨崩村社区旅游:社区参与方式及其增权意义》,《旅游论坛》2008年第4期,第58—65页。

43.陈国磊、罗静、曾菊新、田野、董莹:《中国少数民族特色村寨空间结构识别及影响机理研究》,《地理科学》2018年第9期,第1422—1429页。

44.陈华明、刘柳:《媒介、空间与文化生产:现代媒介视域下的少数民族社区文化传播研究》,《新闻界》2017年第7期,第54—57页。

45.陈赖嘉措、覃建雄、陈露:《基于AHP模型的少数民族地区旅游资源开发评价研究——以云南省民族村为例》,《青海社会科学》2019年第2期,第98—104页。

46.陈志永、王化伟、李乐京:《少数民族村寨社区居民对旅游增权感知研究》,《商业研究》2010年第9期,第173—178页。

47.崔晓明、杨新军:《旅游地农户生计资本与社区可持续生计发展研究——以秦巴山区安康一区三县为例》,《人文地理》2018年第2期,第147—153页。

48.窦开龙:《旅游开发中西部边疆民族文化变迁与保护的人类学透析》,《宁夏大学学报》2008年第1期,第157—162页。

49.费孝通：《反思·对话·文化自觉》，《北京大学学报（哲学社会科学版）》1997年第3期，第15—22页。

50.费孝通：《对文化的历史性和社会性的思考》，《思想战线》2004年第2期，第1—6页。

51.冯淑华、沙润：《乡村旅游中农村妇女就业与发展研究——以江西婺源为例》，《妇女研究论丛》2007年第1期，第27—31页。

52.龚锐：《断裂与重建——民族旅游开发与民族文化的再构建》，《贵州民族学院学报》2007年第5期，第5—7页。

53.谷继建、何独明、李景国：《经济发展与非物质文化遗产保护的反向关系研究》，《山东社会科学》2007年第4期，第76—77页。

54.桂榕、吕宛青：《民族文化旅游空间生产刍论》，《人文地理》2013年第3期，第154—160页。

55.郭文：《乡村居民参与旅游开发的轮流制模式及社区增权效能研究——云南香格里拉雨崩社区个案》，《旅游学刊》2010年第3期，第76—83页。

56.胡北明、张美晨：《我国社区旅游增权理论框架及模式构建研究——基于西方旅游增权理论研究评述》，《四川理工学院学报（社会科学版）》2019年第1期，第87—100页。

57.胡凡、何梅青：《民族村落社区旅游增权比较研究——以青海省典型土族村落为例》，《西南师范大学学报（自然科学版）》2019年第2期，第59—67页。

58.胡小海、黄震方：《江苏区域文化资源与旅游经济耦合特征及其作用机制》，《江苏社会科学》2017年第1期，第254—259页。

59.黄栗、董小玉：《社交媒体语境下的少数民族文化传播研究——以湘西土家族文化传播为例》，《贵州民族研究》2019年第2期，第67—71页。

60.黄渊基、匡立波、贺正楚：《武陵山片区生态文化旅游扶贫路径探索——以湖南省慈利县为例》，《经济地理》2017年第3期，第218—224页。

61.霍志钊：《民族文化保护与文化自觉：兼论文化人类学者在民族文化变迁中的责任》，《广东社会科学》2006年第4期，第86—89页。

62.金书妍：《乡村振兴背景下民族文化品牌营造方略——以壮族天琴文化为例》，《广西民族大学学报（哲学社会科学版）》2018年第6期，第51—55页。

63. 黎永泰：《十年来中国文化价值观与社会的变迁》，《思想战线》1989年第2期，第3—9页。

64. 李春梅、唐瑛、刘祥恒、汤树兰：《佤族社区居民旅游可行能力的实证研究》，《经济问题探索》2019年第4期，第84—92页。

65. 李恩来：《符号的世界——人学理论的一次新突破》，《安徽大学学报》2003年第2期，第8—13页。

66. 李菲：《以"藏银"之名：民族旅游语境下的物质、消费与认同》，《旅游学刊》2018年第1期，第74—85页。

67. 李俊杰、耿新：《民族地区深度贫困现状及治理路径研究——以"三区三州"为例》，《民族研究》2018年第1期，第47—57页。

68. 李巍、杨斌：《藏族村落地名的空间格局、生成机制与保护策略——以甘南藏族自治州夏河县为例》，《地理研究》2019年第4期，第784—793页。

69. 李文兵、赵皇庚、余柳仪、陈望雄：《关系嵌入、知识获取与传统村落旅游创新意愿——资源约束下社区参与视角》，《系统工程》2018年第11期，第77—85页。

70. 李小民、郭英之、张秦：《精准扶贫背景下少数民族居民旅游增权参与模型机理实证研究——基于贵州肇兴侗寨的调研》，《贵州民族研究》2017年第11期，第40—46页。

71. 李亚娟、虞虎、陈田、胡静：《民族社区旅游研究进展及展望》，《人文地理》2018年第2期，第1—10页。

72. 林晓娜、王浩、李华忠：《乡村振兴战略视角下乡村休闲旅游研究：村民参与、影响感知及社区归属感》，《东南学术》2019年第2期，第108—116页。

73. 刘宏芳、明庆忠、韩剑磊：《结构主义视角下民族旅游村寨地方性建构动力机制解析——以石林大糯黑村为例》，《人文地理》2018年第4期，第146—152页。

74. 刘静佳：《论民族地区乡村参与旅游发展的路径选择》，《云南民族大学学报（哲学社会科学版）》2018年第4期，第75—80页。

75. 刘晓春：《民俗旅游的意识形态》，《旅游学刊》2002年第1期，第73—76页。

76.刘岩、刘威：《从"公民参与"到"群众参与"——转型期城市社区参与的范式转换与实践逻辑》，《浙江社会科学》2008年第1期，第86—92页。

77.刘杨星、黄毅：《西部民族地区乡村旅游扶贫机理与路径选择——以四川阿坝藏族羌族自治州为例》，《农村经济》2018年第11期，第73—79页。

78.陆扬：《社会空间的生产——析列斐伏尔〈空间的生产〉》，《甘肃社会科学》2008年第5期，第133—136页。

79.马季方：《文化人类学与涵化研究（下）》，《国外社会科学》1995年第1期，第11—17页。

80.马凌、朱竑：《面向人的存在的旅游功能再认识研究：基于人文主义的视角》，《旅游学刊》2018年第6期，第19—28页。

81.马晓京：《旅游开发与民族传统文化保护的主体》，《青海民族研究》2003年第1期，第1—3页。

82.庞娟、何元庆、孙金岭、何则：《民族地区居民旅游发展态度及资源保护行为影响因素研究》，《贵州财经大学学报》2018年第3期，第102—110页。

83.彭丽娟、徐红罡、刘畅：《基于社会交换理论的西递古村落私人空间转化机制研究》，《人文地理》2011年第5期，第29—33页。

84.彭晓烈、高鑫：《乡村振兴视角下少数民族特色村寨建筑文化的传承与创新》，《中南民族大学学报（人文社会科学版）》2018年第3期，第60—64页。

85.彭泽军：《云南藏区旅游开发中的社区居民参与考察——以雨崩、洛茸藏族村为例》，《贵州民族研究》2017年第9期，第182—185页。

86.撒露莎：《论涉外旅游中的文化再生产与文化涵化——以云南丽江为例》，《中南民族大学学报（人文社会科学版）》2017年第3期，第74—78页。

87.邵志忠、杨通江：《人文生态旅游开发与西部乡村社会发展》，《广西民族研究》2004年第3期，第93—96页。

88.苏发祥、包美丽、乔小河：《从民族认同和民族偏见视角解读民族关系——西藏城镇居民汉藏关系分析》，《中国藏学》2019年第1期，第64—76页。

89.苏静、孙九霞：《民族旅游社区空间想象建构及空间生产——以黔东南岜沙社区为例》，《旅游科学》2018年第2期，第54—65页。

90.隋岩：《从能指与所指关系的演变解析符号的社会化》，《现代传播》2009

年第 6 期，第 21—23 页。

91.孙九霞：《社区参与旅游与族群文化保护：类型与逻辑关联》，《思想战线》2013 年第 3 期，第 97—102 页。

92.孙九霞、保继刚：《从缺失到凸显：社区参与旅游发展研究脉络》，《旅游学刊》2006 年第 7 期，第 63—68 页。

93.孙九霞、马涛：《旅游对目的地社会文化影响研究新进展与框架》，《求索》2009 年第 6 期，第 72—74 页。

94.孙九霞、苏静：《旅游影响下传统社区空间变迁的理论探讨——基于空间生产理论的反思》，《旅游学刊》2014 年第 5 期，第 78—86 页。

95.孙克：《历史语境下民族文化的现代传承》，《贵州民族研究》2017 年第 11 期，第 87—90 页。

96.唐剑：《西部地区实施乡村振兴战略的特色文化路径——基于四川省的实证分析》，《华东经济管理》2018 年第 11 期，第 76—82 页。

97.唐雪琼、钱俊希、杨茜好：《跨境流动视阈下的节庆文化与民族认同研究——中越边境苗族花山节案例》，《地理科学进展》2017 年第 9 期，第 1081—1091 页。

98.田俊迁：《关于旅游开发中的少数民族传统文化保护问题——由喀什部分老城区被拆除引发的思考》，《西北民族研究》2005 年第 4 期，第 163—170 页。

99.田敏、邓小艳：《近十年国内民族村寨旅游开发与民族文化保护和传承研究述评》，《中南民族大学学报（人文社会科学版）》2012 年第 6 期，第 36—40 页。

100.王海燕、蒋建华、袁晓文：《少数民族特色村寨旅游开发对文化传承的影响与思考——以川西北桃坪羌寨与上磨藏寨为例》，《广西民族研究》2018 年第 2 期，第 105—111 页。

101.王京传、李天元：《世界遗产与旅游发展：冲突、调和、协同》，《旅游学刊》2012 年第 6 期，第 4—5 页。

102.王林：《"发髻"与地方形象：民族旅游地的文化符号建构分析——以广西黄洛瑶寨和贵州岜沙苗寨为例》，《旅游学刊》2016 年第 5 期，第 64—71 页。

103.王宁：《旅游、现代性与"好恶交织"——旅游社会学的理论探索》，《社会学研究》1999 年第 6 期，第 93—102 页。

104. 王宁：《消费者增权还是消费者去权——中国城市宏观消费模式转型的重新审视》，《中山大学学报（社会科学版）》2006年第6期，第100—106页。

105. 王维艳：《社区参与旅游发展制度增权二元分野比较研究》，《旅游学刊》2018年第8期，第62—71页。

106. 王艳、淳悦峻：《城镇化进程中农村优秀传统文化保护与开发问题刍议》，《山东社会科学》2014年第6期，第103—106页。

107. 魏雷、孙九霞：《少数民族旅游社区现代性的本土化实践——以泸沽湖大落水村为例》，《旅游学刊》2017年第10期，第47—56页。

108. 翁时秀、彭华：《旅游发展初级阶段弱权利意识型古村落社区增权研究》，《旅游学刊》2011年第7期，第53—59页。

109. 吴学品、李骏阳：《旅游业增长与通货膨胀的关系——来自海南岛的证据》，《旅游学刊》2012年第9期，第9—16页。

110. 吴忠军、代猛、吴思睿：《少数民族村寨文化变迁与空间重构——基于平等侗寨旅游特色小镇规划设计研究》，《广西民族研究》2017年第3期，第133—140页。

111. 吴忠军、贾巧云、张瑾：《民族旅游开发与壮族妇女发展——以桂林龙脊梯田景区为例》，《广西民族大学学报（哲学社会科学版）》2008年第6期，第99—104页。

112. 肖佑兴：《国外旅游地社会文化变迁研究述评》，《人文地理》2011年第6期，第19—23页。

113. 谢彦君、彭丹：《旅游、旅游体验和符号——对相关研究的一个评述》，《旅游科学》2005年第6期，第1—6页。

114. 徐辰、杨槿、陈雯：《赋权视角下的乡村规划社区参与及其影响分析——以陈庄为例》，《地理研究》2019年第3期，第605—618页。

115. 徐莉、马阳、孙艳：《旅游扶贫背景下民族社区治理的多元权力结构探究》，《西南民族大学学报（人文社科版）》2018年第10期，第198—202页。

116. 徐林、杨帆：《社区参与的分层检视——基于主体意愿与能力的二维视角》，《北京行政学院学报》2016年第6期，第92—99页。

117. 晏鲤波：《少数民族文化传承综论》，《思想战线》2007年第3期，第42—

47页。

118.严墨：《文化变迁的规律——碎片化到重构》，《中央民族大学学报》2006年第4期，第50—54页。

119.晏雄：《全球化与地方化：世界文化遗产与丽江民族文化产业集群发展研究》，《西南民族大学学报（人文社科版）》2019年第2期，第34—38页。

120.杨昌儒、潘梦澜：《贵州民族文化村寨旅游发展问题与对策研究》，《贵州民族大学学报（哲学社会科学版）》2004年第5期，第5—9页。

121.杨德进、白长虹、牛会聪：《民族地区负责任旅游扶贫开发模式与实现路径》，《人文地理》2016年第4期，第119—126页。

122.杨美勤、唐鸣：《民族地区传统生态文化的现代困境与转化路径研究——基于黔东南苗族侗族自治州的调查分析》，《贵州社会科学》2019年第3期，第94—101页。

123.杨学儒、李浩铭：《乡村旅游企业社区参与和环境行为——粤皖两省家庭农家乐创业者的实证研究》，《南开管理评论》2019年第1期，第76—86页。

124.杨振之：《前台、帷幕、后台——民族文化保护与旅游开发的新模式探索》，《民族研究》2006年第2期，第39—46页。

125.杨振之、邹积艺：《旅游的"符号化"与符号化旅游——对旅游及旅游开发的符号学审视》，《旅游学刊》2006年第5期，第75—79页。

126.伊敏、王力：《民族文化变迁研究综述》，《贵州民族研究》2018年第11期，第147—150页。

127.尹可丽、杨玉雪、张积家、田江瑶：《双向偏见引发冲突情境下自我归类对民族社会化觉察的影响——来自景颇族、傣族和汉族初中生的证据》，《心理学报》2017年第2期，第253—261页。

128.袁方成：《增能居民：社区参与的主体性逻辑与行动路径》，《行政论坛》2019年第1期，第80—85页。

129.张安民、赵磊：《感知价值对居民参与旅游风情小镇建设意愿的影响——以浙江莫干山旅游风情小镇为例》，《旅游学刊》2019年第4期，第119—131页。

130.张杉、赵川：《乡村文化旅游产业的供给侧改革研究——以大香格里拉地区为例》，《农村经济》2016年第8期，第56—61页。

131.张薇、杨永春、史坤博、李建新：《居住空间视角下多民族聚居城市民族融合格局演变及影响因素分析——以呼和浩特为例》，《地理研究》2018年第2期，第333—352页。

132.张晓：《关于西江苗寨文化传承保护和旅游开发的思考——兼论文化保护与旅游开发的关系》，《贵州民族研究》2007年第3期，第47—52页。

133.赵世林：《论民族文化的传承》，《云南民族学院学报（哲学社会科学版）》1995年第4期，第36—43页。

134.郑向敏、刘静：《论旅游业发展中社区参与的三个层次》，《华侨大学学报（哲学社会科学版）》2002年第4期，第12—18页。

135.周兵、黄显敏、任政亮：《民族地区旅游产业精准扶贫研究——以重庆市酉阳县为例》，《中南民族大学学报（人文社会科学版）》2018年第1期，第85—89页。

136.朱鹤、刘家明、桑子文、魏文栋、魏宗财：《民族文化资源的类型特征及成因分析——以格萨尔（果洛）文化生态保护实验区为例》，《地理学报》2017年第6期，第1118—1132页。

137.宗晓莲：《布迪厄文化再生产理论对文化变迁研究的意义——以旅游开发背景下的民族文化变迁研究为例》，《广西民族学院学报》2002年第2期，第22—25页。

138.宗晓莲：《旅游人类学与旅游的社会文化变迁研究》，《旅游学刊》2013年第11期，第5—7页。

139.左冰：《旅游增权理论本土化研究——云南迪庆案例》，《旅游科学》2009年第2期，第1—8页。

140.左冰、保继刚：《从社区参与走向社区增权——西方旅游增权理论研究评述》，《旅游学刊》2008年第4期，第58—63页。

141.Adams V., "Tourism and Sherpas, Nepal: Reconstruction of Reciprocity", *Annals of Tourism Research*, 1992, (19), pp. 534-554.

142.Akama J., "Western Environmental Values and Nature-based Tourism in Kenya", *Tourism Management*, 1996, 17(8), pp. 567-574.

143.Alcover A., Alemany M., Jacob M., et al., "The Economic Impact of

Yacht Charter Tourism on the Balearic Economy", *Tourism Economics*, 2011, 17 (3), pp. 625-638.

144.Andreas Papatheodorou, "Exploring the Evolution of Tourism Resorts", *Annals of Tourism Research*, 2004, 31(1), pp. 219-237.

145.Anton C. E., Lawrence C., "The Relationship Between Place Attachment, the Theory of Planned Behaviour and Residents' Response to Place Change", *Journal of Environmental Psychology*, 2016, 47, pp. 145-154.

146.Ateljevic I., Doorne S., "Culture, Economy and Tourism Commodities-social Relations of Production and Consumption", *Tourist Studies*, 2003, 3(2), pp. 123-141.

147.Beverland M. B., "Farrelly F J. The Quest for Authenticity in Consumption: Consumers' Purposive Choice of Authentic Cues to Shape Experienced Outcomes", *Journal of Consumer Research*, 2010, 36(5), pp. 838-856.

148.Blake J., "Taking A Human Rights Approach to Cultural Heritage Protection", *Heritage & Society*, 2011, 4(2), pp. 199-238.

149.Bruner E. M., "Abraham Lincoln as Authentic Reproduction: A Critique of Postmodernism", *American Anthropologist*, 1994, 96(2), pp. 397-415.

150.Brunn S. D., Williams J. F., *Cities of the World*. New York: Harper Collins College Publishers, 1992, p. 87.

151.Butler J., *Gender Trouble: Feminism and the Subversion of Identity*. London: Routledge, 1990, pp. 61-65.

152.Carr A., Ruhanen L., Whitford M., "Indigenous Peoples and Tourism: The Challenges and Opportunities for Sustainable Tourism", *Journal of Sustainable Tourism*, 2016, 24(8-9), pp. 1067-1079.

153.Dilyara S., "Creative Cultural Production and Ethnocultural Revitalization Among Minority Groups in Russia", *Cultural Studies*, 2018, 32(5), pp. 825-851.

154.Eusébio, Celeste, Vieira, Armando Luís, Lima S., "Place Attachment, Host-tourist Interactions, and Residents' Attitudes Towards Tourism Development: The Case of Boa Vista Island in Cape Verde", *Journal of Sustainable Tourism*,

2018, 26(4-6), pp. 890-909.

155.Fredline E., Faulkner B., "Host Community Reactions: A Cluster Analysis", *Annals of Tourism Research*, 2000, 27(3), pp. 763-784.

156.Friese H., *Identities: Time, Difference and Boundaries*. New York: Berghahn Books, 2002, pp. 55-59.

157.Grayson K., Martinec R., "Consumer Perceptions of Iconicity and Indexicality and Their Influence on Assessments of Authentic Market Offerings", *Journal of Consumer Research*, 2004, 1(2), pp. 296-312.

158.Gu H. M., Ryan C., "Place Attachment, Identity and Community Impacts of Tourism-the Case of a Beijing Hutong", *Tourism Management*, 2008, 29(4), pp. 637-647.

159.Heather Mair, "Tourism, Globalization, and Cultural Change: An Island Community Perspective", *Annals of Tourism Research*, 2005, 32(2), pp. 514-515.

160.Keitumetse S. O., Pampiri M. G., "Community Cultural Identity in Nature- Tourism Gateway Areas: Maun Village, Okavango Delta World Heritage Site, Botswana", *Journal of Community Archaeology & Heritage*, 2016, 3(2), pp. 99-117.

161.Kinnaird V., Hall D. R., "Tourism: A Gender Analysis", *Economic Geography*, 1994, 72(1), p. 2.

162.Laurie K., "Commoditizing Culture Tourism and Maya Identity", *Annals of Tourism Research*, 2003, 30(2), pp. 353-368.

163.Lee T. H., Chang P. S., "Examining the Relationships Among Festivalscape, Experiences, and Identity: Evidence from Two Taiwanese Aboriginal Festivals", *Leisure Studies*, 2016, pp. 1-15.

164.Liguo W., Yukio Y., "A Different Interpretation from Cornet's on Tourism Development in An Ethnic Minority Village in China", *Asia Pacific Journal of Tourism Research*, 2018, pp. 1-15.

165.Loulanski T., Loulanski V., "The Sustainable Integration of Cultural Heritage and Tourism: A Meta-study", *Journal of Sustainable Tourism*, 2011, 19(7), pp. 837-862.

166.Marianna S., Bynum B. B., Kyle M. W., "Place Attachment and Empowerment: Do Residents Need to be Attached to be Empowered?", *Annals of Tourism Research*, 2017, 66, pp. 61-73.

167.Maruyama N. U., Woosnam K. M., Boley B. B., "Residents' Attitudes toward Ethnic Neighborhood Tourism (ENT): Perspectives of Ethnicity and Empowerment", *Tourism Geographies*, 2016, 19(2), pp. 1-22.

168.Mee C. "Che brutta invenzione il turismo!: Tourism and Anti-tourism in Current French and Italian Travel Writing", *Comparative Critical Studies*, 2007, 4 (2), pp. 269-282.

169.Nnoli Okwudiba, *Ethnicity and democracy in Africa: intervening variables*, Lagos: Malthouse Press, 1994, p. 129.

170.Orahn, Patrik, "Using Tourism to Protect Existing Culture: A Project in Swedish Lapland", *Leisure Studies*, 1991, 10(1), pp. 33-47.

171.Ouyang Z., Gursoy D., Sharma B., "Role of Trust, Emotions and Event Attachment on Residents' Attitudes toward Tourism", *Tourism Management*, 2017, 63, pp. 426-438.

172.Plummer R., Fennell D. A., "Managing Protected Areas for Sustainable Tourism: Prospects for Adaptive Co-management", *Journal of Sustainable Tourism*, 2009, 17(2), pp. 149-168.

173.Pyke D. J., "Ethnic and Minority Cultures as Tourist Attractions", *Tourism Management*, 2016, 52, pp. 584-585.

174.Ram Y., Bjork P., Weidenfeld A., "Authenticity and Place Attachment of Major Visitor Attractions", *Tourism Management*, 2016, 52, pp. 110-122.

175.Rasoolimanesh S. M., Jaafar M., Kock N., et al., "The Effects of Community Factors on Residents' Perceptions toward World Heritage Site Inscription and Sustainable Tourism Development", *Journal of Sustainable Tourism*, 2018, 25 (2), pp. 198-216.

176.Ren Peiyu, Zhang Li, Song Yong, "Complexity Science Based Theory of Management Enentropy & Management Dissipation Structure and Role in Business Organization and Decision Making", *Management World*, 2001, (6), pp. 142-147.

177.Rich A. K., Franck A. K., "Tourism Development in Bagan, Myanmar: Perceptions of Its Influences Upon Young Peoples' Cultural Identity", *Tourism Planning and Development*, 2016, 13(3), pp. 1-18.

178.Ritchie J. R. B., "Assessing the Impact of Hallmark Events: Conceptual and Research Issues", *Journal of Travel Research*, 1984, 23(1), pp. 2-11.

179.Santos C. A., Yan G., "Representational Politics in Chinatown: The Ethnic Other", *Annals of Tourism Research*, 2008, 35(4): 880-887.

180.Scheyvens R., "Ecotourism and The Empowerment of Local Communities", *Tourism Management*, 1999, 20(2), pp. 245-249.

181.Sofield T. H. B., *Empowerment for Sustainable Tourism Development*. Oxford: Pergamon Press, 2003, pp. 7-8.

182.Stevens S. F., "Sherpas, Tourism, and Cultural Change in Nepal's Mount Everest Region", *Journal of Cultural Geography*, 1991, 12(1), pp. 32-58.

183.Stylidis, Dimitrios, "Place Attachment, Perception of Place and Residents' Support for Tourism Development", *Tourism Planning & Development*, 2018, 15(2), pp. 1-23.

184.Stylidis D., "Residents' Place Image: A Cluster Analysis and Its Links to Place Attachment and Support for Tourism", *Journal of Sustainable Tourism*, 2018, (2), pp. 1-20.

185.Su M. M., Long Y., Geoffrey Wall, Jin M., "Tourist-community Interactions in Ethnic Tourism: Tuva Villages, Kanas Scenic Area, China", *Journal of Tourism and Cultural Change*, 2016, 14(1), pp. 1-26.

186.Sueo K., "Tourism, Traditional Culture and Autonomy in a Small Island: Yap Faces A New Millennium", *Kagoshima University Research Center for the Pacific Islands Occasional Paper*, 2001, 34, pp. 15-24.

187.Susan K., "Cultural Resources as Sustainability Enablers: Towards A

Community- Based Cultural Heritage Resources, Management (COBACHREM) Model", *Sustainability*, 2013, 6(1), pp. 70-85.

188.Terry, William, "Solving Labor Problems and Building Capacity in Sustainable Agriculture Through Volunteer Tourism", *Annals of Tourism Research*, 2014, 49, pp. 94-107.

189.Timothy D. J., Nyaupane G. P., "Cultural Heritage and Tourism in the Developing World: A Regional Perspective", *Tourism Management*, 2011, 32(5), pp. 1236-1237.

190.Tosun C., Timothy D. J., "Tourism Growth, National Development and Regional Inequality in Turkey", *Journal of Sustainable Tourism*, 2003, 11(2-3), pp. 133-161.

191.Wang H., Yang Z., Li Chen, et al., "Minority Community Participation in Tourism: A Case of Kanas Tuva Villages in Xinjiang, China", *Tourism Management*, 2010, 31(6), pp. 759-764.

192.Wang N., "Rethinking Authenticity in Tourism Experience", *Annals of Tourism Research*, 1999, 26(2), pp. 349-370.

193.Wasserman I. M., "Size of Place in Relation to Community Attachment and Satisfaction with Community Services", *Social Indicators Research*, 1982, 11(4), pp. 421-436.

194.Woosnam K. M., Draper J., Jiang J., et al., "Applying Self-perception Theory to Explain Residents' Attitudes About Tourism Development Through Travel Histories", *Tourism Management*, 2018, 64, pp. 357-368.

195.Woosnam K. M., Maruyama N., Boley B. B., "Perceptions of The 'Other' Residents: Implications for Attitudes of Tourism Development Focused on the Minority Ethnic Group", *Journal of Travel & Tourism Marketing*, 2016, 33(5), pp. 567-580.

196.Zhou Q., Zhang J., Zhang H., et al., "Is All Authenticity Accepted by Tourists and Residents? The Concept, Dimensions and Formation Mechanism of Negative Authenticity", *Tourism Management*, 2018, 67, pp. 59-70.